オギュスタン・ベルク　川勝平太

ベルク「風土学」とは何か

近代「知性」の超克

藤原書店

はしがき

オギュスタン・ベルク

富士山と県道223（フジサン）の近くで行われた川勝知事との対談は、〝袖振り合うも他生の縁〟に因ったのかもしれませんが、それはともかく、現世の縁では先生との邂逅は二回ありました。一度目は十二、三年ほど前、京都の日文研《にちぶんけん》（国際日本文化研究センター）で、川勝さんが教授で、私が客員研究員だったころのことです。もう一度は、最近、私が畠山重篤さんの『森は海の恋人』をフランス語に訳したときのことでした。実は、川勝さんがその本の文庫版の解説を書かれていました。フランス語版にしたとき、川勝さんの解説を前書きに置いて、あらためて私の後書きを添えました。前書きと後書きで一種の対談のようなやり取りになっています。それが本書の前触れになった感じがします。

話題の〝種〟は近くにあります。一言で言うと、環境問題です。今日ではおそらく各市民、各知事の日常的な心配事になっている問題でしょう。本書では、その問題をいささか特殊な角度から検討しています。取り上げた問題の〝種〟は確かに広い意味での「環境」なのですが、その背景に「風土」の概念があるのです。

普通の辞書――今手元にあるのは集英社の国語辞典（一九九三年版）――を調べてみますと、「風土」は次のように定義されています。

《人間の生活・文化に密着し影響する、その土地特有の自然環境》

それに次ぐ見出し語も同じ「風土」なのですが、そこに次の定義が出ています。

《和辻哲郎の文化論。一九三五（昭和十）年刊。時間に対する人間存在の空間を、モンスーン・砂漠・牧場の三類型を基に哲学的に思索》

この辞書の項目に出ていないのは、和辻の『風土』の一行目にいきなり出てきて（「構造契機」として）定義されている「風土性」という概念です。その一行目というのは次のような一文です。

《この書の目ざすところは人間存在の構造契機としての風土性を明らかにすることである》

いかにも哲学者らしい書き出しなので、一般の読者にはわかるはずがありません。私の場合は、「風土性」の概念を理解し、同時に本の副題「人間学的考察」を理解したと感じられるまでに十年ほどかかりました。私が最初に手にしたのは和辻『風土』の英訳書でした。英訳者自身が最初から最後まで、この本の中心概念の「風土性」を理解していません。実は英訳者はそれを訳さなかった（訳せなかった）せいでもあったのですが、元の日本語原文を読んでも、理解できない状態がかなり長く続きました。

特にわからなかったのは「構造契機」という表現でした。いくら辞書を引いても、「契機」とは「きっかけ」とか「occasion」とかで、それがどうして「構造」になりうるのかは、当時、若い地理学者であった私には不思議な公案でしかなかったのです。

ようやく導きの手引きになったのは、やはり哲学ですので、哲学用語辞典でした。そこに、「構造契機」とはドイツ語（特にヘーゲルに出ている）のStrukturmomentの訳語であるという説明がありました。簡単に言いますと、人間存在の構造契機である風土性とは、存在と風土との間のダイナミックな関係であるということなのです。

それは半世紀ぐらい前の話です。以来、少しは日本の風土性を理解した感じがしていますが、やはり私は、和辻さんが言う「青山的人間《せいざんてき》」（日本人のこと）に特有な風土性を血肉化してきた人間ではありません。その証拠に、初めて川勝知事に県道223の道標を見せていただいたとき、背後にあった富士山との関係がすぐにはわからなかったのです。もっとも、「県道223」という文字だけで、青山的人間の日本人でも「県道はフジサンだ」とすぐにわかる人は少ないようですが、現場に立っても分からなかったのは、私が「非青山的人間」であったからだと思います。

風土性とは、そのような心身に宿っている環境との関係なのです。環境決定論とは程遠く、歴史的に、創造的に生きられた自然との関係なのです。いや、「自然」そのものです。ただ「自然」とはいっても、陶淵明のかの名句

久在樊籠裏　*Jiu zai fanlong li*　久《ひさ》しく樊籠《はんろう》の裏《うち》に在《あ》りしも
復得返自然　*Fu de fan ziran*　復《また》自然《しぜん》に返《かえ》るを得《え》たり

の意味での「自然」でなければなりません。句中の「自」とは同時に、詩人自身の自己同一性と風土そのものの自性の両方なのです。決して対象化された環境と自己との二元論的な関係ではなく、「自ずからしかり」としての、生きた「自然」なのです。

　それをうまく言葉で表現できるのは詩人に限られるのですが、自ずから然りと生きることは、誰にでもできるはずのことなのです。どうすればいいかと悩む方がおられれば、幸いに和辻さんの『風土』とか、もっと具体的な畠山さんの『森は海の恋人』といった手引き書があります。本書の対談も、その類に属するものです。

非青山にて
令和元年九月二十五日

ベルク「風土学」とは何か

目次

ベルク「風土学」とは何か

近代「知性」の超克

I

〈序論〉

コスモス国際賞を受賞して

オギュスタン・ベルク

二〇一八年コスモス国際賞受賞者ショートスピーチ

ジェーン・グドール氏をはじめ、世界的に著名な研究者の皆さんに続き、コスモス国際賞の受賞者となれましたことを光栄に存じます。この貴重な機会に、多くの方々に風土学（*mesology*, *Umweltlehre*）についてご紹介させていただきたいと思います。これまで約四〇年にわたり、私はこの風土学という研究分野を唱道してまいりました。

Mesology——*milieux*（*Umwelten*, 風土）の学問——の語源は、中《ちゅう》、中心、半分、中庸といった意味を持つギリシャ語の *meson* です。この研究分野は、一八四八年六月七日水曜日にパリで開催された生物学協会の開会式において、医師のシャルル・ロバン（Charles Robin）により初めて提案されました。ロバンが用いた言葉 *mésologie* は、*mesologics* と英訳することもできますが、この複数の形は、二つ以上の考え方があることを示しています。第一に、様々な視点やアプローチがあるということです。事実、milieu という言葉は絶対的なものとはなりえません。もし「中心」という意味で使われる場合は、それが位置する中心点における一連の関係に依存しますが、「環境」という意味で使われる場合は、その反対、つまり中心点を取り巻くもの、ということにもなるのです。魚を取り巻く環境を表す場合の *milieu* は、魚が暮らす水域を指しますが、どの魚もその水域においては自らが中心であり、その魚なりの視点で水域を捉えています。要するに、あらゆる生き物、とりわけ人間は、自分を取り巻く世界の中心に自らを位置付けているのです。

ここで、ある論理的な問題が生じます。まさに、*mesologics* の（複数形を表す）「*s*」が示唆している問題です。すなわち、相互に相容れない二つの異なる論理が共存しており、これらがあわさって一つの中庸の論理（*a meso-logic*）を構成しているのです。

そのようなものが存在しうるのでしょうか？　ヨーロッパ思想、とりわけ自然科学の基になっているアリストテレス論理学では、この論理を認めていません。例えば、Aというもの、あるいはAでないもの（非A）のどちらかを持つことはできますが、Aと非A――何かとその逆のもの――および、それらの中庸であるところのものを持つことはできません。これは、排中律の法則によって規定されています。選択肢Aと非Aを前にして、Aと非Aが同時にあるという第三の可能性はないということです。

しかし、*milieu*という言葉のアンビバレンスが実証しているのは、まさにこの第三の可能性です。*milieu*は、あるもの（中心）とその逆（環境）の両方を意味するからです。非論理的なようでいて、現実に、話し手であれ聞き手であれ、この言葉はまったく何の問題もなく使われます。どちらの意味で使われているかは、連接や文脈によって常に明確に示されているため、この二つの意味を混同する人はいません。例えば、*au milieu*（真ん中に）は、*un milieu*（ある風土）とは違いますし、*le milieu de la route*（道路の真ん中）が*le milieu rural*（田舎）を指すとは思われません。

このアンビバレンスは、実際には連接や文脈によって打ち消されますが、言葉の上に限ったものではありません。これはまた、風土学の研究対象である諸風土（*viz* milieux）の本質をなすものです。

風土は、そのアイデンティティを他から隔てる実体ではなく、人間と物の間にあるひとまとまりの関係です。ここで言う物とは、人間の風土の場合ですと、私たち自身が関わっているすべてのもの——人間の存在の条件となり、また人間の存在が条件づけるものということになります。

ここで、重要な区別について述べておきたいと思います。風土（*milieu*）と環境（*environment*）の間には大きな違いがあり、それを反映した風土学（*mesology*）と生態学（*ecology*）の間にも、大きな違いがあるのです。この区別は、前世紀の前半に生物学の観点からも存在論の観点からも立証されています。

日本の哲学者、和辻哲郎（一八八九—一九六〇）によれば、近代の自然科学である生態学はその研究対象を環境としていますが、それは、人間の主体性とは異なる客体が抽象化されているからです。たとえこの客体が本質的に関係的であったとしても（例えば、生態系、食物連鎖など）、観察者の観点から最大限に独立したもの、言い換えれば、私たちの存在からかけ離れたものであるはずです。科学的である限り、そうであるわけです。生態学では、環境とは客観的で、それ自体で存在していて計測可能なものとされます。

和辻は、風土は環境とは全く別のものと考えています。人間の存在を切り離して抽象化するものではないため、風土はそれ自身で存在するものではありません。対照的に、風土が人間の存在によって構築されるのと同様に、人間の存在は風土との関係によって構築されます。このフィードバックのため、風土は純粋な客体とはなりえません。必然的に人間の主体性を伴うからです。人間とその風土には、何らかの相起が存在します。和辻は、一九三五年に出版された著書『風土』(1)の序言の冒頭に、この概念、すなわち「風土性」について以下のように定義しています。「この書の目ざすところは人間存在の構造契機としての風土性を明らかにすることである」。

この一風変わった表現は何を意味するのでしょうか？　人間は、和辻が「人（ひと）」と呼ぶ個々の存在に還元することができません。それ同士と物との相互関係性（和辻の言葉では「間（あいだ）」あるいは「間柄」）をもはらんでいるからです。これら二つの間の動的な関係（契機）においてのみ、人間が具体的に存在するのです。この関係を和辻は「風土性」と表現し、私はこれをフランス語で *médiance* と訳しました。*médiance* というのは造語ですが、これはラテン語の *medietas* に由来しています。*medietas* は「半分」という意味で、その元となった med- はギリシャ語の meso- に相当し、フランス語の *milieu* もここから来ています。

和辻のアプローチは、本質的に現象論的・解釈学的なものですが、その正しさは他の二つのアプローチによって裏付けることができます。これら二つはどちらも実証哲学的であり、和辻のアプローチとは関連していません。

最初に紹介するアプローチは、まさに風土学の生物学的な基礎をなすものです。後に行動学や生命記号論となった分野において、ドイツの自然学者ヤーコプ・フォン・ユクスキュル（Jakob von

Uexküll, 1864-1944）は、『風土』とほぼ同じ時期に、彼の著書[2]を発表しました。その中で、ユクスキュルは、*Umgebung*（客観的な環境データ）と、*Umwelt*（ある生物種にとっての環世界）との重要な区別を立証しています。この区別は、和辻による環境（environment）と風土（milieu）の区別とまさに符合するものです。唯一の違いは、ユクスキュルのいう環世界学（*Umweltlehre*）は生物全般を対象としているのに対して、和辻の風土学は、特に人間を対象としたものであるという点です。言い換えれば、ユクスキュルは、存在論的な次元の生物圏（生物の環世界の総体）を考えていますが、和辻は風土総体（人間の風土の総体）を考えています。

二つ目のアプローチについては、三〇年後、フランスの人類学者、アンドレ・ルロワ＝グーラン（André Leroi-Gourhan, 1911-1986）は、一九六四年に*Le geste et la parole*（邦題『身ぶりと言葉[3]』）という本を出版しました。ルロワ＝グーランは、風土学を論じることもなく、ユクスキュルや和辻の著書も読んでいませんでしたが、この本において、人間の出現を、個人の「動物身体」と集合的な「社会身体」との間の相互作用プロセスと解釈しています。動物身体の機能のいくつかは、技術体系として、または象徴体系として外化・展開し、次第に社会身体を構成するようになりました。ルロワ＝グーランが古生物学の手法を用いて光を当てた、この技術的・象徴的な社会身体は、和辻が「間《あいだ》」または「間柄」（この言葉は現に「社会身体」と言い換えられます）と呼んでいるものに他なりません。そして、ルロワ＝グーランが「動物身体」と呼んでいるものは、和辻のいう「人《ひと》」という言葉に相当します。

唯一の違いは、和辻のいう風土性は、より明確に人間関係を環境に関連付けているという点です。

風土学にとっては、人間の風土性の半分は、技術的で象徴的な社会身体であるのみならず、必然的に生態系に根付いているため、生態的・技術的・象徴的な体系でもあります。従って、社会身体よりもむしろ、風物身体――すなわち私たちの風土であると言えましょう。動物身体からこの風物身体への展開は、生物圏から風土総体への展開に相当します。スケールの違いはありますが、いずれの場合も、風土性の構造契機が作用しています。

個人の動物身体と集合的な風物身体の動的な結合である人間の風土性の「構造契機」は、歴史的なプロセスとして作用するため、空間的であるゆえに風土と風土総体を構成するのですが、同時に時間的なものでもあります。技術体系を通じて、このプロセスは、世界の果てまで私たちの身体性を展開します（例えば、私たちは百億光年以上離れた銀河を見ることができたり、火星の石を拾ったりすることができます）。しかし同時に象徴（シンボル）は、動物身体の中に世界を圧縮します。ニューロンの結合によって、私たちの肉体のうちに世界を再現するのです（例えば、銀河「UDFy-38135539」の宇宙赤方偏移が、この銀河の光は地球に到達するために一三億年もかかったのに、私の動物身体の視野がそこまで延長したように、頭に思い浮かべます。また同様に、NASAの技術者ならば、まるで火星まで手を伸ばしたように、操縦している火星上のロボットを頭に思い浮かべています）。

手短に言えば、技術は人間の身体を宇宙化し、同時に象徴は世界を身体化するのです。この展開・

圧縮を通態化（*trajection*）と呼んでいます。これは環境から私たちの風土をつくりだし、私たちの風土性を構築するのです。

このような運動は、自然史（進化）の上に積み重ねられる人間の歴史の中に刻み込まれたある方向に進みます。そしてそれは、その時々に関わる人々——歴史によってその風土に存在する人々——にとって特有の意味を持ちます。和辻が著したように、歴史に肉体を与えるのは風土でありますが、風土に趣を与えるのは歴史なのです。

従って、私たちの風物身体、すなわち風土や歴史において、すべてのことが通態的です。主観的あるいは客観的でありながら、さらに、主観的かつ客観的でもあるということです。それは必然的に事実を、すなわち *Umgebung*（客観的な環境）を前提としている限りにおいて客観的です。しかし同様に、必然的に私たちの存在を前提としている限りにおいて主観的でもあります。私たちの存在は、この *Umgebung*（環境）を、風土（*Umwelt*）すなわち私たちにとっての現実にみあうように解釈しているからです。

このような、現実の偶発的な両義性——現実のことでも起こりうることでもあり、環境でも風土でもあり、Aであり非Aでもあること——は、論理的な問題を提起します。この問題は、いずれかを排除するのでなく中間を取るといった、容中律の論理（*meso-logic*）によってのみ克服することができます。今日、この論理は現実に存在しています。これは三世紀頃にインドで発明され、長きにわたって存在し続けてきました。これはテトラレンマ（tetralemma）――四論法の論理で、四段階があります。第一段階は肯定（AはA）、第二段階は否定（Aは非Aではない）、第三段階は両否定（Aでもなく非Aでもない）、第四段階は両肯定（Aと非Aの両方を同時に認める）というものです[4]。

西洋の伝統では、第一段階と第二段階より先に進んでいませんでした。ヘーゲルの統合原理においてさえ、共存は存在せず、命題や反対命題は削除され、排中律の法則が尊重されています。現在、この法則は二元論の根底を成すものとなっています。排中律の法則では、生態的・技術的かつ象徴的な私たちの風物身体を外閉することが要求されます。Aが同時に非Aでもあるという象徴性を想定することを認めないからです。同じ理由で、排中律では、物や他の人々が私たちに持つ意味や現実、また私たちが他者に対して持つ意味や現実を見出す、通態性と風土性の両方を外閉することも要求されます。

この風物身体の外閉は、私たちが風土と折り合いをつけるために克服すべきことです。言うまでもなく、ここでの克服とは、科学を拒否するという意味ではありません。科学的方法が現実の物理的な根拠を理解するために不可欠であることに変わりはありません。また、物理学は、量子的な次元でAと非Aの相互関係を認めるようになってきました。問題は、私たちのあらゆる知識をどう止揚（*Aufhebung*）していくかです。例えば、エコロジカル・フットプリント（生態足跡）の課題に取り組んでいくために、上述の克服が必要になります。この課題は、存在論的には、人間存在の構造契機としてではなく、外的な客体として捉えられるため、現代の人々が責任を取ることができないのです。

これからも明らかなように、現代の精神的枠組みを改め、望ましい人間世界の物事の現状を反映した風土学を思い描くことが、早急に求められます。これが風土学の目標とするところです。

注

（1）和辻哲郎『風土——人間的考察』岩波書店（東京）、一九三五年。英語翻訳版（*Climate. A philosophical study*, 1960）は、非常に不正確であるため、推奨しない。ドイツ語翻訳版かスペイン語翻訳版、または最も望ましくはフランス語翻訳版（*Fûdo, le milieu humain*, Paris, CNRS, 2011）を参照されたい。

（2）*A Foray into the Worlds of Animals and Humans*（動物の世界と人間の世界へ）, UMinn Press, 2011 (*Streifzüge durch die Umwelten von Tieren und Menschen, 1934*)（日本語版は『生物から見た世界』として二〇〇五刊行）. ユクスキュルよりはるかに年若い和辻が彼の影響を受けたかどうかは不明だが、私は個人的に、和辻は一九二七年から一九二八年のドイツ滞在中に、ハイデッガーを介してユクスキュルの影響を受けたのではないかと考える。

（3）*Gesture and Speech*（身ぶりと言葉）, MIT Press, 1993.

（4）両否定は四番目に置かれることが多いが、ここでは、山内得立の『ロゴスとレンマ』（一九七四年、岩波書店刊）に従い、三番目に置いた。A・ベルクによるフランス語翻訳版は、パリのCNRS Éditionsより近日発行予定。

II

〈対談〉

翻訳と通態の存在論

オギュスタン・ベルク
川勝平太

（2018 年 11 月 26 日　於：日本平ホテル）

1　行動する風土学

静岡という風土

川　勝　コスモス国際賞の御受賞おめでとうございます。知事になる前に私はコスモス国際賞の選考委員をつとめていましたので、この賞についてはよく知っています。一九九〇年に大阪で「国際花と緑の博覧会」（大阪花博）が開催され、その成功を記念して、花と緑に象徴される生命の惑星・地球と人間との共生と調和を目指して創設され、それに貢献した第一級の学者に授与されるものです。一九九三年に第一回の賞が出されています。先生は二六回目のコスモス国際賞です。まことにおめでとうございました。

ベルク　ありがとうございます。

川　勝　また、このたびは静岡にお越しいただき、ありがとうございます。フランス人のお弟子さんがこちらに住まわれていると聞きました。

ベルク　ええ、静岡の伊豆の土肥《とい》よりちょっと南の方、大久保という村に住んでおります。

川　勝　伊豆の土肥港から清水港までフェリーで結ばれています。

ベルク　そうです。フェリーがなければ来られなかったのです。

川　勝　駿河湾フェリーは静岡の宝の船です。一時間五分ほどの船旅ですが、船の通る海上の道は「県道223（ふじさん）」です。天気が良ければ、富士山を満喫できます。今日は、見えましたか。

ベルク　ええ、少しは見えたんですけど、一昨日の方がよく見えました。晴れてましたね。

川　勝　一昨日も乗られたんですか。

ベルク　ええ、行くときです。

川　勝　往復されたのですね。

ベルク　そうです。船そのものも富士という。

川　勝　そうです。船名は「富士」。サクラエビで有名な駿河湾は「世界で最も美しい湾」に認定されています。県外では、海のない山梨県の人たちには特に人気で、富士川沿いに駿河に下ってこられて、清水港からフェリーに乗船し、船旅と伊豆半島を楽しまれています。

今日は、久能山東照宮にも行かれたとか。

ベルク　そうです、さっき。

川　勝　久能山東照宮は徳川家康公を祀っています。日本平からロープウェイで結ばれていますが、ロープウェイ乗り場からすこし上った頂上に展望台「日本平夢テラス」が今年（二〇一八年）の十一月三日にオープンしました。気づかれましたか。

ベルク　ええ、そこから展望しました。

川勝　隈研吾さんの設計です。

ベルク　隈研吾さんとは、二月にパリで対談がありました。

川勝　どのような内容でしたか。

ベルク　彼の建築についてでしたけれども、建築一般についても話しました。

川勝　隈さんは、二〇二〇年の東京オリンピックのスタジアムの設計を手掛けられています。前回（一九六四年）の東京オリンピックスタジアムを設計した丹下健三に並ぶ、日本を代表する建築家になられました。日本平の標高は三〇〇メートルほどですが、三六〇度を展望できる眺めは絶景で、富士を仰ぐ最高の場所です。日本平の麓には草薙《くさなぎ》神社があって、ヤマトタケルのゆかりの地であることから倭《やまと》平と呼ばれていましたが、徳富蘇峰が、天下一の眺望だと讃嘆して、日本平と呼び変え、頂上に吟望《ぎんぼう》台という石碑を立てました。その隣にできたのが隈研吾さんの展望台です。夢テラスは法隆寺の夢殿に見立てたもので、いわば夢殿の本歌取りです。

富士山に登った最初の日本人は聖徳太子だという伝説があります。「聖徳太子絵伝」に、聖徳太子が甲斐の黒駒に乗って富士を越える絵が描かれています。絵の構図から太子の富士越えを見ている場所は日本平だといわれています。

駒駆《こまか》けて富士《ふじ》の峯《ね》に立つ厩戸《うまやど》の皇子《みこ》慈《いつく》しむ救世《ぐせ》の観音《かんのん》

という俗謡もあります。太子の建立した法隆寺の夢殿は八角形で、そこに安置されているのは救世観音です。夢テラスも八角形で、東西南北の方角が分かる仕掛けになっています。印象はどうでしたか。

ベルク　絶景としか言えないです。あんな展望は、世界に一つしかないでしょう。

川　勝　海と山の風景の画廊といった感がありますね。伊豆を愛した川端康成は『伊豆の踊子』が有名ですが、「伊豆序説」という短い文章を書いています。伊豆は「日本の歴史の縮図」、「海と山の風景の画廊」、「伊豆全体が一つの公園」などと絶賛しています。日本平からの眺めは、伊豆半島だけでなく、富士山、南アルプス、駿河湾、太平洋と、まさに海と山の風景の画廊で、春夏秋冬、朝昼夕で景色が移り変わる永遠の芸術ですね。楽しんでいただいて、本当にうれしゅうございます。

ベルク　そうですね、『伊豆の踊子』は、私が初めて原文で読んだ日本語の短編小説でした。それでぜひ伊豆に行かなければならないと、昭和四十五年の春に伊豆を回り歩いていったんです。

川　勝　昭和四十五年は一九七〇年、そのとき先生は二十代ですね。

ベルク　そうそう、ちょうど七〇年。あのころは二十七でした。

川　勝　お若いころから伊豆にご縁があったのですね。伊豆の踊子に会えましたか。

ベルク　残念ながら（笑）。

川　勝　伊豆とは、古くからの御縁があったんですね。お弟子さんが伊豆に住まわれているというのもご縁ですね。

『森は海の恋人』

川　勝　先生は日本の本をフランス語に訳され、まもなく出版されるとお聞きしました。

ベルク　畠山重篤さんの『森は海の恋人』という本です。知事が解説を書かれたでしょう。翻訳書として出版する際に、知事の解説を最初にして前書きの位置に置かせていただき、私は別途、後書きを書かせていただきました。

川　勝　『森は海の恋人』は一九九〇年代に小さな出版社から出て評判になって、大手の文藝春秋社が文庫にしました。単行本を文庫にするとき解説を添えるのが慣例で、畠山さん本人かどなたかが私を推薦されたようで、解説を書きました。それも訳していただいて光栄です。それはともかく、いい本ですね。

ベルク　そうでしょう、本当に。

川　勝　畠山さんとの出会いがあったのですね。

ベルク　ええ、二―三回。最近は、大阪で賞をもらったときにいらしてたんです。
川　勝　コスモス国際賞の授賞式ですか。
ベルク　はい、またお目にかかったんです。
川　勝　先生は昔、仙台で教鞭をとられていましたね。畠山さんは東日本大震災で被害にあわれ、先生は東北に何度も見舞いに訪れられています。畠山さんとベルク先生は、ほとんど同じ世代ではないでしょうか。
ベルク　ええ。そうですね、彼は私より一年若い。彼は一九四三年、私は四二年生まれです。
川　勝　『森は海の恋人』はタイトルがいい。畠山さんは漁師ですが、海が荒廃するのは山が荒れているせいだと知って、河口に注ぐ大川の上流の山地で植林運動をなさっていたのですが、なかなか広まらなかった。そうしたところ、山の奥に歌人がお住まいになっていて、そのお嬢さんの熊谷龍子《くまがいりゅうこ》さんも歌人で、山奥から出たことがないというので、畠山さんが海にお誘いした。舟に乗せて、「あなたの住んでいるところはあの山のあたりです」と指さすと、感動した彼女は「森は海を海は森を恋いながら悠久よりの愛紡ぎゆく」という歌を詠んだ。それに心打たれた重篤さんは、その歌を入れこんだ本にした。歌の心がタイトルになったのが『森は海の恋人』です。あっという間に全国に広まり、畠山さんは一躍、京都大学教授にもなった。彼はリアス式海岸の話を本にしたり、子どもたちを啓蒙したりするなど、いい活動をされています。いわゆる学歴社会の階段を上がっていった方ではなくて、漁師として一人前なんですね。カキの養殖のプロフェッショナルとして、知識と経験を説明する力は群を抜いており、最高学府のプロフェッサーにまでなった。

ベルク　そうです、私が後書きで書いたのは、これは本当に生きられた風土学であると。行動的な風土学、やはり行動して風土そのものを生かす。そういう感じだったので、訳したかったわけです。三年前に彼に会って、その本をいただいて、訳すのを約束しました。

川　勝　先生が文春文庫版を手にされたので、私と先生との縁も深まりました。私は二〇〇五～六年、先生が国際日本文化研究センター（日文研《にちぶんけん》）にいらしたときに御一緒しました。

ベルク　そう、一年間。

川　勝　ご一緒にシンポジウムもしました。覚えてられますか。

ベルク　ええ、ただし、知事が何をしておられたかは忘れました。

川　勝　日文研の教授です。知事ではありません。

ベルク　もちろん（笑）。あのころ何を教えておられたのですか。

川　勝　経済史です。日本とヨーロッパ、特にイギリスとの比較経済史で、木綿に焦点を当てていました。先生とのシンポジウムでは、物理学者で俳人としても著名な有馬朗人先生が記念講演をされて、それを受けて、先生や哲学者の大橋良介さんなどとのディスカッションをしました。

もう一〇年以上前のことを覚えていてくださったのはうれしい。

ベルク　いえいえ、それは忘れません。あのころ私のやっていた研究は、日本の住まいの持続可能性という、もちろん広い意味での住まいですね。建築の面もありましたけれども、国土の利用の仕方を含めて。共同研究だったんです。

川　勝　私は、日文研の共同研究では、大英帝国の研究がテーマでした。『英国議会資料』というのがありまして、英国政府（商工省）がそのフルセットを民間に払い下げ、それが日本に入ったのです。重さで三〇トン、何万冊もあって、京セラの稲盛和夫さんの寄付で大阪万博の跡地の国立民族学博物館（民博）に入り、それを利用しながら共同研究をしていました。『英国議会資料』は、イギリス人が本国はもとより世界各地について記録した、いわば世界民族誌でもあります。私が主に扱ったのは「コマーシャルレポート」ですが、世界各地の風俗も記述しています。膨大ですが、すばらしい内容で、イギリス人の世界支配の実態を知ることのできる根本史料です。イギリス人の世界を見る目のすごさも分かります。マルクスがその一部を利用して『ニューヨーク・トリビューン』という新聞に寄稿して、中国は経済が発達していないアジア的生産様式であると、アジア蔑視の文章を書いた元の史料でもあります。私は、イギリス留学中に『英国議会史料』の全部は読み切れないと思いましたが、それが全巻日本に入ったのを機に共同研究を立ちあげました。それでマルクスも批判できました。

あのころ先生は、国土というか風土がらみの共同研究をされていたとのことですが、先生が最初に訳された日本の本は何だったのですか。

ベルク　さかのぼって言いますと、畠山さんの本の前は、山内得立《やまのうちとくりゅう》の『ロゴスとレンマ』という大きな本を訳しています。

川　勝　京都学派の哲学者ですね。日文研を創設した梅原猛さんの恩師です。

ベルク　それには三年間かかりました。その前は、『主体性の進化論』。

川　勝　今西錦司。

ベルク　はい、今西さんの『主体性の進化論』を訳しました。

川　勝　今西さんの晩年の進化論でしたね。

ベルク　そうです。一九八〇年ごろに書かれた本です。

川　勝　『主体性の進化論』は中公新書で出ました。

ベルク　はい、そうです。

川　勝　「変わるべくして変わる」という、論議を呼んだ今西進化論の命題が出された。

ベルク　そうそう。そして、その前は和辻哲郎の『風土』を訳しました。それが最初の翻訳だったんです。

川　勝　そうすると、フランス語に訳された順は、和辻哲郎『風土』、今西錦司『主体性の進化論』、山内得立『ロゴスとレンマ』、そして畠山重篤『森は海の恋人』。畠山さんが、和辻哲郎、今西錦司、山内得立という錚々たる学者と並んだというのはすごいことです。畠山さんにとっては名誉でしょう。『森は海の恋人』が、現場に即した学問として、風土学の第一人者の先生が公認されたということですね。現場といえば、今西学派はフィールドワークを重視します。霊長類の研究では今西学派は世界トップクラスですが、サルは物を書かないので、学者がサルの生息地に入り込んで、サルになり代わってサル社会を書く、そのような方法です。ほとんどの漁師は物を書きません。漁師は本を書くのは本業ではない。畠山さんは例外です。立派な漁師であり、自ら書き、漁を取り巻く地域をよくするために書き、書かれたものが他の地域にも役立てられています。

ベルク　ええ、それらは、みんな風土学と関係しています。例えば山内得立さんの本は、私に言わせると風土の論理、彼が言うレンマの論理なので、私は風土のためにはそういう論理を明らかにしなければならないと考え、その本を訳しました。

川　勝　『ロゴスとレンマ』は山内得立の熟年期の渾身の主著です。ロゴスは西洋起源で言語とか論理という意味で、よく使われますが、レンマのほうは東洋起源で山内さんの独自の論理です。レンマとは「つかむ」という意味で、物事の「把握」ということですね。山内さんは西洋と東洋の膨大な文献を渉猟しており、これを訳すのは大変な仕事だったと想像します。

2　日本における風土学の展開

人間存在の構造契機としての「風土」

川　勝　和辻哲郎の『風土』については、先生が受賞記念講演を東京大学でなさったのを拝聴しました。講演では『風土』の序言の書き出しの一文が一番気にかかったとおっしゃっていました。「この書の目ざすところは人間存在の構造契機としての風土性を明らかにすることである」という一文です。

ベルク　そうです。

川　勝　『風土』は英訳されており、最初に英訳書を読まれた先生は「構造契機としての風土性」の英訳がよくわからなくて、原文の日本語をながめすがめつしながら一生懸命お考えになったとおっしゃっていました。

ベルク　はい、『風土』の英文の翻訳はあまりよくありません。特にその中心的な概念である風土性を訳していません。訳さなかった理由は、翻訳者には、そのことがわからなかったからです。

川　勝　「構造契機」と「風土性」との関係を英訳者がわからなかったのは、風土を環境とみなし、環境と人間とは別のものとみる二元論に立っていたからでしょう。「構造契機」というのは、やまとことばではなく、和辻が外国文献からとりいれた翻訳語で、環境と人間、人間と環境とが二元的に対立するのではなく、それを一つにする概念で、先生はそれが和辻の風土論の根幹をなすものだと押さえられました。

ベルク　はい、確かに人間存在の構造契機には二面性があって、一方には個人的な存在の人（現存在＝人間）の面があり、もう一方には環境の面があります。しかし、それは風土そのものに備わった二面性であって、それらが二元的に対立しているというものではありません。そうではなく、それらを二つの契機として捉える、御存知のように「構造契機」とはドイツ語の哲学に由来する概念、シュトルクトゥル・モメント（Strukturmoment）の訳語であって、その概念はもとはといえば機械論、機械学から来た言葉です。二つの力があり、これが出会うときには第三の力が出るという意味ですね。和辻哲郎はイメージとしてそれをかりて、環境と人間とを二つの力と考え、それらが出会うときに風土が生まれるという意味を示した、と見ています。

川　勝　構造契機は環境と主体の両方を入れる概念です。

ベルク　そうです。

川　勝　異なるはずの両方がともに入って一体であるというのは、Aであり、非Aであるものが一つになっているということですから、西洋的論理の根幹をなす排中律とは相いれません。

ベルク　ええ、おっしゃるとおり、ですから排中律を超えなければならない、ということになります。そういう排中律を超えるために、私は山内得立の本を訳さなければならなかったわけです。

川　勝　山内得立のレンマの論理ですね。山内得立さんは、西洋に由来するロゴスの論理に対して、特に排中律を批判するために、東洋に由来するレンマの論理を立てました。先生はフランスのトップの知識人です。フランスといえば、十七世紀に「我思う、ゆえに我あり」という近代哲学の祖のデカルトを生んだ国です。

ベルク　そうですね。その十七世紀に立てられたパラダイムを、本当に今こそ超えなければなりません。そういう時期になっている。そうしないと、今のペースで行きますとやはり持続不可能な文明になって、いずれ大きな災害が生じるはずだと。温暖化とかそれだけじゃなくて、生物多様性がうんと落ちて、私たち自身が亡くなる危険が出てまいります。

川　勝　デカルトは、十七世紀の科学革命を基礎づけた近代哲学の父です。主体と客体、主観をもつ主体と、自然界の客体とを明確に分けました。それは近代西洋文明の根幹をなすパラダイムですね。本場のフランスで、そのパラダイムにチャレンジするには、巨大な壁に立ち向かう勇気と、壮絶な知的闘いがもとめられます。先生はご自身の風土哲学をフランス語でお書きになったときに、反発があったのではありませんか。

ベルク　ありますよ。けれどもこの超克の運動は、やはり二十世紀に始まった。例えば現象学がそれを超えていますけれども、現象学だけですと、やはり自然科学に対しては力がないのです。

でも、自然科学自体において、特に物理学において、同じ運動が始まっているのです。例えば一九三〇年代に、既にヴェルナー・ハイゼンベルクという有名な物理学者が、方法が客体の対象を変えるということをちゃんと書いています。ですから、これは構造契機に似ているんですよ。

川　勝　そう、似ていますね。観察することが観察対象を変えるので、観察する主体と観察されている対象とは分けられないということです。

ベルク　そうです。

川　勝　観察対象は観察方法によって規定されるとすれば、対象と方法とは分けられない。観察される側と観察する側とが不可分だということで、二元的対立という見方では本当の客体の姿がわからなくなる。

ベルク　はい、でもその二極、やはり主体と客体ともに、考えるためには必要です。二つの契機を立てることは、思考を起動するのに便利であり、そのこと自体は否定されるべきではないと考えます。しかし、それだけでは足りないのです。例えば、第四のレンマ、山内さんに言わせると第四のレンマが必要です。その第四のレンマは、それは同時にAであり、Bでもある、あるいは非Aでもある。

具体的に例を申し上げますと、同じ対象があって、それと関係ある主体たちはみんなそれなりの関係を築くわけです。例えば同じ草があるとしますと、牛にとってはこれは食べ物、アリにとってはこれは障害とか、などなどですね、それぞれの生物によって関係が違ってくるわけです。ですから、同じAであっても、非A、また、別々などいろいろな可能性が出てきます。山内さんの本の面白いところの一つは、テトラレンマ、あるいは四句と言われるものは、普通は肯定、否定、両定、両否という順に置かれますが、山内さんは両否を第三のレンマにして、最後に両定を置きます。

川勝　Aでもあり、非Aでもあるというレンマですね。

ベルク　そうです。通常は終わりに、両否、つまり絶対否定を置くのです。

川勝　Aでもなく、非Aでもないと。

ベルク　ええ、でもそういうふうに終わるともう何もできない。山内さんは、それを逆にして、第四に両肯定を置きます。そうすると、いろいろな可能性が出てきます。実は、生物は、あるいは地球においての生命は、そういうふうに発展してきたのです。

川勝　生物にとって、環境はそれぞれの生物ごとに異なります。周りの環境は生物と無縁のものではなくて、その生物の命のいとなみと不可分ですね。ヤーコプ・フォン・ユクスキュルの『生物から見た世界』、これは日高敏隆さんが訳されて岩波文庫にはいっていますが、先生はユクスキュルにも注目されていますね。

ベルク　ええ、そうですよ。ユクスキュルの考え方は、和辻のそれとよく似ています。ユクスキュルの方が一八六四年の生まれですから、恐らく一八八九年生まれの和辻がドイツに行ったときに聞いたことがあるのではないかと、想定できるけれど証拠がありません。

川勝　和辻は三十歳代の終わりの一九二七〜八年にドイツに留学していました。

ベルク　もしかしてこれは、その年代の一般的な趨勢であったとも考えられます。とにかく両方がまず主体性を置く、つまりユクスキュルの場合は生物一般の主体性、和辻の場合は人間の主体性。で、その結果として、環境は風土ではないということになります。それは和辻の言葉で言いますと、自然環境は風土ではない。ユクスキュルの言葉で言いますと、ウンゲブング（Umgebung）、与えられた条件、つまりそのままの環境とは違いまして、ウンヴェルト（Umwelt）、環世界ができるわけです。

川勝　日高さんが「環世界」と訳しました。

ベルク　生物にとっての環世界は、人間にとっての風土に当たります。

川勝　環世界というのはウンヴェルトの直訳なので、ややわかりにくい言葉ですね。環世界は、環境と違ってそこに主体も入っています。アリはアリの環世界を、人間は人間の環世界を持っている。人間の環世界が、先生の「風土」にあたりますね。主体と環境を一つのシステムととらえれば、主体環境系、環境主体系と言ってもいいように思います。主体と環境とは分けられず、相即不離の関係になっている、それがウンゲブングと区別されたウンヴェルトですね。

ベルク　そうですね。で、今西錦司さんが使う表現には、和辻の概念が出ていませんし、ユクスキュルの概念も出ていないのですが、実は彼の言う「主体の環境化」と「環境の主体化」は、風土または環世界に当たるのではないかと思います。

川勝　主体の環境化したもの、環境の主体化したものが風土ですね。

和辻さんは東京帝国大学の哲学科を卒業しましたが、ドイツに留学する前、三十歳代半ばの頃に京大の哲学教授の西田幾多郎の推薦で、京都帝国大学助教授に就任しました。四十歳代初めには教授に昇格し、京大に十年間いました。『風土』が出版された一九三五年は、和辻が京大教授から東大教授に移った翌年で、京大時代の研究成果の結晶ともいえます。目からうろこが落ちるような鮮やかな世界像をうち出しました。ヨーロッパの風土は牧場、中東は沙漠、アジアはモンスーン、日本は台風と整理されると、世界地理と生活様式の関係がすっとわかるところがあります。風土への着眼の背景に、私は西田哲学の影響があったと思います。『善の研究』が出たのが明治の終わりの一九一一年です。日本人による最初の独創的な哲学書として広く読まれました。その当時、和辻は東大の哲学生でしたから西田哲学を当然知っていました。西田幾多郎は京大の哲学の教授になってから、「場所の哲学」「述語の論理」を打ち立てていきます。和辻哲郎は『風土』を、マルティン・ハイデッガーの『存在と時間』を意識し、それに対して、「存在と空間」という立て方をしています。存在の時間性にし、存在の空間性を対峙させたのです。和辻がドイツ留学中にユクスキュルの「ウンヴェルト」の概念に接したとすれば、西田幾多郎の「場所の哲学」がひらめいたにちがいないと思います。空間軸に立って世界を了解するというのは、西田の場所の哲学を知っていれば、自然のなりゆきです。西田哲学、特に場所の哲学は日本人の物の見方に大きな影響があったと思われます。

ベルク　ええ、そう思われますね。西田幾多郎の「場所」という論文の中に、最初のところにプラトンのコーラという概念が出ていますけれども、私に言わせるとそのコーラは風土の祖先だと見ています。それは相対存在の風土・環世界に当たるもの。相対存在はプラトンの言葉でゲネシスというのですが、生成という意味です。つまり生きているものの生成ですけれども、それが必ずコーラに置かれていると。これは、ちょうど『風土』の中で和辻が風土性について言っていることに相当します。

川勝　まさにそうですね。

ベルク　プラトンはそれを予感したが、論じられなかったわけです。コーラは夢のようだと言っています。定義し得ません。ただ、メタファーを使って、例えば母親、または乳母に比較して、もう一方はインプリント、つまり刻印と比較しています。それは矛盾しています。その矛盾的な関係を合理的には考えられなかったので、結局定義をやめたのです。諦めたのです。あとは二千年たって、西洋思想はやはりその枠を超えられなかったのです。二十世紀になりますと、やっとさまざまなアプローチで崩れ始めたわけです。

西田幾多郎の「場所」論、今西錦司の「すみ分け」論、梅棹忠夫の「生態」論

川勝　西田幾多郎がハイデッガーを読んでいたことは疑いありませんが、西田哲学の出発点は『善の研究』です。それはカントを批判した本として読めます。『善の研究』は四章構成です。第一章「純粋経験」、第二章「実在」、第三章「善」、第四章「宗教」です。第一章の純粋経験を除くと、第二章の実在はカントの『純粋理性批判』に、第三章の善はカントの第二批判書の『実践理性批判』に、第四章の宗教は美と崇高を扱ったカントの『判断力批判』に、それぞれ対応しています。すなわちカントの三批判書を、西田は純粋経験の立場から批判しているのです。西田は、そうとは明確には言っていません。そもそも西田幾多郎は西洋の哲学者や哲学書をほとんど引用しません。純粋経験の基礎にあるのは西田の禅体験で、主客未分、実在にかかわる直観世界です。後に西田はこの直観を成り立たしめている根拠を、絶対無、場所、弁証法的統一、無底などと言っています。こういう発想のベースには、彼が坐禅で得た体験があって、その立場から西田はカント哲学を批判しました。カントは時間・空間は主観の先見的形式だと論じました。外界の物自体は、人間の主観から独立しているので、「物自体はわからない」と明言しています。カントは主観と客観とを峻別し、人間は絶対空間、絶対時間といったア・プリオリな形式を主観の中に持っ

ていると論じました。これに対して西田幾多郎は、実在とはそういうものではなく、主客未分、主客一体のところにあると論じました。

カントの形而上学批判は、ハイデッガーによってもなされています。ハイデッガーは「存在と時間」「実存の時間性」という観点からカントを批判しました。それと対比すれば、西田は「実在と場所」「実在の場所性」という観点からカントを批判したといえます。西田は場所の哲学を書物にし、同僚と話し、学生に講義しており、場所という概念は、相当深く京都学派に自覚されていたと思います。そのような環境下で、和辻さんは『存在と時間（Sein und Zeit）』に対して空間（Raum）を対峙させ、主客一体の風土を論じたのだと思います。

今西錦司もそうです。今西錦司の研究の原点はカゲロウの研究です。彼は釣りが好きで、水がきれいな山の渓流にはいって、ヤマメやイワナを釣って焼いて食べる。川底にはカゲロウの幼虫が生きています。羽化すると三日しか生きない。その間、乱舞し、交尾して死にますが、何も食べない。カゲロウの幼虫は種類ごとに棲息する場が違う。「棲み分け」の発見です。今西さんは「棲み分け」の概念をカゲロウの観察から得ました。今西さんは、それを根拠に、強い生物が弱い生物をやっつける弱肉強食ではなく、生物同士が棲み分けて、いわばウンヴェルトを持っていると見た。その言葉は使っていませんが、その認識が今西さんに『生物の世界』を書かせた。この本は、彼が一九四三年、戦争で命を失うかもしれないから世の中にこういう生物学者がいたことを知ってもらうために、遺書のつもりで書いて「棲み分け」を提唱した。棲み分けるのは、活動時間でもあり、活動場所でもあります。進化は時間の中で起こりますから、ダーウィンは、進化の歴史を重視し、進化史に自然淘汰、弱肉強食、優勝劣敗が働いているとしています。それに対して今西さんは、そんなものではない。生物は時間・空間を棲み分けていると論じて、アンチダーウィン説を出したのです。

『生物の世界』の第一章は「相似と相異」と題されています。どういうふうにして生物は相手を見分けているかの根拠を論じて、相似ているか相異なるかを生物は認識していると言っている。今西さんは『生物の世界』ではまだ「主体性」という言葉を使っていません。しかし、生物は世界を認識しており、後にその主体的な能力を「プロトアイデンティティ」とよび、「原帰属性」とも言い換えて、自分が属している世界を先見的にわかる生物の能力のことだと説明しました。プロトアイデンティティ（＝原帰属性）とは、環境との一体性をとらえる生物の能力です。生物の生活形は構造と機能からなり、それは生活環境と一体だと言うのですから、それは和辻の「構造契機」やユクスキュルの「環世界」と同じ議論だといえます。

ベルク　そうそう。彼はユクスキュルの概念や和辻の概念を使っていませんが、例えば「生活の場」というような表現が出て、それはやはり風土に当たると思います。私は地理学をもとにした者ですけれども、人文地理学のフランス学派の親であるポール・ヴィダル・ドゥ・ラ・ブラーシュが、地理学は場の学、場所の学（science des lieux）であり、人間の学ではなくて場所の学である、と言っています。ですから私は、西田幾多郎が「場所」という言葉を使ったのを初めて聞いたときからぜひ読まなければならないと思ったけれども、同時にあれは非常に難しいといわれていたから、長い間あえて読まなかったのです。

川　勝　西田哲学は日本人が読んでも難解です。

ベルク　何年か待った後やっと読んだのですが、やはり御存知のようにその「場所の論理」は「述語の論理」と同義なものとして西田が使っていますが、生物にとって、特に人間にとって現実とは何であるかというと、純粋な客体でもなく、純粋な主体性の現れでもないけれど、ちょうどその間ぐらいにある。私はそれを「通態」と呼んでいます。その通態性はどう働くかといいますと、西田幾多郎の述語の論理と、アリストテレス以来の主語の論理とを合わせて、その通態ができると考えるようになりました。

これは、やはり学になるためには両方の論理が必要です、主語の論理も述語の論理も。もう少し明らかにしますと、例えばこの花は私にとってきれいです。花はきれいとして、私にとって存在する。その「として」が一番大事なところなんだと思います。これは、先ほどハイデッガーのことをおっしゃいましたが、やはりハイデッガーの哲学、特に存在論の中心的な問題は、ドイツ語で言いますとアルス（als）、英語のアズ（as）にあると考えます。

川勝　英語のアズ（as）は日本語では「として」と訳しますが、山内得立さんのレンマ論では「即」ですね。

ベルク　「として」であり、「即」である、確かに。すなわちBとしてのA、あるいは非AとしてのA。その両面は通態的に働いて現実が現れてくると風土が生まれる。それは、私の風土論の中心的なモーターです。

川勝　非常に重要ですね。もうすこし先ほどの「場所」にこだわります。というのも、西田さんの場所の哲学が、和辻さんの風土論、今西さんの棲み分け論の基礎にあるからです。今西さんには多くの弟子がいます。先生はお目にかかられたかどうか、梅棹忠夫という民族学者も著名な弟子の一人です。梅棹忠夫が『文明の生態史観』を書いていますが、これはマルクスの唯物史観批判です。つまり奴隷制、封建制、資本主義、社会主義と社会が発展していくという発展段階論がマルクスの思想です。生産力に応じた形で生産関係、階級関係が変わるというマルクスに対して、梅棹さんは「人間の社会はそんなもんやあらへん」と言う。砂漠に生きている人間と農耕地帯で生きている人間は、生活のベースの生態系が違う。生態系に応じた形で世界の文明は動いてきた。ユーラシア大陸の東北から西南にかけて、巨大な乾燥地帯があり、そこでおこった牧畜革命の結果、遊牧社会が生まれ、彼らは湿潤地帯で農耕革命がおこした農耕民を略奪してきた。梅棹さんの生態史観は場所からの発想です。西田の場所の哲学は、和辻の風土論で地理的に具象化され、さらにフィールドワークを方法とする今西の棲み分け論、それから梅棹の生態史観へと継承されています。

風土と見立て

川　勝　それは、日本の生んだ独創的な西田哲学の場所の哲学はきわめて抽象的でしたが、場所の具象化への流れでもあります。それが戦後京都学派を牽引した今西学派の研究方法「フィールドワーク」になりました。先生の友人の阿部健一教授も戦後京都学派のフィールドワークの系譜を引いています。阿部さんがベルク先生を地球研に呼ばれたのですね。

ベルク　はい、そうです。

川　勝　それで、先ほどのテーマにもどりますが、ドイツ語では「als etwas（アルス・エトバス）」です。「〜として」は日本語で言う「見立て」ですね。「〜に見立てる」と。「〜として見る」という「見立て」です。見立てのドイツ語はアルス・エトバスに当たりますか。

ベルク　ええ、まあ日本の伝統ほど発達していない問題ですけれども、私は初めてその「見立て」を発見したのは中村良夫さんの『風景学入門』という中公新書を読んだときでした。長い間、どう訳せばいいかと。やはりこれは生きているメタファー、ポール・リクールというフランスの哲学者が、およそ四〇年前に書いた本の中で『生きているメタファー』として規定したものですが、もちろんそれはそのまま、例えば近江八景とかに通じるわけでもない。

川　勝　瀟湘八景が原型ですね。

ベルク　そう、原型にあって、どうしてもとは中国にあった景色が日本にも見られるのかという問題ですね。それは、述語の論理でなければならない。主語の論理ではだめです。矛盾です。けれども後になって、やはり「として見る」は、私に言わせるとそのトラデュクシオン（traduction）、通態の原理そのものだと。この場合は、やはり美術関係ですけれども、美術を超えて生活一般で働いていると。

川　勝　見立ては、日本ではよく使います。落語を聞かれたことはありますか。

ベルク　いや、何もわかりませんので、疎いです。

川　勝　落語の寄席では噺家は座布団に座って、手に持つのは扇子です。扇子は話によって、刀や銚子や盃など、様々な物に見立てられます。観客は扇子を見ていますが、落語家が扇子をお銚子と見立てれば、扇子を眼前にしながら、それを銚子として見ている。寄席でなくても、たとえば降る雪を散る花に見立てるとか、見立ては、様々な場面の日常生活でみられる日本人の認識方法です。特別ではなく、わかりやすい方法です。

どうして日本人のだれもが「見立て」という物の見方をするのかなと思うんですが、それはおそらく中国との関係で生まれたとも思います。たとえば瀟湘八景という、宋代の洞庭湖の八つの景色が非常に美しい。それが絵に描かれると、その絵を見た日本人が、日本でこれに当たるのは何かということになって近江八景、金沢八景などになりました。今、眼前に富士山が見えますが、昔、富士山を見た人が、例えば北海道でこれに当たる山として。

ベルク　はい、羊蹄山ですね。

川　勝　羊蹄山を北海道の富士山と見立てて「蝦夷富士」とよび、利尻島の富士を「利尻富士」とよぶ。青森県の岩木山を富士山に見立てて「津軽富士」とよぶ。岩木山は、青森県の山なのに、津軽富士として富士に見立てるとき、岩木山と富士山とをともに頭に描いています。二つの山が同時に脳裏に入っている。富士に見立てられた山は日本には四百座ぐらいあります。鹿児島の開聞岳も富士山に見立てられて「薩摩富士」。沖縄には高さ百メートルしかない「本部富士」。「見立て富士」は、権力者が強制したものではありません。だれもが見立てに同意しています。どうして見立てという認識方法が発達したのか。李時珍の『本草綱目』を、鎖国の日本人は中国に行けませんから、本で読みながら、本草綱目に書かれた様々な物が、日本の何に当たるのか、本物に対してこちらの物を、これに相当すると見るわけですね。あるいは徐光啓の『農政全書』に書かれた実態を中国に行って見ることができないので、本を読みながら日本で宮崎安貞が『農業全書』を書いて同定していく。中国の『三才図会』を参考に日本では『和漢三才図会』が書かれる。中国の物を日本の物に同定したり、「～として」という方法で日本の物に見立てたりする。

中村先生の風景学にかぎらず、見立てが、この国の人々の認識方法にあります。それは中国との関係で生まれたのではないかと思います。

ベルク　そうそう。それは同じ、見立てはどう働くかといいますと、やはりそれぞれのものは、同じ象徴的な場、あるいは場所に置かれています。で、その象徴性、シンボリズムの下に置かれているから、結ばれていますので、それは働いている。それはもちろん美術関係には非常に強く表れていますけれども、一般的にも現実を感じるためには、やはり基本的にそのような場所の論理が必要です。

けれども、それだけではないのです。それだけだったら述語の論理も要らない。そうではなくて、主語の論理と述語の論理の両方が必要です。なぜならば、例えば一方には瀟湘八景があり、一方には近江八景があるとしますと、その両方の場合に、もとの物理的な山が必要です。一般的な現実においても、物理的な存在の主語の論理が基盤にあって、それについて展開するのが述語の論理であって、その通態によって現実が現れるので、必ず何かとして、アルス・エトバスに表れるという、同じ原理なのです。

川勝　そういうことですね。「見立て」を先生が認識の原理として発見された功績はきわめて大きいと思います。その功績がきわめて大きいと言いますのは、我々日本人にとっては、あまりに当たり前すぎて自覚されてこなかったからです。「〜として」という言い方は日常茶飯のことですから。

ベルク　そうでしょう。

川　勝　静岡県でもつい最近、近江八景ならぬ『遠江八景』という冊子を編みました。有馬朗人先生とか芳賀徹先生とか、立派な先生方が瀟湘八景の景色を浜名湖の景色に見立てています。見立てはそのように普通に日本人がやっていることです。そういう日本人の日常の認識方法が、先生の風土学で理論づけられたかなと思います。

3　人類社会存続のための風土学

リアリティの公式

川　勝　先生はそれを独創的な認識の公式 r = S/P にされました。すなわち現実を「r」の記号にして、rとは……。

ベルク　PとしてS（r = S/P（現実（r）とは、ある述語（P）として捉えられた主語（S）である））。

川　勝　r（現実）はP（述語）としてのS（主語）である、という現実認識の公式ですね。それは「見立ての公式」でもあります。

ベルク　そう、これは認識だけではなくて、感じることの原理でもあります。それは人間にとってだけじゃなくて、生物一般にとって働いている。

川　勝　r＝S/Pは「お見事！」と言うほかない簡潔化です。哲学における認識の公式ですね。物理学におけるニュートンの重力の公式F＝ma（Fは力、mは質量、aは加速度）、あるいはアインシュタインの特殊相対性理論の公式$E=mc^2$（Eはエネルギー、mは質量、cは光速度）に匹敵すると思います。数式や記号で書くというのはフランス流ですか。

ベルク　二〇〇〇年のころに、こういう形に公式を立てることを考えつきました。

川　勝　突然でしたか。

ベルク　突然じゃないです、大分時間がかかりましたけれども。

川　勝　そうでしょうね。日本人だと、誰も公式にはしないと思います。あまりに当たり前になっていて自覚されていないからです。そのこととともに、認識の公式の重要な意義は、西田幾多郎の、いわゆる述語の絶対性に対するアンチテーゼでもあるということです。西田は、西洋の認識の基礎にある主語の絶対性をひっくり返して、述語の絶対性を提示しました。ヘーゲルの弁証法をマルクスがひっくり返したように、西田は主語の世界を述語の世界にひっくり返しました。

ベルク　そうです、逆転したのです。でも、私はそれには賛成しません。

川　勝　西田の述語の世界では、存在が無に還元されてしまう。一方、西洋では、モーゼと神との対話に原型があります。主語が絶対の世界観ですね。モーゼが神に「who you are?（あなたは何者か）」と問うと、神は「I am who I am（我は有りて在る者なり）」と答える。主語「I（アイ）」の述語に「I（アイ）」という主語がある。絶対的な主語です。それに対して西田は述語を底なしにして、何でも入るようにした。何でも入るということは、無そのもの、底のない無ということになり、何者も存在しない。そうすると、生きている実在がない。西田の論理を追っていくと筋が通っており、分かった気になるのですが、場所を規定する無の抽象性は西田哲学の難点かなとも思っていました。私は r = S/P という「ベルク博士の公式」を見たとき、これだ、と膝を打ちました。これで主語・述語の関係がきわめて明快になった、といたく感じ入りました。

ベルク　西田哲学の無の絶対化、述語の絶対化は、やはり宗教的な動きです。宗教的な。それに対して、科学主義の場合は、逆にSを絶対化する動きとなります。つまり、実体はそれなりに存在し、関係は要らない、そのまま存在しているだけでいい。でも風土学の立場では、両方とも必要なのです。

川　勝　主語と述語の両方が必要です。

ベルク　ええ、それは難しい哲学の言葉で言いますと、両方止揚しなければならない。それはヘーゲルが言うアウフヘーベン（aufheben）です。

身体の宇宙化と宇宙の身体化——通態

川　勝　風土の中には物があります。風物と言ったりします。和辻さんは、『人間（じんかん）の学としての倫理学』、人間を「にんげん」と読まないで「じんかん」と読ませ、人は人と人との間柄で存在しているのだという。「風物」と「人物」に通底しているのは「物」です。風土が産む「物」があります。植物や動物も「物」です。そうした風物の中で、人はひとかどの人物に育っていきます。抽象的な空間ではなく、風土は「物」に満ちています。

ベルク　そうです、はい。

川　勝　人の半分は心で、半分は物です。人物の「物」は風物の「物」と重なり、家畜化された動物も、栽培される植物も、五感でとらえられる具体的な「物」であることに変わりありません。人間の中に主観とか主体とかというデカルトの言う「考えている自己」だけは確かですが、もうひとつ確かなのは考えている自己の身体です。身体をとりまく風物は地域ごとに違います。デカルトは日本茶を飲まなかった。当時のフランスに日本茶はありませんから。コーヒーにはミルクをいれて飲んでいた。身体は具体的で、立ち居振る舞いする住居の建築物から、着る物から、食べる物など、すべて身体にかかわる物の集合です。身体は風土にある物と一体です。「人物」と「風物」の「人」も「風」も「物」と相即不離です。人は心だけで生きているのでなく、物を必要とします。使う物、食べる物、作る物、大地から取り出す物、すべて環世界（ウンヴェルト）の中にあります。私はそのセットを文化・物産複合といっています。目にみえる物の集合をプロダクト・コンプレックス（物産複合）と呼び、また、物には名称と用途がありますから文化性があり、それゆえ物産複合とカルチャー・コンプレックス（文化複合）とは相即不離で一体です。人の使う物、自然の物、これらの総体である文化・物産複合が社会をつくりあげ、ベルク博士の言う「風土」をつくりあげている。それは社会の文物と一体です。文化・物産複合論は私の認識論ですが、先生の風土論と通じていると思っています。

ベルク　その風は大事です。風（ふう）は風（かぜ）だけじゃなくて、文化でもあります。例えばアメリカ風と言ったり、日本風と言ったりする場合、それはやはり文化という意味、あるいは風俗などの意味ですが、それらが歴史的に発達し、その要素は、簡単に言いますと一方では技術体系であり、今一つが象徴体系でもあるとも言えます。それらは、我々の物理的な動物身体を超えて、風物となり、世界になるわけです。

具体的な例を申し上げると、私の動物身体はここまでしか伸びません、この花までが限界です。けれども風物身体あるいは社会身体を通じて、私は例えばＮＡＳＡの技師であったら、火星で動いているロボットに命じて、そのロボットが石を拾って分析する。つまり、私の手はそこまで伸びるんですね。

川勝　身体の宇宙化ですね。

ベルク　そうです。

川　勝　身体と宇宙と。

ベルク　それは、身体は宇宙になるわけ、あるいは世界になる。

川　勝　身体は宇宙をはらんでいる。

ベルク　でもそれだけであったら、もうこっちに戻らないんです。これは私の身体の中に戻らなければ、それを戻しているのはやはり象徴体験、例えばロボットが火星に置かれていて、同時にそのロボットのことを私は頭の中で知っています。その知っている私、その認識の様子はやっぱり象徴的な、例えば言葉とか、あるいは数学とかでありますから、それは通態そのものです。行ったり来たり、通っている。

川　勝　なるほど、それが通態ですね。技術の体系、象徴の体系があり、象徴の体系は言葉と言ってもいいと思います。技術によって生み出される物の体系は、すべて名称をもち、言葉で表現できます。物産複合は物の体系であり、文化複合は言葉の体系でもありますから、技術の体系と象徴の体系は、物産複合と文化複合に対比できます。我々が使う物には構造と機能があります。洋館には靴が似合い下駄は合いません。文化・物産複合は、マルクス的な用語で言うと「使用価値の体系」です。物の使用価値には体系があり、コーヒーカップに日本茶は合わない。ケーキをお箸で食べるとまずい。ケーキにはフォークやナイフが似合う。人間の文化生活にはそういう物の体系が入り込んでいます。そういう意味で、人間は、抽象的、観念の存在ではなく、具体的な存在の仕方をしており、それを先生が風土性といわれる。風土として人間は存在しているということですね。

ベルク　はい、そうです。

われわれは神（絶対存在）ではない

川　勝　存在の認識論では、アリストテレス以来、いや、さらにさかのぼれば一神教の世界以来の西洋のドグマがあります。モーゼが神に向かって「who you are?」と問うたとき、神は「I am who I am」と答えました。そこには絶対的な存在しかない。

ベルク　絶対存在です。絶対的な実体。つまりそういう絶対的な実体は何も環境が要らない、場所が要らない。でも、モーゼの十戒は紀元前十三世紀に、神のこととして考えられたのですが、十七世紀になると、今度はデカルトの言葉で明らかに出ているのですが、それは人間という近代的な主体に当てられた同じ原理です。つまり近代的主体の絶対存在、デカルトは明らかに客体的な何の場所も要らない、存在するためには何の場所も要らないと。体も要らない。ただ、考えるだけで十分だというのです。しかし、これはもちろんあり得ません。具体的には絶対あり得ないのです。

川　勝　西洋のドグマはS＝SなのでSがPとして存在するのがリアリティだということが分からないのではないですか。

ベルク　もちろん、科学はやはり実体としてできるだけ客観的に物を分析しなければならない。今でもそうですが、それだけではなくて、その上に場所との関係、我々の存在の場所との関係をも考えねばならない。これは第四のレンマです。そうしないと、やはりただの客体のシステムがどんどん発達して、しまいには人間の存在が要らなくなるという結果になります。今、カリフォルニアで唱えられている、トランスヒューマニズムとかジオエンジニアリングとかの考え方は、そのような近代的な考え方の延長線上にあり、結局今のような人間は要らない、場所を超える技術をもって、それを超えるという悪無限に陥っているように思われます。

川　勝　ホモ・デウスになるとか。

ベルク　そうです。

川　勝　ユヴァル・ノア・ハラリが近著『ホモ・デウス』で、ホモ・サピエンスはホモ・デウスになると論じています。

ベルク　ええ、残念ながら、我々は神ではないのです。

川　勝　そういうことです。人類社会存続のため、人間回復の哲学としての風土学が必要ですね。

ベルク　私はそう信じています。今朝知事がおっしゃった地域のこと、地域の再発見も必要です。

地域の再発見と同時に、もちろん地球との関係をも再発見しなければならない。つまり、全てのスケールで同じ原理が働いているのです。これは、やはり人間存在はそのような構造契機に置かれているから、それを近代のパラダイムを超えて考えねばならないと思うのです。

川勝　なるほど。このたび先生が賞に輝かれたコスモス国際賞の哲学は、地球という全体の中で生命と地球の共生、人間と地球の共生です。人間は生きている風土（milieu）、それを最近の京都学派の方は「地域」と言います。地域とは、地球を何らかの基準で切った単位です。気候の基準で切ったら温帯地域、熱帯地域などに分けられる。産業を基準にすれば工業地域、農業地域などに分かれます。地理的には関東地域、関西地域とか。地域単位は伸縮自在ですが、地域は地球という全体を超えることはできません。どの地域も、包摂関係はあっても、上下関係はない。

それぞれの地域で人々がどう生きていくか、生きている風土性とはどういうものかを研究している人々がいます。先生を招かれた地球研の阿部健一さんもそうですね。彼にとってのフィールドはスマトラやボルネオですが、それぞれの風土を徹底的に研究すると。人間と環境との望ましい関係を取り戻すことができるはずだという提言になり、阿部さんはコモンズを取り戻す仕事をされています。そうした運動、最近国連ではＳＤＧｓ（Sustainable Development Goals）といっていますが、その学問的な基礎づけを先生はなさってきたと言ってよいのではないでしょうか。

ベルク　そうですね、けれども先ほど京都学派、特に西田哲学の場合は「無基底」という表現を使います。つまり基底、基盤は要らない。それは、地理学者としては絶対に認められないのです。

川　勝　地理学者にとって認められないだけでなく、西田哲学をレンマの論理で批判した西田の愛弟子であった山内得立にとっても、また、西田の「場所」を具体的なフィールドとしてとらえる今西錦司を源流とするフィールドワークを柱にする戦後京都学派にとっても認められませんね。

ベルク　基盤は地球です。自然ですから、それがなければ何もあり得ない。確かに無になるのです。

川　勝　デカルトは主語の絶対化をし、西田幾多郎は述語の絶対化をした。これら両方をアウフヘーベンした地平にオギュスタン・ベルク先生はいらっしゃる。

ベルク　そう、その両方の影響を受けましたので。

川　勝　両方を救われたわけですね。どうもありがとうございました。

III

〈記念講演録〉

持続可能性の風土学的基盤

オギュスタン・ベルク

二〇一八年コスモス国際賞受賞講演

1　ホレブ山の原理からトランスヒューマニズムおよび地球工学へ

現在、私たちの文明が進んでいる道筋は持続可能なものではないということは、すでに周知の事実である。ゆえにここでは、西洋近代の古典的パラダイム（Modern-Classical Western Paradigm 以下、〈MCWP〉）がもたらしたその道筋を変えてゆかねばならない様々な理由を繰り返し述べることはしない。そのかわり、まず〈MCWP〉自体の問題（第1節）を存在論的かつ論理的な根拠を簡潔に述べ、次にそれに代わるパラダイム――風土学について（第2～6節）より詳細に検討する。

〈MCWP〉は、存在論的・論理学的にみると、人間存在をその風土から抽象するという点において、脱宇宙化の原理に基づいている。この抽象化は、存在論的には、二元論によって、理論的には、排中律によって行われる。この二つが重なって、存在論的・論理学的な二項対立原理が支配するところとなる（昨今の例としては、電子機器の二進法「言語」が挙げられる）。

私が「ホレブ山の原理」と呼ぶこの原理の具体化は、以下の三つの歴史的な段階に要約することができる。まず、（a）絶対的な存在、すなわち一神教の神を想定する。一神教の神は、自らが主語でも述語でもあり、また相関的にその実体を自らの存在にのみに依存しているため、純粋に超越的である。次に、（b）これと同じ原理を人間に当てはめる。これは、デカルトのコギト（わたしは考える）に象徴されている。コギトは、近代の主語を、ひいては近代の客体を最初に表現したものであった。そして、（c）この原理は、サイボーグのトランスヒューマニズムやポストヒューマニズム、さらには地球工学という形で、技術的に実践されるのである。

紙面の都合で、この論拠については以下の三つの引用文の記載にとどめる（詳細については、BERQUE 2010, 2014 a を参照）。

（a）紀元前一三世紀頃　神の絶対的な実存についての言明（聖書「出エジプト記」3, 13-14）

「モーセは神に言った、わたしがイスラエルの人々のところへ行って、彼らに『あなたがたの先祖の神が、わたしをあなたがたのところへつかわされました』と言うとき、彼らが『その名はなんというのですか』とわたしに聞くならば、なんと答えましょうか」。神はモーセに言われた、『わたしは、有って有る者』。また言われた、『イスラエルの人々にこう言いなさい、『「わたしは有る」（אֶהְיֶה אֲשֶׁר אֶהְיֶה ehyeh asher ehieh → ἐγώ εἰμι ὁ ὤν [I am the Being] → sum qui sum）というかたが、わたしをあなたがたのところへつかわされました』と」。

（b）一七世紀頃　コギトの「非場所性」についての言明（DESCARTES 2008: 36-37; 筆者訳）：

「それから、わたしとは何かを注意ぶかく検討し、次のことを認めた。どんな身体も無く、どんな世界も、自分のいるどんな場所も無いとは仮想できるが、だからといって、自分は存在しないとは仮想できない。（中略）これらのことからわたしは、次のことを知った。わたしは一つの実体であり、その本質ないし本性は考えるということだけにあって、存在するためにどんな場所も要せず（*qui, pour être, n'a besoin d'aucun lieu*）、いかなる物質的なものにも依存しない、と。」

（c）二〇世紀頃　サイボーグの脱地球化についての言明（GRAY 編1995: 47）[1]

「新しいコンセプト、つまり環境の制約から思うがままの範囲まで、自分自身を解放できる人のコンセプトを持つのはよいことだと考えていました。そこで私はこのサイボーグという新語を造ったわけです。（中略）メイン・アイデアは、地球上で進化しながら人間を従属させてきた制約なしに、宇宙の別の場所で存在する身体的自由を彼に与えることで（中略）それから解放されるというものでした。」

2　風土学とは何か？

フランス語の“**mésologie**”（英語の mesology）は、ギリシャ語の *meson*（中間や中《ちゅう》などといった意味）と logos（講話や科学などといった意味）を語源とする、シャルル・ロバン（Charles Robin, 1821-1885）による造語である。一八四八年六月七日の生物学協会の開会式に出席していたロバンは、この言葉を環境の科学として用いた（CANGUILHEM 1968: 71）。一九〇六年発行のプチ・ラルース（フランス語の辞書）の初版では、**mésologie** は「環境と生物との関係を考察する、生物学の一分野（*Partie de la biologie qui traite des rapports des milieux et des organismes*）」と定義されていた。

ロバンは、オーギュスト・コント（Auguste Comte）の直弟子で、**mésologie** を実証科学として捉えていた。**Mésologie** は今日の生態学・生理学・文化人類学・社会学をも網羅する非常に広範囲にわたる分野であるため、実証学の一分野としては幅が広すぎた。一九世紀に環境決定論と共に栄えたものの、二〇世紀にはこの「**mésologie**」という言葉が辞書から消えていったのはこのためである。

このような衰退の主な理由は、その後に登場した生態学（ecology）が盛んになったからである。一八六六年、エルンスト・ヘッケル（Ernst Haeckel）がそのもととなったドイツ語 *Ökologie* を造った。これはフランス語では *écologie* として一八七四年に普及したのだが、この分野は、風土学よりも明確な定義づけがなされていた。相関的な理由としては、*mésology*（風土学）という言葉が英語として（一八三九年の例外的なひとつの用例を除けば）存在していなかったため、アングロスフィア（英語圏諸国）において、この新しい科学分野は*ecology*として発展していき、結果的にフランス語でも*mésologie*ではなく*écologie*として知られることとなったのである。

こうして風土学はフランスの学会から消えていったのだが、それはドイツで生まれ変わった。バルト・ドイツ人の自然学者ヤーコプ・フォン・ユクスキュル（Jakob von Uexküll, 1864-1944）が彼の研究において風土学を新たな観点から見なおし、新しい名を与えたのである。彼は動物行動学の創始者の一人であり、生命記号論の先駆者であった。

ユクスキュルがもたらした新たな観点は、解釈学的現象学の具体例といえるだろう。それは生物（主に動物）を*Maschinen*（機械）としてではなく*Maschinisten*（運転手、機械の操作者）として——つまり客体としてではなく主体として——捉えることに基づいていた。主体は、環境データをそれぞれの種の固有の方法で解釈するため、環境データに特定の意味を与え、その意味（*Bedeutung*）に応じて行動するのである。このため、行動主義のように刺激応答のメカニズムを研究するのではなくて、それぞれの主体の内側から、つまりそれぞれの動物の観点からその意味を洞察し定義しなければならないということであった。

このため、ユクスキュルは、環境（*Umgebung*）と風土（環世界*Umwelt*）の根本的な区別を導入した。

環境とは、普遍的な生データを指し、近代科学の観点からみて抽象（*in abstracto*）化できるものと考えられるため、原則的にいかなる生物に対しても有効である。これに対し、風土はたった一つの具体的な現実であり、各々の生物の観点からのみ有効なものであって、その生物の本質と動的に結びついている。

こうして、風土の科学（環世界学 *Umweltlehre*）として風土学が成立したのだが、これに対し、生態学は環境の科学である。さらに環世界学 *Umweltlehre* は、後に生命記号論 *biosemiotics* と呼ばれるようになった意味の理論 *Bedeutungslehre* と密接に関連しているが、生態学はそうではない。[2]

一九三四年、ユクスキュルは彼の考えをまとめて、*Streifzüge durch die Umwelten von Tieren und Menschen* (*Raids into the milieux of animals and humans*) という本に著した（日本語版は『生物から見た世界』という題名で二〇〇五年に刊行）。この本には、彼の同僚ゲオルク・クリサート（Georg Kriszat）による素晴らしい図解が入れられている（UEXKÜLL 1965）。

これとほぼ同時期の一九三五年、日本の哲学者和辻哲郎[3]（一八八九―一九六〇）が『風土』を出版した。風土（*fūdo*）という言葉は、*Umwelt* と同義の milieu という意味を持つ。この本には「人間学的考察」という副題が付いている（WATSUJI 1979）。この著作で取り上げているのは、ユクスキュルの著作にあるような風土全体（環世界）ではなく、まさに人間の風土である。和辻は人間の風土論あるいは風土学を確立した。彼が一九二七年から一九二八年のドイツ滞在中にユクスキュルの環世界学を耳にしたのか、あるいは解釈学的現象学の実践者としてそれに相当するものを自分自身で再発見したのかはわからないが、和辻の風土学は同じ原理に基づいていた。すなわち、風土はそれに関わる人々の主体性を前提としており、従って風土は自然環境とは異なるという原理である。

ユクスキュルと和辻の両名は、私の唱道する現代の風土学の創始者である。しかし私は、風土学が単に現象学的生態学に帰する学問分野だとは考えておらず、近代の古典的二元論を時代遅れなものとする総体的な視点で捉えるべきと考えている。近代の古典的二元論は、良く知られているように、主体に関するものと客体に関するものとの間の抽象的で根本的な区別に依存している。風土学では、具体的な諸風土の現実は、完全に客観的でもなく、また完全に主観的でもなくて、通態的（*trajective*）であると捉える（BERQUE 1986, 2014 b, 2018 etc.）。これはまた自然科学および人文科学とも関与している。

〈MCWP〉と比すれば、これが存在論的な秩序のみならず論理的な秩序の変化であるのは言うまでもない。後述するように、風土学の容中律の論理（*meso-logics*）は二元論の二元性（主体／客体、自然／文化、肯定／否定、主語／述語など）や排中律の法則をも克服し、テトラレンマ（tetralemma 四論）とも関連する。テトラレンマは、肯定（AはAである）と否定（Aは非Aでない）の段階を経て、両否定（Aでも非Aでもない）と両肯定（Aと非Aの両方を同時に認める）へと至る。風土学がもたらすこの新しい視点は存在論と論理学の両方に関わり、存在論的かつ論理的なのである。

風土学は概して、このようなパラダイムシフトがこの時代に必要だということを意味している。近代二元論の抽象作用は、排中律の法則とその様々な属性（機械論、還元主義、分析主義、個人主義、定量主義、資本主義、産業主義など）と相俟って、今日「第六次大量絶滅期」と呼ばれているものを誘発しているばかりでなく、社会的な絆を断ち切り、風景を破壊するという局面まで——換言すれば人類の運命を左右する宇宙性の喪失を招くところまで来ているのである。このような脱宇宙化に対抗し持続可能性を確保するために、私たちは人間存在を再宇宙化し、再具体化し、再び地球に結び付けなければならない。これが、まさに風土学の目的とするところである（BERQUE 2014 a, 2014 b; AUGENDRE 他 2018）。

3　刻印 - 母型から見立てへ

「milieu（風土）」という言葉は、少なくともフランス語[4]では、二通りの意味を持つ。中心あるいは焦点と、その焦点を取り巻くものという二つの意味で、これらは一見矛盾している。前者の例としては、ターゲットの中心あるいは道の真ん中などが挙げられる。後者について、魚の環境を例に取れば、魚の住まう水域という意味となり、その中心にいるのが魚ということになる。明らかに、ここで論理的な問題が提起される。いかにして、中心が同時にそれを取り巻く環境となりえるのか？ またAが非Aでもありえるのか？ どうすればあることと同時にその正反対の意味を成すことができるのか？

まず、魚を取り巻く環境（milieu）について言う場合には、科学的な基準から見たひとまとまりの客体――魚とその環境の他の要素――が想定される。次に、その環世界の中心（milieu）にいる魚について言う場合には、主体としての魚が想定され、それ以外のものはすべて、この主体存在との関連において定義される。これら二つの場合が同時に起こることは可能で、一方が他方よりも正しいということはないが、互いに矛盾している。

ここで疑問が生じる。いかにして私たちはこの矛盾を克服できるのか？ 魚にとってのmilieuが、客体的であると同時に主体的であることが可能なのか？ 内なるものが同時に外なるものに、または外なるものが内なるものとなれるのか？

このアンビバレントなmilieuの（環世界 *Umwelt* や風土という、風土学的な意味での）概念の原型は、おそらくプラトンの著作『ティマイオス』にある「コーラ」（*chôra* χώρα）であろう（BERQUE 2000 および特に2012）。このコーラという言葉のもっとも一般的で具体的な意味は、ギリシャの都市国家ポリス（*polis* πόλις）の人々にとっての、彼らを養い育ててくれる田舎であったと言えよう。ポリスの市民は、彼らの町（*astu* ἄστυ）の壁の向こうに、毎日小麦畑や葡萄畑やオリーブ畑に覆われた丘を眺めることができた。そこで収穫される作物を糧として彼らは日々生きていたのである。そのような世界では、

コーラ *chôra* のない町 *astu* は成立しないのである。

この *astu*――ポリスの都心――は、印欧語のＷＥＳという語根となる言葉で「滞在する、住む」という意味を持つ。これは、サンスクリット語の *vasat*（彼は滞在する）と *vastu*（場所）の語根ともなっている。ドイツ語では、*Wesen*（であること、自然、本質）および *war* や *gewesen*（ドイツ語の sein：である動詞の過去形・過去分詞形）、また英語では *was* や *were*（be 動詞の過去形・過去分詞形）といった単語にもみられる。要するに *astu* は、ギリシャ人であったプラトンに関する限り、本質的に、人間が感覚する世界における存在者の住まいを指した（カスティリア語では *la estancia del ser*、ポスト・ハイデッガー流に言うと *der Aufenthalt von Sein in Seiendheit*）。しかしながら、存在者の住まいは、養い育ててくれる風土、すなわち町 *astu* を取り巻くコーラ *chôra* がなければ具体的に存在できないものであった。

おそらくこのコンテクストが、プラトンの『ティマイオス』の中の言葉にインスピレーションを与えたのであろう。コーラに関する限り、『ティマイオス』で語られる言葉は、不明瞭で矛盾をはらんでさえいると言える。『ティマイオス』のテクストでは克服されていないこの矛盾は、その後何世紀かにわたりヨーロッパ思想におけるコーラの運命を左右することとなった。約言すれば、ハイデッガーのダーザイン（*Dasein* 現存在）まで、これはヨーロッパ思想から外閉され、「なぜ存在（*Sein*）には場所と風土が必要なのか」という疑問は忘れ去られる。これとは逆に、内容そのものには明確な定義づけがなされた。それはアリストテレスが『自然学』第四巻においてトポス（*topos* τόπος）の概念について与えた定義で、「それが含む存在者（*Seiende*）から分離することのできる場所である（なぜかというと、*topos* は不動なのだが、存在者は動いて別な *topos* へ移ることができるからだ）というものだ。これに対し、コーラは分離することができない。

『ティマイオス』においてプラトンはまさにコーラについて問うているのだから、上述の外閉がまだなされていないとしても、「真なる存在（*ontôs on*、すなわちエイドス［形相］またはイデア）のセルフ・アイデンティティを原理とするプラトンの存在論は、コーラの概念の論理的な把握をすべて排除しているということになる。不思議なことに、プラトンの存在論はこのアイデンティティの原理を避けているからである。その回避のしかたは徹底的であるがために、プラトンはコーラを定義づけしておらず、隠喩でしか語らない。その上、その隠喩は一貫性に欠ける。ここで彼は、コーラを母親（*mêter*, 50 d 2）あるいは乳母（*tithênê*, 52 d 4）つまりは母型になぞらえ、また他の場合には母型の逆である刻印されたもの（*ekmageion*, 50 c 1）に例えている。コーラは刻印でもあり母型でもあり、プラトンはこれを生成――ゲネシス *genesis* γένεσις（起源、源、始まり、降誕、生成、生産、創造）――と呼んでいる。それは感覚的世界（*kosmos aisthêtos*）において存在者となるプロセスである。ここでの存在者とは、プラトンの存在・宇宙論では「真なる存在」ではなく、そのイメージとして反映されたものにすぎない。

このように、刻印されたものであると同時に母型であるという矛盾性を持つコーラは、文字通りアイデンティティを持たず、理解不可能なものである。プラトンはコーラを「信じることすらできないもの」(*mogis piston*, 52 b 2)で「これを見るのは、夢を解釈するようなものである」(*oneiropolоumen blepontes*, 52 b 3)と認めているものの、コーラは確かに存在すると主張している。存在の秩序(the *kosmos* κόσμος)において、最初からかつ同時に、真なる存在、存在者としてのその投射、そして具体的にその投射が成立している風土——すなわちコーラは、確かにそこにある。プラトンのテクストには以下のような記述がある(52 d 2)——ὄν τε καὶ χώραν καὶ γένεσιν εἶναι, τρία τριχῇ, καὶ πρὶν οὐρανὸν γενέσθαι——存在と、風土と、存在者は、これら三つはすべて、天よりも先に(『ティマイオス』では天空神ウーラノスと同一視される宇宙が統べられる前に)生まれたものである。

また一方では、アリストテレスのトポス(*topos*)の観点からすれば、刻印と母型に関する問題は生じない。『自然学』第四巻において、トポスは「動かすことのできない容器」(*aggeion ametakinēton*, 212 a 15)のようなものとされている。この容器に包まれた物体は動くことができ、それ自身のアイデンティティを維持しながら他の場所へ移動することができるのである。その物体のアイデンティティは、明らかにトポスのアイデンティティとは別個のものだ。もちろんこの原理はアリストテレスが唱えた主語(ヒュポケイメノン *hypokeimenon* ὑποκείμενον)のアイデンティティに関する論理、言い換えれば実体(ウーシア *ousia* οὐσία)のアイデンティティに関する論理と関連している。実際、アリストテレスに従うヨーロッパ的な考え方では「形而上学における実体と偶有体は、論理学における主語と述語に相当する」(*The Concise Oxford Dictionary*, 5th ed.: 1287) とされる。そしてコーラは、あるものであると同時にその正反対のものともなるため、明らかにこのような論理にも存在論にも属さない。アリストテレスの論理学では、ある場所は別の場所とはなりえない。ただ、それはそこにあるものである。確かに、一つの場所から別の場所へと移動することはできるが、それはまさしく異なる場所なのだ。

このような論理学を学んできていた私は、東アジアにおいて風景が取り上げられるとき、ある場所が別の場所ともなり、あるいは少なくとも別の場所として見ることができることを知って驚愕した。これは、日本語では「見立て」と呼ばれるものである。「見立て」は、その対象あるいはその風景を別のものとして見るということで、芸術や文学の分野において良く知られている(NAKAMURA 1982, BERQUE 1986)。例えば中国に始まる瀟湘八景(八景は中国語で *bajing*)は、東アジア全体に伝播している。これは湖南省の洞庭湖に注ぐ支流、瀟水と湘江の流域の景観を八つにまとめたものである。北宋時代(九六〇―一一二七)に遡るこの中国の伝統は、この地域の八つの風景を景観モデルとする。瀟湘八景は、洞庭秋月、瀟湘夜雨、煙寺晩鐘、漁村夕照、平沙落雁、遠浦帰帆、山市晴嵐、江天暮雪で構成されている。中国に続いて、近隣諸国でこれに似た八景が発見されるようになり、その数も増えていった。日本のもっとも有名な「八景」は、瀟湘八景を模した近江の国(現在の滋賀県)にある琵琶湖畔の景色、近江八景である。次いで有名なものとしては、金沢八景(現在の横浜あたり)

などがある（BAKER 2010）。また、一般市民が利用できる様々な庭園にも、八景の引喩が多数見受けられることも付け加えておきたい。

それでは、中国の洞庭湖近くの場所あるいは風景Aを日本の琵琶湖近くの場所あるいは風景非Aを結び付けているものは何だろうか。ここで論理学と存在論の関係を概観してみよう。この課題においては、二つの異なる実体、二つの異なる論理的な主語（S1とS2、洞庭湖と琵琶湖）が働いている。これら二つの主語は八回、同じあるいは類似した風景（洞庭秋月など）として捉えられている。言い換えると、述語P（「洞庭湖の風景として存在する」）のアイデンティティは、主語S1とS2の非アイデンティティを包摂する（包み込む）。

陳孚（1259-1309）**「烟寺晩鐘」より**
（画・黎雄才）

地理学者の観点から見ると、そのようなことは不可能である。近代の科学者はアリストテレスから引き継がれ、近代の古典科学の根底を成してきた主語のアイデンティティの論理に感銘を受けているだろう。しかしこの論理では、洞庭湖の実体（ウーシア *ousia*）やトポスと、琵琶湖のそれらを混同することは認められない。題材も異なるし風景も別である。さすれば、同じ場所が別の場所となり、また別のものが同じものともなりうる「見立て」は、何を根拠としているのだろうか。それは恐らく、私たちが同じ文化領域――中国文学の文化の影響下にある範囲――に属しているという事実だろう。しかしそれだけだろうか？

4　環境可能論から「として」の論理へ

若かりし頃、私は地理学者として、フランス地理学派の父といわれるポール・ヴィダル・ド・ラ・ブラーシュ（Paul Vidal de la Blache, 1845-1918）の思想を学んだ。この学派は一九六〇年代までフランスで主流を占め、歴史学者リュシアン・フェーヴル（Lucien Febvre）が「環境可能論」と呼んだものを特徴としていた（FEBVRE 1922）。今はもう時代遅れとなったこの環境可能論について、ロジェ・ブリュネ（Roger Brunet）は以下のように嘲笑的に述べている。

「これはリュシアン・フェーヴルがヴィダル・ド・ラ・ブラーシュによるものとした『教義』だが、実際にはブラーシュが自身の立場を環境可能論と表明したことはなかった。問題は単に経験主義的な姿勢についてだ。環境可能論は *pouvoir*（can：〜の可能性がある）に由来しており、『自然環境』は一定の範囲の『可能性』を与え、その中から『人間』が『選択する』と仮定するが、その選択の方法は不明瞭である。この学説は、技術的な状況、資源や方法に大きく依存するその時々の『不可能なこと』を説明しようとするだけにとどまっている。（中略）その後、この学説の無意味なラベルは多くの地理学者たちを満足させた。彼らはそれが自分たちにとって、何らかの哲学的な箔づけとなりうると考えたからである。」（BRUNET 1992: 358; 筆者訳）

こういう風に見れば、可能論は確かに意味深い説ではなかろう。ブリュネと同世代のイヴ・ラコステは、環境可能論をより手厳しくない視点で捉えている。

「ヴィダル・ド・ラ・ブラーシュによるものとされる『教義』は、自然環境の状態、特に気候データが人間活動を決定づけるとする環境決定論のテーゼに対する反論であった。ヴィダルは、同じ自然環境が人間に対してそれぞれに異なる可能性を与えると想定した。むしろ、それぞれの人間集団が持つ技術を考えると、各集団は、同じ自然環境を様々な方法で利用することができると言うべきだろう。」（LACOSTE 2003: 310-311; 筆者訳）

その本来の歴史的経緯に環境可能論を取り戻せば、それは「無意味なラベル」をはるかに凌ぐものだった。それは、当時ドイツおよびアングロサクソン学派で優位を占めていた環境決定論に対する反証であった。この学説が示したのは、環境的な条件が同じであっても、各人間社会はそれぞれにまったく異なる生活様式（*genres de vie*）を発展させうるということだ。それでは環境決定ではなく、歴史的偶然性の産物ということになる。

確かに、可能論は、milieu という言葉の概念そのものに異議を唱えるまでには至らなかった。当時、milieu は、「環境」を指す意味で使われていた。これまで見てきたように、mésologie の創始者ロバンが理解していたのも、この意味においてであった。しかしこの言葉を、風土学が環世界学（*Umweltlehre*）や風土論という新しい意味で呈示したものは、まさに環境可能論がほぼ同時期に示していたものと同じ事実であった。それは、同じ環境下にあっても、異なる種や文化は、それぞれに異なる風土を持つということである。風土学の方がずっと踏み込んだ問題提起をしていることを除いて、両者の理論は同じである。特にユクスキュルは、動物にとっては本質的に客体が存在しないということを指摘し、実験によって証明までしてみせた。動物にとっての客体は、ユクスキュルが「トーネーション」（*Tönung*）と名付けた作業の結果生じるあるトーン（*Ton*）に従ってのみ存在するのである。このトーネーションによって、同一の客体が、それぞれの種によって異なる存在となる。例えば、同じ芝生が、ウシにとっては食料として存在するが、アリにとっては障害物、甲虫にとっては避難場所、セミの幼虫にとっては飲み物――すなわち、それぞれ摂食のトーン（*Esston*）、障害物のトーン（*Hinderniston*）、保護のトーン（*Schutzton*）、飲み物のトーン（*Trinkton*）などとなるのである。

この「として存在する」ということは、それまで西欧の存在論と論理学を支配していた実体論を破綻させた。ハイデッガーは一九二九年から一九三〇年にかけて、彼の講義の半分をユクスキュル研究にあてたのだが、これは正しかった。ハイデッガーの死後、この講義の内容は *Die Grundbegriffe der Metaphysik*（『形而上学の根本諸概念』）という題名で出版された（HEIDEGGER: 1983）。この講義録には巧妙な変更が加えられ、トーン（*Ton*）やトーネーション（*Tönung*）ではなく根本気分（*Grundstimmung*）を主に取り上げた内容となっている。しかし両者の考え方は同じであり、ハイデッガーがこの議題を存在論的・論理的に精査しているという点だけが違っている。以下に、ユクスキュルによる論証の一例を挙げる。

「マダニを取り巻く世界（*die Zecke umgebende Welt*）の豊かさはすべて、その世界を縮小し、たった三つの知覚できるサイン(5)（*Merkmalen*）と三つの起行動的なサイン(6)（*Wirkmalen*）で構成される貧困なイメージ（*ein ärmliches Gebilde*）へと変えてしまう。それがその環世界（*ihre Umwelt*）である。しかし、この環世界の貧しさ（*Ärmlichkeit*）は、活動の確実性の前提条件となる。そして確実性は豊かさよりも重要なのである。」

（UEXKÜLL 1965: 29; 筆者訳）

上記をもとに、ハイデッガーはかの有名なテーゼを展開した。石は「世界を持たない」（*weltlos*）、動物は「世界が貧しい」（*weltarm*）、そして人間は「世界を形成する」（*weltbildend*）」というテーゼである（HEIDEGGER 1983: §42）。

　ここで見落としてはならないのは、ユクスキュルの説で、マダニの世界の「貧しさ」を語るのは矛盾があるということだ。この世界が貧しいとみなされ、単純なイメージに還元されることができるのは、環境 *Umgebung*（われわれ人間の科学の *Umwelt* にあたる）と比較した場合に限られるからだ。一方、マダニの目から見れば、彼らを取り巻く環世界 *Umwelt* は完璧で現実的なものなのだ。プラトンも『ティマイオス』の最後の数行で、宇宙 *kosmos* は人間の観点から（つまり人間の風土として）形成されるものと述べている——ὁ κόσμος οὕτω (…) μέγιστος καὶ ἄριστος κάλλιστός τε καὶ τελεώτατος γέγονεν（世界はかく生まれた……非常に大きく、善良で、美しく、完璧に）。ハイデッガーは、明確に人間中心的な（より正確には、ロゴス中心主義的な）観点から、「世界の欠如（*Entbehren von Welt*）としての世界の貧しさ」を考えた（HEIDEGGER 1983: §§ 46）。

　上述の通り、ハイデッガーは論理学と存在論の両観点からこの問題を検討しているという点で革新的である。アリストテレスの立言命題について、ハイデッガーは、以下のように述べている。

「(…) **アリストテレス**はこのこととの関連で結合〈sunthesis（σύνθεσις）〉ということを言っているが、この語で彼が意味しているのは、われわれが『としての』‐構造（als-Struktur）と呼んでいるものにほかならないのである。彼はこれを意味してはいるが、もちろんこの問題の次元の中にはっきりと表明的に踏み込むということはしていない。『**としての**』**—構造、すなわち或るものを或るものとして** (etwas als etwas) **先行的に統一形成的に受けとるということ** (vorgängige einheitbildende Vernehmen) は、ロゴス (λόγος) が**真であることと偽であることと**のための可能性の条件である。」

(HEIDEGGER 1983: 456; 太字表記はハイデッガーの原文より、筆者訳)

この〈先行的に統一形成的に受けとるということ〉は、世界 (*Welt*) を構成するもので、ハイデッガーはこれを「bとしてのa」すなわち「aはbである」という言い方に相当すると理解した。これが「開顕性の構成契機」(*Strukturmoment der Offenbarkeit*) であり、これによって物が何かとして見えてくるのである。それは、「そのようなものとしての有るもの (*das Seiende als solches*) の「としての」という部分である。また、*ens qua ens* (有るものとしての有るもの) の *qua* (としての) という語にあたり、*on hê on* ὄν ᾗ ὄν の *hê* ᾗ である (HEIDEGGER 1983: §69)。

しかし、ハイデッガーはこの「としての」についての論理学と存在論をあまり深く掘り下げることはしなかった。これに反して、風土学はまさにそうすることを目指してきた。

5　主語の論理を述語の論理へと逆転するだけでは不十分

これまで述べてきたように、ハイデッガーによれば、アリストテレスは「として」についての問題提起に踏み込むことはしなかった。主語のアイデンティティに関する論理学、すなわち実体のアイデンティティに関する論理学の始祖である彼が、もし逆のことをしていたなら驚きであっただろう。「として」の論理は、実体の論理とは正反対に位置しているからである。さて、「見立て」の論理においては、琵琶湖は洞庭湖として見立てられるので、明らかに実体の論理とはなりえない。琵琶湖の実体は洞庭湖のそれではない。肝心の主語が異なっている。では、いったいどういう論理なのだろうか？

ここで少し、地理学に立ち戻ってみよう。実際、地理学者は洞庭湖（*Dongting hu*）は琵琶湖でないことを最初に確認するだろう。例えば、歌川広重が夜霧に包まれた琵琶湖畔で、六世紀も前に洞庭湖あたりで陳孚（Chen Fu）が耳にしたものと同じ鐘の音を聞くことなど不可能である。そして、もし琵琶湖が洞庭湖として存在するとすれば、それは絶対に地理学ではない。

しかし私は地理学者として、地理学辞典に以下のように述べることもできたのだ。

「三井晩鐘」 画・歌川広重（1797-1858）
（出典：国立国会図書館）

『として』（*en tant que*）についての問題を提起することが、地理学の地理学たるところではないだろうか。『として』の概念においては、物理的なものと社会的なものが相互関連によってのみ成立する。その土地の価値が資源、制限、リスクや快適さによって、常に相対的である（住まわれ、感知され、考えられている）のなら、その土地は人間の空間が展開される風土である。人間は、風景として見えてくるその環境を、そこに表象されるおもむきで、フィードバック（帰還作用）して展開していく。（中略）要するに、ただ同じ客体を異なった観点でみるということである。」

（BERQUE 1992: 367-368; 筆者訳）

今から四半世紀以上も前のことになるが、当時、私はユクスキュルの著書もハイデッガーの著書もまったく読んでいなかった。私の疑問は純粋に地理学的なものであって、今思えば完全に環境可能論を踏襲していた。しかし、もし私が「として」（*en tant que*）の概念を語るに至っていたならば、一九七〇年代に北海道開拓をテーマに論文を書いていた時（BERQUE 1977, 1980）、まったく同じ北海道という島の現実が、自分が日本人の農民であるかアメリカの農学者であるかによって、大きく異なってくるかもしれないということを発見していたことであろう。もっと具体的に言えば、その数年後、私は日本の風景に関する歴史の中に、知覚的・物質的な面で、日本の風土の現実において「見立て」の習慣があることを知った。そこから私は、いかなる人間の風土の現実も、自然と社会の間のアンビバレントな「手掛かり（*prises*）」（ギブソン〔GIBSON〕1979の言葉で言えば「アフォーダンス」）と関わっていることを理解するに至った。人間にとっての手掛かりとは、資源・制約・リスク・快適さという四つのカテゴリーあるいは述語として存在する物理的な環境データである。これらの述語の現実は歴史的で、自然と社会の双方に依存している。簡単に言ってしまえば、例えば石油そのものは資源ではない。エンジンや石油化学を発明した者にとってのみ、石油は資源として存在するのである。アラスカの石油は数千年にわたりイヌイットの人々の足の下にあったのだが、彼らにとって、それは存在しないものだった。その後石油会社が進出してきて、アラスカの風土の現実が変化したのである。

いったんこの問題を設定すると（BERQUE 1986, 1990）、後は現実との関係に基づいて「として」にまつわる問題提起に正面から取り組むだけとなった。「として存在する」とはどういう意味だろうか？　上記で私がアフォーダンスについて用いた「カテゴリー」という言葉に話を戻そう。私が、まだ地理学者として研究を始めたころ、ヴィダル・ド・ラ・ブラーシュは私の研究分野を「場所の科学」(*science des lieux*) と定義していた (ROBIC 1980)。そして私は気がついた――西田幾多郎 (一八七〇―一九四五) の「場所の論理」(logic of place) について、西田がこれと同じことを言うのに「述語の論理」(logic of the predicate) という表現を使っていたのである (NISHIDA 1927, 1945)。日本語の通常の意味での「場所」の一般的な英訳は place だが、むしろ西田の言う「場所」は field、さらに言えば predicative field (述語的フィールド) と英訳するのがより適切であろう。

これとほぼ同じ時期に、私はアリストテレスが、いま私たちが「述語」について、つまり論理的主語、またはある実体に帰属する質について言及する場合に *katēgoria* κατηγορία (カテゴリー) という表現を使っていたことも発見した。例えば、「石油 (S:主語、実体) は資源である (P:述語、質)」という場合、存在論的・論理的には資源としての油田の地理的な現実に相当し、そして風土学的には「石油 (S) は資源として存在する (P)」という現実に相当する。言い換えれば、ある述語的フィールド――ある風土――において、石油は資源であるが、その環境に物理的に存在していてもすべての風土において資源であるとは限らないし、人間の歴史においても (石油会社が参入するまでのイヌイットがそうであったように) 常に資源であったとも限らないのである。

この述語的フィールドを、西田は「歴史世界」あるいは率直に「述語世界」と呼んだ。これはまさに、ユクスキュルのいうトーン (*Ton*) に、従ってハイデッガーの世界 (*Welt*) にも符合する。この三つのケースには同じ論理が働いている。それは as——ドイツ語では *als*、日本語では「即」——の論理である。このような符合をもとに、真の風土の論理——容中律の論理——を打ち立てることも可能であっただろう。しかし不幸なことに、それが叶うことはなかった。西田は主語のアイデンティティの論理（以下 lgS という）であるアリストテレス論理と、自身の述語の論理（以下 lgP という）の間にある中道を探求するのではなく、P を絶対無に、つまり実体の対極にあるものに同化することによって、lgS をその鏡像体に、すなわち lgP の絶対化へとひっくり返しただけであった（BERQUE ed. 2000, 2002）。P を絶対化することは、事実上、それ自身の世界を絶対化することだ。このためエスノセントリズム（自民族中心主義）やナショナリズム（国家主義）に陥ってしまった。西田も彼の信奉者たちも、今もなおこのことを認識していないが、これはまさに西田哲学に内在する必然的な帰結なのである。

また別の方向から、西田の思想が複数の側面で、仏教思想の伝統のうちにあることを証明することができる。これについては後にまた触れるが、ここでは、西田の哲学体系には、世界性を「絶対無」として絶対化してしまう傾向があることだけを強調しておきたい。

西田のこうした世界の絶対化は、「他」を「同」に還元するということで顕著に表現される。「絶対矛盾的自己同一」という西田哲学の核心にある表現形式は、このことを文字通り示したものだ。このような自己矛盾した表現を手短に注釈することはできないが、根本的にその言わんとするところは何か。それは、存在のうちのすべての差異が、世界の自己同一性のうちに解消されることを語ろうとしているのである。そのためか、絶対矛盾的自己同一のように、あることを言いながら、同時にそれと反対のことを言うという表現方法が、西田の決まり文句のようになっている。例を挙げてみよう。「世界戦争は、世界戦争を否定する為の、永遠の平和の為の、世界戦争でなければならない」(NISHIDA 1945: 439)。つまり、最終戦争というわけだ。だから西田の文書を読んでいくと、同一性は他性を想定するが、他性は同一性に解消されるという理論がすぐにみつかる。西田の哲学では、「同」と「他」について際限のない議論が生まれるのである。

こうした鏡の戯れの前で見失ってはならないことは、この世界性がみずからのもとで、絶対的なまでに閉じていることである。西田は実際に「世界の自己限定」という表現をよく使う。それとともに絶対的な構築主義が示される。この世界では、あらゆるものが自己限定するとともに、すべてのものは、みずからを作り出そうとする意欲をもつ世界の循環性のうちに決定的に解消されてしまうのである――「作られたものから作るものへと矛盾的自己同一的に」(NISHIDA 1945: 391)、「すべてのものが無基底的に自己自身を限定する、即ち自己限定そのものに於いて自己自身を有つものとして」(前掲書：390)、「自己自身を形成する歴史的世界の自己形成的に、意志作用的有として」(前掲書：391)。

科学の分野では、例えば今西錦司の進化に関する思想のもととなったものを見出すことは容易だろう。今西は、種の進化はそれぞれの生物の淘汰の機械的な結果であるというダーウィンの進化論に異を唱え、種自身がその進化の過程を決定するとした（IMANISHI 1980）。しかしもっと一般的かつ存在論的にみると、世界がみずから意欲し、働くことができるのは、世界が無化する場所として、個々の存在を包摂しているからであり、個々の存在の特徴となる特性をおびているからである。この政治的な意味を強調するまでもないだろう――国家権力に逆らって立つことの絶対的な不可能性である。アンティゴネーはクレオンの前に立ち向かうことはできない。クレオンは、絶対無だからだ。

他の文献でも述べた通り（BERQUE 1998）、西田哲学は、当時の軍国主義がはっきりと目指しているものを含んでいる。市民の責任を無化し、これをハイデッガーが「ひと（ダス・マン *das Man*）」と呼ぶもののうちに溺れさせることである。ハイデッガーはこう書いている。「ひとによって各人は現存在の責任を免れる」。ひととは、「わたしたちがだれでもないものと呼ぶしかないものだからだ（*das, von dem wir sagen müssen, keiner war es*）」（HEIDEGGER 1993: 127）。これはオデュッセウスがポリュペーモスに名乗った「*Oudeis* οὐδείς（ウーティス、駄礼毛志内――だれもしない）！」という巧みな仕掛けと同じものだ。

西田はさらにこう追記している。「併しそれは通常、人が世界といふ語によって考へる如き、我々の自己の対立する世界を意味するのではない。絶対の場所的有を表さうとするに外ならない。故にそれを絶対者と云つてもよい」（前掲書：403）。「何処までもかゝる自己否定を含むと云ふことが、却って世界がそれ自身によって有り、それ自身によって動く、絶対的実在と考へられる所以であるのである」（前掲書：457）。

風土学の観点からみると、立つためにはその土台となる地面――存在論と論理学でいえば *hupokeimenon*（ヒュポケイメノン、基体）また生態学的には *Umgebung*（環境）――が必要になるため、それなくしては立つということにならない。簡単に言うと、そのためには地球が必要なのである。地球は人類を含む生物種の多様で具体的な風土の進化の土台をなすものである。これに対して、西田が唱えた絶対的な構築主義――これはフランス現代思想の急進的な先駆けであった――においては、世界は土台を持たず、無基底なのである（前掲書、随所）。

6 〈MCWP〉を風土学の中間の論理により超克する

私たちは、世界が述語的フィールド（P）であるという考えを西田から得ている。それは風土学においては、あらゆる「として」との組み合わせであり、これによって私たちは物を何かとして把握する。しかし、私たちは述語の絶対化に関しては西田の説に従うことはできない。どんな世界であれ、その基盤、すなわち主語Sとなる環境（*Umgebung*）または基体（*hupokeimenon*）である地球がなければそこから生じることはできない。しかし、述語化によって、前提となる何かとして（ハイデッガー流に言うと、*als etwas* 或るものとして）認識される世界（P）から外へ引き出されないのなら、このような宇宙の基盤は存在しなくなる――そのセルフ・アイデンティティの通路から外‐存（*ek-sist*）しない（外に出ない）ことになってしまうのだ。ゆえに風土学では、この現実を、**Pとして捉えられたS**と考える。私はこれを「*r* = *S/P*（現実（r）とは、ある述語（P）として捉えられた主語（S）である）」という表式に要約した（BERQUE 2003）。

ここで重要であり、また風土学の容中律の論理を特徴づけているのは、PのないSもSのないPも、具体的にありえないということだ。近代古典科学では、対象（問題とされているS）の実体が二元論によって絶対化される。このため近代古典科学はPを絶対化した西田とは真逆に位置付けられる。いずれの場合も信仰告白のようなものだ。経験主義的には、PのないSもSのないPも成立しないからである。何らかの述語がなければ、Sは永久に、そのセルフ・アイデンティティの単なる仮想性に閉じ込められたままとなる。このことは、二〇世紀に物理学で発見され実験により立証された。そしてヴェルナー・ハイゼンベルク（Werner Heisenberg）は早々に以下のことを認めることとなった。

「現代の精密な自然科学の自然像について述べ得られるとすれば、それはもはや自然の像ではなく、自然に対する我々の関係の像についてであると理解すべきである。（中略）この科学が対象とするのは、何にもまして人間と自然の関係の網である。（中略）自然科学はもはや観察者として自然に立ち向かうのではなく、人間と自然の相互作用の一部であることを認める。選定、説明、そして整理という科学的方法は、この方法を利用することによって対象を変化させ変形するということ、それゆえこの方法はもはや対象から離れえないということによって課されるその限界を知るに至る。」

(HEISENBERG 1962: 33-34)

ご存知のように、この関係的視点は、量子もつれや分離不可能性あるいは非局在性といった、量子物理学の多数の逆説から生じた。ここに風土学の問題との類似点をいくつか見出すことができる。実験装置を使って調べると、同じ素粒子が波動あるいは微粒子として存在し、また二つの粒子が二つの異なる場所で同じ粒子としてふるまうことがあることが分かる。このような事実は、近代古典科学が受け入れているアリストテレスの実体と本所性（局所性）と符合しない。一方で、不思議なことにそれらの事実は、風土性という風土学の概念と一致するのである。和辻哲郎はこの概念を「人間存在の構造契機」(WATSUJI 1979: 3) と定義した。例えば、存在者とその風土の動的なカプリング、実存的場所化（コレジー *chorésy*）――同じ述語的フィールドの展開およびそれにより環境の上に風土を拡張すること、そして、ともに大きくなること（*concrescence*）――存在者がその風土とともに成長すること、などがこれに当たる（BERQUE 2000, 2018 他）。これらは現実の経験主義的な把握の特徴となっている。

それでは、風土学において「経験主義的な把握」とは何を指すのだろうか。それは、SをPとして通態化（*trajection*）することである。換言すれば、感覚、活動（すべての生き物について）、思考（高度な動物のみについて）、言語[7]（人間にのみ当てはまるとするのが妥当だろう）を通して、Sを現実化（Sの仮想性を現実S/Pへと変換）することである。これが具体的に、生き物全般、特に人間の風土（S/P）の現実（S/P）を生成するということである。この通態は歴史的なプロセスであり、また別の時間尺度でみれば、進化のプロセスとなる。そこでは世代を超えて、新たなP′、P″、P‴などが現実S/Pを、(S/P)/P′、((S/P)/P′)/P″、(((S/P)/P′)/P″)/P‴……（以下同様）へと無限に述語化していく。S/PをP′に対するS′の位置へ置き、(S/P)/P′をP″に対するS″の位置へ置く…というように。これを私は通態の連鎖（*trajective chain, chaîne trajective*）と呼んでいる（BERQUE 2014, 随所）。論理学における主語と述語、形而上学における実体と偶有体という二つの組み合わせの相同性を考えると、アリストテレスや西田にとっての非実体である述語Pは、次第に実体化されていくだろう。この非実体の実体への転換は、伝統的に具体化（ヒュポスタシス hypostasis）と呼ばれている。そして、通態の連鎖は、このような具体化の歴史であり、実体化の進化なのである。

これは例えば、人間の住まいの歴史を示すものである。この場合、具体化は形而上学的であるばかりでなく、きわめて知覚可能であり物質的でもある。ギリシャの黄金時代の神話や中国の大同（*Datong*）の神話から——つまり単なる述語（P）から——始まり、その後、マンダリン（高級官吏）の隠遁および中国における「風景」の発明、その後の観賞用の庭園の登場、そのような庭園の構造から着想を得た郊外の別荘の実現、都市スプロール、そして人間の現代の生活様式へと至る、連続した段階を経て、拡散的都市化が進み、今やその生物学的足跡（エコロジカル・フットプリント）は持続不可能なものとなった。その結果生じたのが地球温暖化であり、これは実在するSなのである。（BERQUE 2010）。

このように、風土の歴史においては、世界Pは永久に地盤Sへと具体化され、それはさらに世界P′、P″、P‴…（以下省略）の基体（*hupokeimenon*）となり、また新しい風土S/P、S′/P′、S″/P″…（以下省略）の基体となっていく。抽象的なものである実体のセルフ・アイデンティティとはまったく異なり、具体的な現実は通態的である。このため、現実は永久に存在者の生成の場であり相対的な存在である。まさにプラトンがコーラを表現しようとした際に、ゲネシス（*genesis* γένεσις）と呼んだものである。

西田が実体論——アリストテレスとプラトンの実体論およびキリスト教主義の実体論——の超克を試みたとき、彼はなぜ、述語の論理（lgP）ではなく、容中律の論理、すなわち通態と通態性（S/P）の論理について考えなかったのであろうか。それは、彼は根本的に仏教（特に自身が実践していた禅）

から着想を得ていたからである。仏教はまさに宗教としてそれ自身の述語を、「究極の真理」（サンスクリット語の *paramārtha*、中国語で「勝義」、日本語読みは「しょうぎ」）の名の下に絶対化する。

驚くにはあたらないが、事実、この絶対化はキリスト教主義が「ことば（主語Sについての述語Pを語るものであるから、本質的に述語である）は神（絶対的主語、実体S）である」と主張した時に行われている。その典型をヨハネによる福音書の冒頭に見ることができる。1．初めに、ことばがあった（Ἐν ἀρχῇ ἦν ὁ λόγος）。2．ことばは神とともにあった（これは聖書正典の翻訳であるが、ギリシャ語では καὶ ὁ λόγος ἦν πρὸς τὸν θεόν となる。言葉Pは神Sについてのものである）。3．ことばは神であった（καὶ θεὸς ἦν ὁ λόγος）。すなわち、PはSであった。

突き詰めれば、通態の連鎖で起きていることの本質をここに見出すことができる。通態の連鎖では、漸進的・歴史的・進化的に、PのSへの具体化がなされ、宗教的信仰による神秘的飛躍を介さなければ、当初の純粋なSには戻ることができない。これと同じ述語の具体化は、神の言葉そのものとされるコーランなどでも見られる。これが、非実体（P）を実体（S）に具体化する神話の論理である。ロラン・バルト（Roland Barthes）は彼の著書『神話作用（Mythologies）』において、神話を「記号論的連鎖（semiological chain）」の効果と定義しこれを証明した。この連鎖では、もとの記号（記号化されたSéとしての記号表現Sá′＝PとしてのS）は、後の記号（Sé′＝P′、すなわちS′/P′）の記号表現（Sá′＝S′）となる（BARTHES 1957）。バルトの表式は上述した通態の連鎖のものと全く同じというわけではないが、それらの根底を成すものは同じで、具体化の論理である。

しかし、キリスト教主義と仏教の間には重要な違いがある。後者は実体論とまったく正反対だという点である。実体論とは対照的に、仏教は、すべてのことは相互に関係しているとし、豊かな概念でこの関係性を詳述している。もし西田がアリストテレスのlgSをその鏡像体であるlgPに覆すという考えに固執していなかったとしたら、彼は仏教の概念から容中律の論理により近しいものを得られていたかもしれない。しかし西田は、絶対無や無基底について言及しただけだった。これに対して、仏教は「依止（「えじ」または「えし」、英語でpropping、サンスクリット語でniśraya）」について言及する。非実体でありながらも互いを拠り所とする関係ということである。大乗荘厳経論（大乗仏教の開祖による古典の一つ）には、例えば「無自體故成、前為後依止（*Wu ziti gu cheng, qian wei hou yizhi*）」とある（GIRARD 2008: vol. I, p. 212）。

上記の「依止」と風土学の通態の連鎖には多くの共通点がある。このため私は「通態的依止（*calage trajectif*）」を語るに至った。風土学的な連鎖の通態的関係において、後部の述語はそれに先行するS/Pを具体化する傾向があり、連鎖に新しい関連を打ち立て、その上に地面（基体 *hupokeimenon*）として依止するのである。「前為後依止」とはまさにこれを表している。しかし、本質的な違いがある。仏教では、これをまったく実体とみなさないということだ。ダルマ（法）はまさしくそれが非実体であるがゆえに生じるもので、互いに拠り所としつつ、実体を持たないままである。風土学では、非実体の絶対化は、宗教に典型的な神秘的飛躍であると捉える。仏教的な観点からは、相対的・進歩的に、依止 *niśraya* を実体 hypostasis として考えることは、邪論に他ならない。しかしそう考えることが風土学のスタンスなのである。

仏教のもう一つの概念であるパリヤーヤ *paryāya* も風土学と多くを共有しているように思われる。*paryāya* は *catégoriel*（categorial 範疇の）と翻訳されてきた（CORNU 2001: 799）言葉だが、玄奘三蔵（六〇〇―六六四）はこれを「異門（日本語読みは「いもん」）」と漢訳した（YAMAUCHI 1974: 315）。異門は同一の事柄に対して複数の異なる入り口があるという概念である。そしてそのどれもが、世俗的な真実――物事には固有の本質がないという究極の真理――に他ならないとみなされる。このような「異門」は、風土学の「として」に相同するものであり、また特にユクスキュルの「トーン（*Tōne*）」にも一致すると考えられる。トーンは、決して客体そのものではないが、客体に対して、それぞれの種に固有の何らかの入り口を持つからである。人間の風土にとっても同じことが言える。例えば、その客体（S）が何であるかによって、ある文化ではごちそうとして存在する（S/P）ものが、他の文化では食べられないものと考えられる（S/P'）かもしれないのだ。ゆえに、述語Pは玄奘のいう異門に相当する。

このような様々な関係性は、それぞれが結びついて、仏教で言うところの *prajñapti*（サンスクリット語）あるいは *paññatti*（パーリ語）となる。この言葉は通常、概念化（conceptualization）あるいは指示

(designation) と翻訳される。しかし私は、「施設（せせつ）」(array *agencement*) という表現を使いたい。これは、漢訳である「施設」および、ハイデッガーのいう *Gestell*（組み立て）やミシェル・フーコー (Michel Foucault) のいう *dispositif*（配列）を考え合わせた結果である。風土学の言葉では、ある風土 (S/P) のコーラ化 **choresy**（述語的フィールドの外延。ギリシャ語の **χώρησις** 前進行動に由来）という。この「施設」に関して、山内得立は以下のように記述している（前掲引用書中：323-324）。

「小乗は大体に於いて有部[8]であるから、諸法を空としてではなく有として把握するのは素よりであるが、施設の思想はこの立場を救護して余りあるものとなった。仏音（ブッダゴーサ、**Buddhagosa**）に帰せられる『人施設論註[9]』に説かれた『施設』の概念が詳細を極めているのもこの理由によることであろう。「施設」を意味する *paññatti* は大乗の *prajñapti* と略々同意のようであるが、後者が甚だ覆障的であるに反して前者が極めてあからさまな教説として打出されたのも、それが阿毘達磨思想と密接な関係にあることを語っている。佐々木氏の研究によれば *paññatti* の含むところの種々なる意味は次の如くである（佐々木現順「阿毘達磨思想研究」）。最も一般的には、『一定の限界づけられた法』(*paricchinna dhamma*) の意であるが、それは『絶対性がそれぞれの区分された意味をもって有限の相を呈する』ことを表わす。謂わば絶対的なものが自己限定してそれぞれに具体的な様相を呈することが施設の一般的な意味である。例えば寝台と椅子とが乱雑にではなく、よく整頓されて寝室に置かれる如く、先ず設計せられ次に整頓せられ、よって以て完備せられるからによる。*Patthāpeti* は設置することであるが *paññatti* はさらに遡って先ずは『知らしめ』『開示する』ことを意味している。就中『存在せる施設』[10]としては第一に存在そのものを開示し、告示することを意味していた。存在とは何ものかであり、その何たるかを開示し人をして知らしめるだけの設備がなくてはならぬ。それは存在をして現にそこにあるものたらしめる第一の条件である。」

上記引用文中の「存在せる施設」は、通態という名の下に上記で述べてきたことに該当するに違いない。事実、通態はSをP、つまりS/Pとして実在させる（*ek-sist* 外に立たせる）ことである。すなわちSそのものではないという現実（物理学の理想的な目標である実在）である。このことは物理学者であり哲学者であったベルナール・デスパーニア（Bernard d'Espagnat）が「覆われた実在（*réel voilé*）」と表現したものと捉えることができる（D'ESPAGNAT 1979, 1994, 2002）。風土学においても、物事の通態とは、それは決して実体その物とはなり得ない、覆われた実在のことを意味する。一方、仏教的に考えると、ある条件において究極の真実に到達するには、神秘的な飛躍が必要となる。宗教はこの神秘的飛躍を受け入れるが、風土学はこれを拒む。風土学では、絶対的な（S）に到達することは事実上S/Pに通態化することなのである。

確かに、Sについて仏教はヨーロッパ思想と異なる理解の仕方をしている。ヨーロッパではSを主語・実体という意味で捉えるが、仏教では対照的に、Sを物事の空（くう、*śūnyatā*）や真如（*tathatā*）として考えている。要するに「PとしてのS」の、Sのない「として」として理解するのである。これは「/P」という式に表現できる。「として」とはSでもPでもないが、その関わりなのである。ゆえに実体（S）と非実体（P）のどちらでもない。

この「どちらでもない」というのは両否定であり、アリストテレス論理学では成立不可能となる。Aでも非Aでもない（実体でも非実体でもない）とすることで、排中律に違反してしまうからだ。具体的な現実の通態性は、実質的に排中律に違反する。排中律は、西洋の古典的な合理主義を支配してきた。少なくともティマイオスにおいて、絶対的な存在でも相対的な存在でもないコーラの「第三の種類のもの」（*triton allo genos* τρίτον ἄλλο γένος, 48 e 3）が、論外として排除されて以来はそうであったし、実際、今なお排中律は西洋思想において支配的である。このことは、量子物理学が他の分野の物理学に、まだ合理的に統合されていないことにも例示されている。

山内にならって、私は、テトラレンマ（四論）の第三と第四を逆にして、両否の論理を第三のレンマとし、両肯の立場（Aでも非Aでもある）を第四のレンマとすることにする。両肯定を、第四のレンマとして最後に位置付けることはとても重要である。それは、すべてのことを無の上に閉じるのではなく、逆に、単数の風土（S/P）のすべての可能性を、普遍的な環境（S）の現場の上に開くことになるからだ。これは、上記で述べてきたとおり、ヴィダルの環境可能論やユクスキュルの環世界学（*Umweltlehre*）の本質である。さらに、第三と第四のレンマは、風土学の「第三の種類のもの」を、すなわち二元論と排中律の双方を超克する容中律の論理を例証するのである。

事実問題として、風土学の容中律の論理という観点から、具体的な現実を理解するためには、まさに「第三の種類のもの」が必要になる。この第三の種類のものは、二元論や〈MCWP〉のみならず、非実体Pの神秘的な絶対化、さらには実体Sの科学的な絶対化によっても排除されてきた。PとしてSであるためには、現実はSとPの間を行ったり来たりするものでなければならない。それには具体的に、SをPとして解釈する第三項である解釈者 interpreter「I」が常に必要になるためである。このIは人間でも人間でないものでもよい。量子物理学でいうなら、純粋な物質実験装置でも構わないのである。具体的な現実はSでもPでもなく、第三の存在S–I–P、つまりIにとってPとしてのSなのだ。同様に、現実は純粋に客体的でもなく、純粋に主体的でもなくて、常に通態的なものなのである。

最後に、いったいなぜ、上記のような存在論と論理が必要なのだろうか？　それは、SあるいはPを絶対化することは、それを解釈するIのいかなる存在をも外閉することになるからである。Iとは、人類に関する限り、人間そのものであり、人間の風土性はある風土に必然的に依存している。

また人間の風土は必然的に他の生きものと彼らの諸風土をも構成する。(11) 存在論的・論理的にいえば、〈ＭＣＷＰ〉は、二元論と排中律によって、通態（*ek-sistence* 実存）を具体的に可能とする第三項「Ｉ」を完全に外閉する。ホレブ山の原理に従えば、この外閉は、何よりもまず、私たちの存在をその構造契機（人間の風土性）から抽象する。この抽象化は私たちを養い育てるコーラを奪い、私たちの存在そのものを無きものとするに等しい。具体的に言えば、人間の風土から私たちの存在を抽象することにより、私たちはいずれ〈ＭＣＷＰ〉によって引き起こされる第六次大量絶滅の中で一掃され、地球上から自らを抹消してしまうことになるかもしれない。これが、風土学の容中律の論理をもって〈ＭＣＷＰ〉を超克すべきだという存在論的・論理的な理由に他ならない。

二〇一八年六月五日、パレゾーにて

注

（1）グレイ（Gray）はここで、一九六〇年に「サイボーグ」という語をつくったマンフレッド・クラインズ（Manfred Clynes）の言葉を引用している。
（2）現在、生命記号論（ドイツ語で *Biosemiotika*）は、生態学（ドイツ語で *Ökologie*）ではなく、動物行動学の一部となっている。
（3）本稿では、東アジアの人名は、姓・名の順に記載する通常の表記とした。
（4）英語では、*Shorter Oxford English Dictionary*（オックスフォード英語大辞典ショーター版）（二〇〇七年版）において、« milieu » 複数形 ieus, -ieux（ローマンフォントで、すなわち英語の言葉として記載）は以下のように定義されている。「1．環境（特に社会的）環境、2．共通の（文化的）視野を分かち合う人々の集団、社会的階層あるいは組。フランスにおける暗黒街（に属する集団あるいは組織）」。

（5）または知覚的なマーク。

（6）または動作指示の担体。

（7）生命記号論における記号の伝達によってだけでなく、二重文節によっても定義される。

（8）*Ubu* 有部、説一切有部《せついっさいうぶ》の略称：Sarvāstivādin (A.B.)

（9）人施設論註《じんせせつろんちゅう》、pl *Puggalapaññattipali* (A.B.).

（10）*Sonzai seru sesetsu* 存在せる施設。

（11）量子物理学において、解釈者（I）が物質的な装置である場合、それはもちろん生き物でない。しかしその装置は、人間I'によって考案され、作り出され、読み取られるものとのみして存在する。これは、通態の連鎖に相当する。また装置そのものの存在論的なレベルで考えても、物理学で例えば「フォン・ノイマン・チェーン」（D'ESPAGNAT 2002: 128 以下）と呼ばれているものも、通態の連鎖と類似している。

REFERENCES

AGAMBEN, Giorgio (2006) *Che cos'è un dispositivo?* (*What is an array?*). Rome: Nottetempo.

ARISTOTE (1996) *Physique, I-IV*. Paris: Les Belles Lettres.

AUGENDRE, Marie, LLORED, Jean-Pierre, NUSSAUME, Yann (ed., 2018) *La Mésologie, un autre paradigme pour l'anthropocène?* (*Mesology, another paradigm for the Anthropocene?*). Paris: Hermann.

BAKER Jennifer (2010) *The Eight Views: from its origin in the Xiao and Xiang rivers to Hiroshige*. College of Arts at the

University of Canterbury.

BAILLY, Antoine, FERRAS, Robert, PUMAIN, Denise (eds, 1992), *Encyclopédie de géographie* (*Encyclopedia of geography*). Paris: Economica.

BARTHES, Roland (1957) *Mythologies.* Paris: Seuil.

BERQUE, Augustin (1977) *Les Grandes terres de Hokkaidô. Étude de géographie culturelle* (*The wide land of Hokkaidô. A study in cultural geography*). Paris IV University.

——Id. (1980)*La Rizière et la banquise. Colonisation et changement culturel à Hokkaidô* (*Ricefield and icefield. Colonization and cultural change in Hokkaidô*). Paris: Publications orientalistes de France.

——Id. (1986) *Le Sauvage et l'artifice. Les Japonais devant la nature* (*The Savage and the artificial. The Japanese and Nature*). Paris: Gallimard.

——Id. (1990, 2000) *Médiance. De milieux en paysages* (*Mediance. From milieu to landscape*). Paris: Belin & RECLUS

——Id. (1992) Espace, milieu, paysage, environnement (Space, milieu, landscape, environment), p. 352-369 *in* BAILLY & *al.*

——Id. (1998) Tôkyô, ou le champ du prédicat (Tokyo, or the field of the predicate), *Techniques, territoires et sociétés,* 35, oct. 1998, 99-106.

——Id. (2000) *Écoumène. Introduction à l'étude des milieux humains* (*Ecumene. Introduction to the sudy of human milieux*). Paris: Belin.

——Id. (ed., 2000) *Logique du lieu et dépassement de la modernité* (*Logic of place and the overcoming of modernity*). Bruxelles: Ousia, 2 vol.

——Id. (2002) La logique du lieu dépasse-t-elle la modernité? (*Does the logic of place overcome modernity?*), p. 41-52, and Du prédicat sans base: entre *mundus* et *baburu*, la modernité (On the baseless predicate: between *mundus* and *baburu*, modernity), p. 53-62 in Livia MONNET (ed.) *Approches critiques de la pensée japonaise au XX*^{e} siècle (*Critical approaches of Japanese thought in the XX*th century). Montreal: Presses de l'Université de Montréal.

——Id. (2003) Shizen to iu bunka (Culture as nature), p. 7-23 in KIHEI Eisaku (ed.) *Shizen to iu bunka no shatei* (*The range of culture as nature*). Kyôto: Kyôto Daigaku daigakuin bungaku kenkyûka.

——Id. (2010) *Histoire de l'habitat idéal, de l'Orient vers l'Occident* (*History of the ideal abode, from East to West*). Paris: Le Félin.

——Id. (2012) "La *chôra* chez Platon" (*Chôra* in Plato), p. 13-27 in Thierry PAQUOT and Chris YOUNÈS (eds.) *Espace et lieu dans la pensée occidentale* (*Space and place in Western thought*). Paris: La Découverte.

——Id. (2013) *Thinking through landscape*. Abingdon: Routledge.

——Id. (2014 a) *Poétique de la Terre. Histoire naturelle et histoire humaine, essai de mésologie* (*Poiesis of the Earth. Natural history and human history, an essay in mesology*). Paris: Belin.

——Id. (2014 b) *La Mésologie, pourquoi et pour quoi faire?* (*Mesology, why and what for?*). Nanterre La Défense: Presses universitaires de Paris Ouest.

——Id. (2018) *Glossaire de mésologie* (*A Glossary of mesology*). Bastia: éditions Éoliennes.

BRUNET, Roger *et al.* (1992) *Les mots de la géographie. Dictionnaire critique* (*The words of geography. A critical dictionary*). Montpellier/Paris: RECLUS/La Documentation française.

CANGUILHEM, Georges (1968) *Études d'histoire et de philosophie des sciences concernant les vivants et la vie* (*Studies in the history and philosophy of sciences relating to the living and to life*). Paris: Vrin.

CORNU, Philippe (2001) *Dictionnaire encyclopédique du bouddhisme* (*Encyclopedic dictionary of Buddhism*). Paris: Seuil.

DESCARTES, René (2008) (1637) *Discours de la méthode. Méditations métaphysiques* (*Discourse on the method. Metaphysical meditations*). Paris: Flammarion.

D'ESPAGNAT, Bernard *À la recherche du réel. Le regard d'un physicien* (*In search of the real. A physicist's look*). Paris: Dunod.

——Id. (1994) *Le réel voilé: analyse des concepts quantiques* (*Veiled real. An analysis of quantum concepts*). Paris: Fayard.

——Id. (2002) *Traité de physique et de philosophie* (*Treatise of physics and philosophy*). Paris: Fayard.

FEBVRE, Lucien (1922) *La Terre et l'évolution humaine. Introduction géographique à l'histoire* (*The Earth and human evolution. A geographical introduction to history*). Paris: Albin Michel.

GIBSON, James J. (1979) *The Ecological Approach to Visual Perception*. Boston: Houghton Mifflin Harcourt.

GIRARD, Frédéric (2008) *Vocabulaire du bouddhisme japonais* (*Vocabulary of Japanese Buddhism)*. Geneva: Droz, 2 vol.

GRAY, Chris Hable (ed., 1995) *The Cyborg Handbook*. New York and London: Routledge.

HEIDEGGER, Martin (1983) *Die Grundbegriffe der Metaphysik* (*The fundamental concepts of metaphysics*). Frankfurt am Main: Klostermann.

——Id. (1993) (1927) *Sein und Zeit* (*Being and time*). Tübingen: Niemeyer.

HEISENBERG, Werner (1962) (1955) *La nature dans la physique contemporaine (Nature in contemporary physics*). Paris: Gallimard.

IMANISHI, Kinji (1980) *Shutaisei no shinkaron* (*Subjecthood in evolution*). Tokyo: Chûô Kôron.

LACOSTE, Yves (2003) *De la géopolitique aux paysages. Dictionnaire de la géographie* (*From geopolitics to landscapes. Dictionary of geography*). Paris: Armand Colin.

LAVELLE, Pierre (1994) Nishida, l'École de Kyôto et l'ultranationalisme (Nishida, the Kyôto school and ultranationalism), *Revue philosophique de Louvain,* XCXII, 4.

NAKAMURA, Yoshio (1982) *Fûkeigaku nyûmon* (*Introduction to landscape studies*). Tokyo: Chûkô shinsho.

NISHIDA, Kitarô (1927) *Basho* (*Lieu*, 1927), pp. 208-289 in vol. IV of *Nishida Kitarô zenshû* (*Complete works of Nishida*

Kitarô). Tokyo, Iwanami, 1966.

——Id. (1945) *Bashoteki ronri to shûkyôteki sekaikan* (*Logic of place and religious worldview*), pp. 37-463 in vol. XI of *Nishida Kitarô zenshû* (*Complete works of Nishida Kitarô*). Tokyo, Iwanami, 1966.

PLATON (1985) *Timée, Critias.* Paris: Les Belles Lettres.

ROBIC, Marie-Claire (1980) Sur un lieu commun de la géographie: "la géographie est la science des lieux et non celle des hommes" (On a common place of geography: "geography is the science of places, not that of men"), p. 114-119 *in*: *Géopoint 80: Axiomes ou principes en géographie.* Avignon: Groupe Dupont.

UEXKÜLL, Jakob von (1965) (1934) *Streifzüge durch die Umwelten von Tieren und Menschen. Bedeutungslehre* (*Raids into the milieux of animals and humans. The study of sinification).* Hamburg: Rowohlt.

WATSUJI, Tetsurô (1979) (1935) *Fûdo. Ningengakuteki kôsatsu* (*Milieux. A study of human betweenness*). Tokyo: Iwanami.

YAMAUCHI, Tokuryû (1974) *Rogosu to renma* (*Logos and lemma*). Tokyo: Iwanami.

Ⅳ　近代「知性」の超克

川勝平太

本書のための書き下ろし

プロローグ

フランスの誇る地理学の泰斗オギュスタン・ベルク博士（一九四二年〜）は、日本の風土と思想を媒介にして、博士がModern-Classical Western Paradigm（MCWP）とよぶ西洋思想の二元論を超克し、独自の「ベルク風土学 Berquean Mesology」を立てた。MCWPとは、ベルク博士によれば、自然科学を生み出した近代西洋の知のパラダイムである。Modern-Classical Western Paradigmを、文字通り訳せば「近代古典的西洋の範型」であるが、かみくだいていえば、「近代西洋において古典の地位をしめた科学のパラダイム」ということであり、本稿では、中身に即して「近代西洋の知の範型《パラダイム》」と言いかえておきたい。

「近代西洋の知の範型」の拠って立つ基本命題はフランスの生んだ近代合理主義哲学の開祖ルネ・デカルト（一五九〇〜一六五〇年）がうち立てた「我思う、ゆえに我あり（cogito ergo sum）」に集約される。デカルトは主観（主体）と客観（客体）とを切り離して、両者を二項対立にし、二元論を樹立した。その結果、人間の能力のひとつである知性が偏重された。フランスの科学者ラプラス（一七四九〜一八二七年）は「ある知性が、与えられた時点において、自然を動かしているすべての力と自然を構成しているすべての存在物の各々の状況を知っているとし、さらにこれらの与えられた情報を分析する能力をもっているとしたならば、この知性は、同一の方程式のもとに宇宙のなかの最も大きな物体の運動も、また最も軽い原子の運動をも包摂せしめるであろう。この知性にとって不確かなものは何一つない」と述べて知性の万能性を宣揚した(『確率の哲学的試論』岩波文庫)。それは「ラプラスの悪魔《デモン》」とも呼ばれる。

知性の尊重は数学・幾何学・物理学などからなる自然科学を発達させた。科学の方法は理論と実験を二本の柱とし、要素還元法・帰納法・演繹法などによって特徴づけられる。自然のメカニズムは客観的に分析され、分析結果は法則(「真理」とも呼ばれる)となり、法則は技術に適用され、自然は改変された。不断の技術革新によって自然破壊はとどまるところを知らず、地球環境の持続可能性が危ぶまれるまでになっている。それはひるがえって人類の存続をも危うくしかねない。国連がSDGs(一七の持続可能な発展の目標)を掲げるゆえんである。このグローバルな危機を乗りこえるためには「近代西洋の知の範型」の功罪を知って、新しいパラダイムを提示しなければならない。その新たなパラダイムの一つが「ベルク風土学」である。

「近代西洋の知の範型」は「主観と客観」「主体と客体」「人間と自然」など、世界を二項対立で見る二元論である。それと相即不離な論理がある。ギリシャ哲学以来の西洋における思惟の法則の同一律・矛盾律・排中律である。そのうちの排中律(AはAにも非Aにもあらざるものにあらず、または、AはBにも非Bにもあらざるものにあらず)のもとでは、相反する二つのもの以外に第三者はない。それゆえ、主観であるとともに客観であることはできず、主体であるとともに客体であることはできない。人間であるとともに自然でもあるということはできない。

それに対して、ベルク博士は二元論を「レンマの論理」によって斥け、排中律に対しては「容中律」を定立する。レンマの論理は、西田哲学を批判的に継承した山内得立《とくりゅう》（一八九〇〜一九八二年）の『ロゴスとレンマ』（一九七四年、岩波書店）に依拠している。この大著は、山内得立が京都大学哲学教授を定年後に満を持して八十四歳にして世に問うた労作である。レンマの論理の源流は大乗仏教である。ベルク博士が「近代西洋の知の範型」を超克するのに古今の東洋の思想、特に日本の学者が西洋哲学を否定的に媒介しながら構築した哲学に着眼し、そこから着想を得たことは、われわれ日本人を元気づけるものである。博士によれば、風土とは主観であるとともに客観であり、主体であるとともに客体であり、人間であるとともに自然である。

一例をあげると、富士山は主体と客体の二項対立を超える存在である。そのことを裏付ける富士山の世界文化遺産登録を決めた審査委員会でのエピソードがあるので紹介しておこう。

富士山の世界遺産への正式の推薦書は英文が義務づけられているが、日本政府（文化庁）が提出した英文推薦書のタイトルは **Mt.Fuji** でも **Fujiyama** でもなく **Fujisan** であった。ユネスコ世界遺産委員会による最終審査は平成二三（二〇一一）年六月二十二日、会場はカンボジアの首都プノンペンで行われた。日本政府代表団にまじって、富士山の所在する静岡県の知事として私もその会場にいた。審査の冒頭で、審査委員長から「Fujisan」のタイトルだけでは「なぜ富士山が世界文化遺産となる普遍的価値があるのかよく伝わらないので、つぎのようにタイトルを変えてはどうか」との提案があった――

Fujisan: sacred place and source of artistic inspiration

直訳すれば「富士山―聖地かつ芸術的霊感の源泉」である。諾否を尋ねられた日本政府代表は即座に承諾した（日本語公式名称は「富士山―信仰の対象と芸術の源泉」）。タイトル変更後、委員会を構成する諸国の代表全員が意見を述べた。すべてが賛成意見であった。「通常は数人の主要メンバーが賛否を論じ、発言がなくなって採決の運びになる。全員が賛成意見を熱烈に開陳するという光景はかつてなかった」と関係者が語っていた。

ユネスコの世界遺産委員会はキリスト教、仏教、イスラム教など様々な宗教をもつ国々から成る。構成委員が一致して富士山を「sacred place 聖地」と認めた。「聖地」とはバチカン、イスラエル、メッカなどを指して使われるが、そこには人工の建造物がある。富士山は火山であり山塊であり造山活動中の自然そのものである。天皇が日本の国民統合の象徴であるように、富士山は日本の国土統合の象徴であり、また日本の風土のシンボルである。富士山が国連の機関によって「聖地」であり「芸術的霊感の源泉」とされたのは、富士山に日本の先人たちがこめてきた精神的価値が世界的に公認されたということである。

富士山は客観的存在であり客体である。同時に、古代以来の日本人が心を託して語り継ぎ言い継ぎして霊感を得てきた存在である。つまり富士山は、自然として客体であり客観的存在であるとともに、日本人の心奥に根差す信仰の対象であり、芸術的霊感をはぐくむ源として主観的存在でもある。富士山は主観と客観の両方にまたがる存在である。かくして、主観と客観の二分法を批判し、両者の関係を「通態的(trajective)」とするベルク風土学は、期せずして、ユネスコの認定した「富士山の文化遺産としての普遍的価値」を裏付ける学問になっているのである。

以下は、ベルク博士のコスモス国際賞受賞記念講演録「持続可能性の風土学的基盤」(本書所収)に対する所感であり、また講演録をめぐって行った博士と私との対談の補足(というか脚注)である。講演録では、ベルク博士はみずからの風土哲学を凝縮した形で開陳しているが、そこで展開されている大きなテーマは少なくとも二つある。一つは、講演録で紹介されているベルク風土哲学の根幹をなす博士の「見立て」の表式 r = S/P であり、それは西洋古来の思惟の法則に対する根本的批判である。もう一つは、博士の「通態」の表式 S–I–P であり、それは自然科学の客観性に対する批判である。

博士の「見立て」論と「通態」論とは両々相俟って「近代西洋の知の範型」を打破する哲学になっているのである。それはまた、近代日本の大きなテーマ「近代の超克」とも共振するところがある。私自身も比較経済史・比較文明史の立場からではあるが半世紀にわたって強い関心をよせてきた主題である。私は、ベルク博士の風土哲学に共鳴しており、かつ触発されてきた一人として、講演録における主題の深掘りを試みながら、私自身がこれまで考えてきたところを開陳した。なお、博士の英文版講演録 'International Cosmos Prize Memorial lecture: the mesological foundations of sustainability'（公益財団法人国際花と緑の博覧会記念協会刊の『二〇一八年コスモス国際賞受賞者講演』二〇一八年、所収）も行論上の必要から活用した。

「近代西洋の知的パラダイム」の超克

日本——空間への傾斜

ベルク博士が日本の風土に関心をもったきっかけは若い頃に来日した折、和辻哲郎（一八八九〜一九六〇年）の『風土』（岩波書店、初版一九三五年）をまず英訳で読み、ついで本腰を入れて日本語原文で読み切ったことである。博士は後に『風土』を母国語に訳すほど読み込んだ。和辻哲郎は『風土』の序言でその執筆動機をこう記している——

「自分が風土性の問題を考えはじめたのは、一九二七年の初夏、ベルリンにおいてハイデッガーの『有と時間』を読んだ時である。人の存在の構造を時間性として把握する試みは、自分にとっては非常に興味深いものであった。しかし時間性がかく主体的存在構造として活かされたときに、なぜ同時に空間性が、同じく根源的な存在構造として活かされて来ないのか、それが自分には問題であった。もちろんハイデッガーにおいても空間性が全然顔を出さないのではない。人の存在における具体的な空間への注視からして、ドイツ浪漫派の『いける自然』が新しく蘇生させられるかに見えている。しかしそれは時間性の強い照明のなかではほとんど影を失い去った。そこに自分はハイデッガーの仕事の限界を見たのである」

この序文の一節に記されているように、和辻哲郎はドイツの実存哲学者マルティン・ハイデッガー(一八八九〜一九七六年)の『存在(和辻訳では有)と時間』を読んで疑念を抱き、それを『風土——人間学的考察』にまとめた。『存在と時間』におけるハイデッガーの論述はきわめて論理的・抽象的であるが、『古寺巡礼』に典型的なように、和辻哲郎は文学的な興趣のある達意の文章を得意としており、『風土』もまた絵画的・具象的である。

そのような違いがあるが、天のたくらみか、和辻哲郎とハイデッガーとは同い年であり、ともに哲学の徒である。ハイデッガーの「存在と時間」に対して和辻は「存在と空間」を対峙させた。和辻が「空間」に着目したのは、引用文にあるとおり、直接的にはハイデッガーに触発されたものであるが、背景には舶来の西洋思想と格闘した近代日本の思想が色濃い影を落としている。そのことに触れておきたい。

日本と西洋の文物との出会いは、「キリシタンの世紀（戦国時代末期から江戸時代初期）」にさかのぼるが、本格的な接触は明治維新からである。蘭学の素養がありオランダ留学の経験もある西周《にしあまね》（一八二九～九七年）が「フィロソフィ」を「哲学」と訳した。それが日本における西洋哲学の受容の始まりである。日本における西洋哲学の受容と咀嚼は、戦前期の大学生に流行したデカルト、カント、ショウペンハウアーを歌詩にした「デカンショ節」に示されるように、明治期以後に急速に進んだ。舶来の哲学書を翻訳して紹介し、解説し、批判するというようにして日本の哲学は発展した。早くも明治末に日本独自の哲学が生まれた。西田幾多郎（一八七〇～一九四五年）が不惑の年端になって世に問うた『善の研究』（明治四十四年、一九一一年）である。『善の研究』は「西洋文化移植後の日本に於いて作られた独創的な哲学」（三木清「西田哲学の性格について」）という評価が定まっている。『善の研究』は公刊されるやベストセラーになった。以来、今日にいたるまで「西田哲学」の入門書として読み継がれてきた。

西田哲学には仏教哲学の鈴木大拙（一八七〇～一九六六年）の存在を無視できない。鈴木大拙は西田幾多郎と同い年、かつ同郷で、金沢第四高等学校の同門であり、一生を仏教思想の研究にささげ、幾多郎の生涯にわたる無二の親友であった（竹村牧男『西田幾多郎と鈴木大拙——その魂の交流に聴く』大東出版社）。若き日の西田幾多郎は鈴木大拙とともに金沢四高の数学教師・北条時敬《ときゆき》（後の東北帝国大学総長）から禅の手ほどきをうけ、それをきっかけに二人は禅僧雪門玄松《せつもんげんしょう》に就いて参禅した。雪門玄松については「雪門玄松の生涯」の副題をもつ水上勉『破鞋《はあい》』（岩波同時代ライブラリー）が玄松と西田の交流を語っている。西田幾多郎の号「寸心」は雪門玄松から与えられたものであり、鈴木大拙の「大拙」も雪門玄松の師の師であった大拙承演の名をもらって「貞太郎」を改めたものである。

　鈴木大拙は父母の死を機に故郷金沢を出て東京専門学校に通ったが、禅への関心を捨てきれずに鎌倉の円覚寺に入り、西田幾多郎も大拙の後を追うように金沢を出て上京し、東京帝国大学の選科生となった。上京中の幾多郎は円覚寺の大拙と交流しながら禅の体験を「純正哲学」（メタフィジックス＝形而上学に対する西田幾多郎の用語）にするために苦闘した。西田幾多郎は東大での三年間、屈辱的に差別される選科生を終え、晴れて郷里の金沢第四高等学校（現在の金沢大学）の教師となって金沢の卯辰山の洗心会に通い、坐禅修業をしながらいくつかの論文を発表した。

『善の研究』は西田幾多郎が京都帝国大学に移った翌年に公刊されたが、その中身は禅に打ち込んでいた金沢で書いた作品が材料になっている。鈴木大拙は二十七歳（一八九七年）で渡米して十三年間アメリカにとどまるが、アメリカの哲学を西田に紹介するなど文通を続け、十年目の一九〇七年、三十七歳で英文の処女作 *Outlines of Mahāyana Buddhism*――佐々木閑《しずか》が翻訳し、行き届いた解説をほどこしている(『大乗仏教概論』岩波文庫)――を著し、それに先立って『大乗起信論』を英訳して著名人になっていた。これらの仕事は西田幾多郎が『善の研究』を出版する前であり、仏教思想の水準では大拙は幾多郎よりも一歩前を進んでいた。欧米で「禅」を中国語音ではなく「ゼン(zen)」と日本語音で発音するようになったのは鈴木大拙の功績である。

『善の研究』は四編で構成され、第一編が有名な「純粋経験」である。「純粋経験」の概念は西田哲学の原点である。フランスの哲学者ベルグソン、アメリカのプラグマティズムのジェイムズなどへの言及があるが、ジェイムズの哲学書はアメリカ滞在中の鈴木大拙が西田に紹介したものである(明治三十五年十月二十七日付け西田の鈴木宛書簡ほか『西田幾多郎全集』第十八巻所収)。「純粋経験」という概念の根幹にあるのは、西田が「真実在とは何か」を求めて青年期に心身に叩き込んだ坐禅体験である。坐禅の体験が結実した「純粋経験」は、あえて言えば、鈴木大拙・北条時敬・雪門玄松らによって導かれた禅体験の哲学的表現である。その後、鈴木大拙は主著『日本的霊性』(岩波文庫)などによって「霊性」を基調とする仏教論を日英の現代語で解説して生涯を全うし、西田幾多郎は仏教の般若の思想を純正哲学にするために心身を削った。

『善の研究』の第二編「実在」、第三編「善」、第四編「宗教」が、それぞれカント(一七二四〜一八〇四年)の『純粋理性批判』(一七八一年)、『実践理性批判』(一七八八年)、『判断力批判』(一七九〇年)

に対応していることは——西田はそうとは明言していないが——哲学史をかじった者には容易に看取できる。『善の研究』は一言でいえば、第一編「純粋経験」で主客未分の直観の立場を明確にし、それを橋頭堡にカント哲学を批判した作品である。カント哲学の超克が課題であったことを西田自身が明かしているのは、『善の研究』の六年後に公刊された『自覚に於ける直観と反省』(一九一七年)である。この書は、純粋経験の根底には「先験的自我にかかわる自覚」があると思索を深めた西田が、「自覚」を体系化する論文を大正二〜六年にかけて次々と発表し、「悪戦苦闘のドッキュメント」(序)として、一書にまとめた論文集である。

『自覚に於ける直観と反省』には西洋の哲学者が頻出する(『善の研究』には西洋哲学への言及はほとんどない)。同書で西田幾多郎は「自覚」の概念を武器に西洋の哲学と向き合った。同書の「跋」は全体のまとめになっているが、カントの認識論をとりあげ、「主観と客観とは一つの実在の両極というべきものであって、相離すことのできないものである」とカントを批判し、「先験的自我の自覚」の底に「絶対自由の意志」の世界がある、と結んでいる(『西田幾多郎全集』第二巻所収)。

西田は絶対自由の意志が潜む「場所」へと思索を深めたが、その思索の原点にあるのは「純粋経験」である。それは直覚的経験であって、そこに時間の変化はなく、「永遠の今」があるのみである。それは意識が現前する以前の状態で、そこから過去・現在・未来の時間の区別や、ここ・かしこの空間の区別、また主観・客観の区別、さらに知・情・意の分離などがおこる。

西田哲学は「場所の哲学」として知られるが、『善の研究』に「場所」は登場しない。西田幾多郎が有名な論文「場所」を発表したのは、『善の研究』公刊から十五年後である（『哲学研究』第一二三号、一九二六年）。この「場所」論文はその後、北条時敬への献辞を付して『働くものから見るものへ』一九二七年（『西田幾多郎全集』第四巻）に所収された。この論文から「場所の哲学」を示すところを拾ってみよう——

「我々が物事を考へる時、之を映すといふ如きものがなければならぬ。先づ意識の野といふのをそれと考へることができる」

「主客合一とか主もなく客もないと云ふことは、唯、場所が真の無となると云ふことでなければならぬ」

『於てあるもの』とは自己のある場所を分有するものでなければならぬ」

「意識の根底には一般的なるものがなければならぬ。一般的なるものが、すべて有るものが於てある場所となる時、意識となる」

「有が有に於てある時、場所は物である。物が無に於てあり、而してその無が考へられた無である時、前に場所であった物は働くものとなる。而して空虚なる場所は力を以て満たされ、前に物であったところは潜在を以て満たされる。超越的なるものが内在的になるといふのは、場所が無となることである。有が無となることである」

「述語面が自己を主語面に於て見るといふことは述語面自身が真の無の場所となることであり、意志が意志自身を滅することであり、すべて之に於てあるものが直観となることである。述語面が無限大になるとともに場所そのものが真の無となり、之に於てあるものは単に自己自身を直観するものとなる」


西田の「場所」は、右の引用から知られるように、主語・述語の対比でいえば、述語面にある。それは「無」と相即不離である。この「場所」論文は、「西田哲学なる名称もこの時から行われ始めた」（下村寅太郎『働くものから見るものへ』について）と評価される位置にある。

西田幾多郎は「意志」を「自覚的一般者」と言い換えて、「自覚的一般者」は、主語的世界ではなく、述語的世界にあるとする。そのことをテーマとする一連の論文を一九二八〜二九年に発表して、『一般者の自覚的体系』（一九三〇年）にまとめたが、そこに再び「場所」が論文タイトルに登場する。「自己自身を見るものの於てある場所と意識の場所」である（初出は『哲学研究』〔一四八号、一九二八年三月〕。この論文で西田は「意志」＝「自覚的一般者」は「述語面に於てある場所」にほかならないと論じている）。

和辻哲郎の仕事との絡みでいえば、和辻が『風土』を公刊した一九三五年は、西田の『働くものから見るものへ』の公刊された一九二七年から八年後であり、西田の『一般者の自覚的体系』の公刊された一九三〇年から数えれば五年後である。当時の日本思想界に占める西田哲学の存在は大きく、「場所の哲学」は和辻哲郎を含む日本の哲学界の共通認識になっていた。

そのような西田哲学をめぐる思想状況のなかで、和辻哲郎はほかならぬ西田幾多郎の推薦で京都帝国大学に招かれたのである。西田と和辻は一九三一〜三四年の四年間、京大の同僚として過ごした。和辻は西田哲学をよく知ることのできる場所にいた。ちなみに、和辻哲郎は一九六〇年に世を去るが、生前に墓所に選んだのは鎌倉の東慶寺である。そこは和辻が世を去る十五年前(一九四五年)に西田幾多郎が永遠の眠りについた寺である。この一事をもってしても和辻がいかに西田に私淑していたかが知られるであろう。

西田幾多郎の京大における哲学講義に触発された学生は多い。そのなかに日本の生んだ独創的な生物学者の今西錦司(一九〇二〜九二年)がいた。今西錦司が遺書のつもりで戦時中に書いた名著『生物の世界』(講談社文庫)はダーウィン進化論の批判である。ダーウィン批判のキーコンセプトは「棲み分け」であり、「棲み分け」は場所にかかわる。また今西錦司の弟子の一人に昭和後期の最高の知性というべき人類学者の梅棹忠夫(一九二〇〜二〇一〇年)がいる。梅棹忠夫の比較文明学の名著『文明の生態史観』(一九六六年)は周知のごとくマルクスの唯物史観の批判である。梅棹のキーワードの「生態」も場所にかかわる。このような西田に連なる京都学派の山脈から見ると、『風土』は、ハイデッガーに触発されたものではあるが、和辻流の場所の哲学の開陳であったと評しうるのである。

ヨーロッパ――時間への傾斜

カント哲学を批判的に超克する哲学の流れはもちろん西洋にある。興味深いことは、西洋におけるカント批判の流れは、空間よりも、時間に傾斜したことである。その代表格はヘーゲル(一七七〇～一八三一年)である。

カントは『純粋理性批判』で二律背反《アンチノミー》の矛盾を論じたが、ヘーゲルはカントのアンチノミーの静態的な性格を批判して、正―反―合のダイナミックな弁証法で二律背反の矛盾を止揚した。ヘーゲル哲学の結晶は晩年の『歴史哲学』である。同書でヘーゲルは「絶対精神の自己実現」というテーゼを出した。精神が歴史(時間)とともに自己展開していくという思想である。マルクス(一八一八～八三年)は、ヘーゲルの弁証法の影響を受けて、ヘーゲルの観念的な弁証法を唯物的な弁証法に変えた。絶対精神の自己展開という観念論を、生産力の発展という唯物論に変えたのである。生産力は発展すると、既存の生産関係(生産現場における人間の支配・被支配の関係)と矛盾するようになり、その矛盾は階級闘争によって解消され、新たな生産関係が生まれる。生産力と生産関係の矛盾を階級闘争で解消してきたのが人類史だ、というのがマルクスの唯物史観である。

図1　和辻哲郎『風土』とハイデッガー『存在と時間』の背景

	空間の日本思想	時間の西洋思想
（哲　学）	西田幾多郎「場所の哲学」	ヘーゲル「歴史哲学」
（生物学）	今西錦司「棲み分け」	ダーウィン「生存競争」
（文明論）	梅棹忠夫「生態史観」	マルクス「唯物史観」

マルクスの盟友のエンゲルスは経済学におけるマルクスの貢献を生物学におけるダーウィン（一八〇九～一八八二年）の貢献と比較している。マルクスの「階級闘争による人類社会の発展」とダーウィンの「生存競争による生物社会の進化」とは、人類も生物も歴史（時間）の経過のなかで進歩していくという点で軌を一にしており、唯物史観と進化論との親縁性は当時から認識されていたのである。ちなみに、マルクスはダーウィンの『種の起原』（一八五九年）を読んで感銘をうけ、『資本論』第一巻（一八六七年）の上梓に際してダーウィンに書簡を送り、献辞を受けてほしいと依頼したほどである（ダーウィンは謝絶した。その詳細は拙稿「ダーウィンとマルクス」を参照、『文明の海洋史観』中公文庫に所収）。

まとめておくと、十九～二十世紀の日本思想と西洋思想とはカント批判を源流とする点では相似ているが、ヘーゲルの「歴史の哲学」に対しては西田幾多郎の「場所の哲学」があり、ダーウィンの「生存競争」に対しては今西錦司の「棲み分け」があり、マルクスの「唯物史観」に対しては梅棹忠夫の「生態史観」があるといったように、際立った相異がある。西洋思想は時間に傾斜しており、一方の日本思想は空間に傾斜している。この明確な相異に照らすとき、ハイデッガーの「存在と時間」に対して和辻哲郎が「存在と空間」を対置したのは必然であったとすらいえる（図1参照）。

重要なことは、日本思想なかんずく京都学派の哲学の光芒がフランスの生んだ人文地理学者ベルク博士の知性を照らしたことである。「空間」を書名にうたったベルク『空間の日本文化』（筑摩書房、一九八五年）はベルク風土学のデビュー作でもある。フランス語原文は一九八二年、博士が三十歳代末のことである。同書は三部構成（I空間の精神的組織化、II空間の技術的組織化、III空間の社会的組織化）であり、各部の柱はいずれも「空間」である。日本人が日本列島という空間を精神的・技術的・社会的にどのように組織化してきたのかを事例をふんだんに取り入れて解析したものである。同書の日本風土論は、和辻の印象論的な日本風土論を質・量ともに凌駕している。和辻の『風土』は比較文化の優れた紀行文であるが、『空間の日本文化』によって風土学という学問が誕生したといってもよい。

ハイデッガーの現存在（Dasein）

和辻『風土』の序に、もう一つ、見逃すことのできない重要な指摘がある。和辻のハイデッガー批判の眼差しは、「時間」だけではなく、『存在と時間』の主要テーマ「存在」にも向けられていた。和辻はこう指摘している――

「空間性に即せざる時間性はいまだ真に時間性ではない。ハイデッガーがそこに留まったのは彼のDaseinがあくまで個人に過ぎなかったからである。彼は人間存在をただ人の存在として捕えた。それは人間存在の個人的・社会的なる二重構造から見れば、単に抽象的なる一面に過ぎぬ。そこで人間存在がその具体的なる二重性において把捉せられるとき、時間性は空間性と相即し来るのである。ハイデッガーにおいて充分具体的に現われて来ない歴史性も、かくして初めてその真相を呈露する。とともに、その歴史性が風土性と相即せるものであることも明らかとなるのである」

引用中にある「彼のDaseinがあくまで個人に過ぎなかった」という一文は、和辻哲郎の慧眼がとらえた重要な指摘である。というのも、近代西洋文明の基礎にあるのは「自我ego」や「個人主義」である。それは明治日本人には新鮮な驚き――いや、異質感――であった。我《が》を捨てる無私を理想としてきた日本の土壌に自我を肯定する思想がもちこまれたことが精神の混乱をもたらしたのである。「自我の確立」に悩んだ文学者の北村透谷や哲学青年の藤村操は自殺に追い込まれた。明治末に発表された田山花袋『蒲団』(一九〇七年)は、自然主義文学とも評されるが、我欲や煩悩を赤裸々に告白する「私小説」の嚆矢でもある。自我中心を肯定する用語に「自利」があるが。これは仏教用語の自利・利他の対語であって自利よりもあくまで利他に重きがあり、「情けは人の為ならず」

というのも同様の脈絡で用いられる。エゴイズム（利己主義）エゴイスト（利己主義者）は我利我利亡者として日本ではひどく嫌われる。そのような文化風土に西洋から自我（エゴ）肯定の個人主義が持ち込まれ、それと向き合う中から私小説という日本独自のジャンルが生まれたのである。

ともあれ、存在の基礎を「個人」におくのはデカルト・テーゼ（「われ思う、ゆえにわれあり」）にあるとおり、近代西洋社会のアルファにしてオメガである。右の指摘は和辻がハイデッガーの Dasein への違和感を示すだけでなく、「個人」に立脚する近代西洋思想の基底への批判に道を開いていた。

和辻にとって、人間存在とは「個人的・社会的なる二重構造」である。和辻は人間存在の社会的構造を「風土性」に結びつけて論じたが、本格的な人間論を『風土』とほぼ同時期に出版された『人間の学としての倫理学』（一九三四年）で展開した（ちなみに、この書物には「西田幾多郎先生にささぐ」という献辞がある）。和辻は人間を「間柄《あいだがら》」としてとらえ、「人間《じんかん》の学」として人間論を倫理学へと発展させた。しかし、和辻の「人間《じんかん》の学」としての倫理学によって個人主義が克服されたわけではない。

一般的には西洋の「個人主義」には日本の「集団主義」が対置される。個人は集団主義のなかでは埋没する。集団主義のなかで主体性を発揮するのは困難である。主体性は集団への忠誠に吸収され、個性は息をひそめる。「一味同心《いちみどうしん》」は中世以来の日本人の集団主義の典型的表現だが、極論すれば、一味同心においては個人の主体性はない。

主体の英訳は subject である。Subject は主体であるとともに、文法用語では主語である。主体性がないということは、文法上は主語がない、ということである。文は主語と述語からなる。主語がなければ述語世界だけになる。そのことを踏まえるならば、主体について論じる場合の本質的な論点は、主体が「個人か集団か」という二項対立ではないであろう。主体の対語は客体（object）である。それゆえ、本質的な論点は「主体か客体か（subject vs. object）」でなければならない。また、主語について論じる場合の本質的な論点は「主語か述語か（subject vs. predicate）」でなければならない。

「主体と客体」の二項対立の止揚は、まさにベルク博士が格闘した最大の課題である。それは和辻『風土』の冒頭の「この書の目ざすところは人間存在の構造契機として風土性を明らかにすることである」という一文の「構造契機」をめぐる考察である。和辻の「構造契機」は「主体と客体」の二つの契機、ないし「人間と環境」の二つの契機である。主体と客体（人間と環境）は二つながら不可分であり、一つの構造と化していることを示したのが和辻『風土』であり、そのことを基礎づけたのがベルク風土哲学である。

その点について詳論する前に、「主体と客体」の二項対立の超克に劣らず、ベルク博士にとって、もう一つのきわめて重要な哲学的課題であった「主語と述語」の二項対立と、それを止揚する「見立て」をめぐる議論について論究しておかねばならない。

西洋哲学は「主語主義」に立っており、それと対峙した西田哲学は、後述するように「述語主義」である。彼我の相異は、「時間と空間」の二項対立のみならず、「主語と述語」の二項対立でもあった。

西洋ではなぜ主語が不可欠なのか、それに対して日本ではなぜ主語が容易に省かれて述語だけで済ませるのか。主体の一人称はフランス語ではJe、英語ではI、ドイツ語ではIchであり、主語の単語は一つであるが、日本ではわたし、わたくし、あたい、あたし、あっし、われ、わらわ、わちき、ぼく、おれ、おいら、おいどん、てまえ、じぶん、せっしゃ、わがはい（吾輩）、よ（余）、ちん（朕）……など数多くある。二人称の相手をさす語は、西欧語では二つほどだが（英語ではyou, thou）、英語での二人称は日常ではyouのみが使われる。ところが日本語の二人称は江戸時代には一〇七が確認されている。

違いはそれだけではない。たとえばI love youの邦訳は「私はあなたを愛する」である。英文では主語の後に動詞が来るが、邦文では最後に来る。それよりも大きな違いがある。I love youを邦語では「愛しています」「愛しているよ」「大好き」「好きよ」「惚れとるよ」「ぞっこんです」「首ったけ」等々と主語なしでも使う。邦語で一人称の主語が省けるということは、主語と述語の関係が西洋のそれとは異なるということである。主語を不可欠とする西洋に対して、日本では主語を省略できる。

西洋の主語主義──「I am」

西洋では主語＝主体はなぜ不可欠なのであろうか。前述のように、「近代西洋の知の範型」の源流は「われ思う、ゆえに我あり」のテーゼであり、このデカルト・テーゼは「すべての存在の有無を疑っても、疑う自分の存在だけは確実である」というものである。このテーゼについて、劇作家・評論家の山崎正和は、「我」すなわち個人が「考える主体として誕生した」と解釈した（『リズムの哲学ノート』中央公論新社、二〇一八年）。他のおおかたの論者がそうしてきたようなデカルト・テーゼのcogito（考える）という述語にではなく、「我」という主語に着目したのである。デカルト・テーゼの画期性は「自立した個」としての主体の登場にあり、これによって近代の個人主義が出現したと論じている。『柔らかい個人主義の誕生』（中公文庫）を著した山崎正和ならではの卓見である。

デカルト・テーゼは「近代西洋の知の範型《パラダイム》」であるが、その範型には原型《プロトタイプ》がある。『聖書』である。キリスト教の世界観には「神─神の子（イエス・キリスト）─人間」というハイアラーキーがあるが、中世ヨーロッパ世界では「神─神の子」と「人間」との間に「神の家」であるカトリック教会が介在していた。カトリック教会の専横に対する抗議（プロテスト）が宗教改革となった。プロテスタントによれば、『聖書』を通してのみ人間は神とイエス・キリストに直結する。『聖書』による「神と個人の直結」を求めたのが宗教改革の本質である。ただし、人間の存在理由が神に由来することはプロテスタントもカトリックも変わりない。

それに対して、デカルトは、『聖書』に「初めに言葉《ロゴス》あり。言葉《ロゴス》は神なり」と記述されている「神のロゴス」を「人の知性」に変えたのである。知性は、『聖書』の言葉《ロゴス》を神の啓示として信ずるのではなく、それが真理かどうかを疑うのである。知性を働かせる数学・幾何学・物理学などをもって神学に変えたということでもある。神といっても、八百万《やおよろず》の神々ではなく、一神教の神である。一神教の神とはどのような存在なのか。ベルク博士は「出エジプト記」第三章十四節を引用して神の特性を論じている――

神はモーセに言われた、「わたしは、有って有あるもの」。また言われた、「イスラエルの人々にこう言いなさい、『わたしは有る』（I am the Being）というかたが、わたしをあなたのところにつかわされました」

文中の「I am the Being」はベルク博士の挿入で、『聖書』にはない。神はthe Beingすなわち存在そのものであるということは、主語にすべてが含まれるということである。主語と述語の関係でいえば、主語のなかに述語世界は含まれる。神は述語世界を包摂する絶対的主語である。

右の『聖書』の邦訳はややまわりくどい。主語と述語の関係を示すには、西洋語（ここでは英文）のほうがずっと分かりよいであろう。当該箇所は *Holy Bible* にこう書かれている――

God said unto Moses, I AM THAT I AM: and he said, 'Thus shalt thou say unto the children of Israel I AM hath sent me unto you'（大文字は原文通り）

モーゼは神にむかって「神の名は何か（What is his name?）」と問うたところ、神は'I AM'と答えた。何者かを問われて「I AM THAT I AM」と答えるのは同義反復である。I am を日本語にすれば「私は……です」ということになり、述語世界が無い！

ベルク博士は文の後半の「I AM」を「I am the Being」と言い換えているが、定冠詞の the には「唯一の」という意味があり「the Being」とは「唯一の有」という意味である。主語「I」が唯一の有＝存在となることで、主語は絶対化したというのが博士の説明である。

デカルトの cogito ergo sum の英訳は I think, therefore I am である。モーゼの問いかけに対する神の答えは「I AM」である。デカルトが自問自答した答えも「I am」である。このように瓜二つである。しかし主語として立つ主体が異なる。『聖書』の「I AM」の「I」は神であり、コギトの「I am」の「I」はデカルト個人である。神の絶対化とデカルト個人の絶対化は相似形であり、個人が神の位置に取って代わったのである。神が占めていた主語の地位を個人が簒奪し、近代個人主義が確立した。それは神からの個人の自立である。あるいは、チャールズ・テイラーが説くように、天上の神が世俗化したともいえる（Charles Taylor, *A Secular Age*, Berknap, Harvard, 2007.）。

補足しておきたい。神は人間を超越した存在であるから、神の主語性を人間が奪うことを可能にする淵源が『聖書』の別の記述のなかにあるはずである。それは天地創造の六日目の記述（「創世記」第一章二七節）に見出される――

「神その像《かたち》のごとくに人を創造《つく》り給へり、すなわち神の像《かたち》のごとくに之《これ》を創造《つく》り、之《これ》を男と女に創造《つく》り給へり（So God created man in his *own image*, in the image of God created he him; male and female created he them）」

（強調を示すイタリックは原文）

引用英文の「*own image*」はイタリックで強調されている。「イメージ」は日本語の「姿」「形」「外形」の意味で通用している。しかし「創世記」における用法は単なるイメージではなく、「own image（自分自身のイメージ）」であり、それは「生き写し」「化身」という意味である。神の「生き写し」が人となった、と「創世記」は記している。

まとめると、西洋キリスト教世界では主語が前に立つ。個人が主体となる根拠は『聖書』にある。神が唯一の主体であるならば、神の生き写しの「人」である「我」も唯一の主体である。「初めに言葉あり、言葉は神とともにあり、言葉は神なり」（ヨハネ伝）とあるように、神が言葉であるからには、言葉の主語は神のほかにありえない。近代になって個人が神に取って代わった――「初めに主語あり、主語は我とともにあり、主語は我なり」となった。こうして近代個人主義が誕生し、個人は「近代西洋の知の範型」の主体となったのである。

東洋の衝撃（オリエンタル・インパクト）

先に進む前に断っておかねばならないことがある。ヨーロッパにおけるカント批判の流れは、ヘーゲルの精神現象学や歴史哲学の影響で、時間・歴史に傾斜したと前述したが、留保がいる。ハイデッガーの実存哲学はヘーゲルの流れを汲んでいるとはいえない。ハイデッガーはヘーゲル由来の思想の流れに属しておらず、大づかみには、カント批判→ショーペンハウアー→ニーチェ→ハイデッガーという流れの中にある。

ショーペンハウアー（一七八八〜一八六〇年）の出現はヨーロッパ思想史における画期であった。それは従来のヨーロッパ哲学史に亀裂をもたらした。ショーペンハウアーはヨーロッパ哲学とは無縁のインド由来のウパニシャッド哲学に感化されたのである。彼はウパニシャッド哲学をもとにカント（特に『純粋理性批判』）を厳しく批判した。

ウパニシャッド哲学が西洋キリスト教圏に入りこんだことはまさに「東洋の衝撃（オリエンタル・インパクト）」であった。この衝撃は十八世紀末のウィリアム・ジョーンズによるインド・ヨーロッパ語族の発見がきっかけである。言語は文化の基礎である。ヨーロッパがそれまで異教徒の国とされてきたインドと言語的・文化的に古い縁があるという発見はヨーロッパ人のアイデンティティにかかわるものであった。インド・ヨーロッパ語族の起源はアーリア人の言語である。アーリア人はインドだけでなくゲルマニアのドイツにも移り住んだ。そうした背景からインド・ヨーロッパ語族はドイツでは慣用的に「研究の初めからインド・ゲルマンという名称が用いられている」（風間喜代三『印欧語の故郷を探る』岩波新書）。

こうしてウパニシャッド哲学をふくむサンスクリット語の文献がヨーロッパの言語に翻訳され、未知の古代インド文化が流入したのである。イギリスとドイツが主な受け皿になり、それは特にアーリア系のドイツ語圏内において活発であった。ショーペンハウアーはその洗礼を受けたのである。古代のインド思想を知ったことは、青年哲学者ショーペンハウアーにとって津波にも似た大きな衝撃であった。彼は三十歳足らずで主著『意志と表象としての世界』（一八一九年、中公クラシックス）を公刊したのであるが、そこで彼はこう述べている――

「ヴェーダの恩恵に浴したことがあるなら、ウパニシャッドを介してわれわれに開放されたヴェーダへの門戸は、私見では、この年若き世紀（十九世紀）が以前の諸世紀に対して誇りうる最大の長所である。推測するにサンスクリット文学の影響は十五世紀におけるギリシャ文学の復活（ルネサンス）に劣らぬ深い食い込み方をするであろう」

インドの古代思想のヨーロッパへの流入は、ショーペンハウアーにとっては、中世から近世への移行を促したギリシャ思想の流入（ルネサンス）に匹敵する文化的衝撃であった。彼は同書を次のように結んで閉じている――

「われわれはとらわれなしにこう告白しよう。意志を完全なまでになくしてしまった後に残るところのものは、まだ意志に満たされているすべての人々にとっては、いうまでもなく無である。しかし、これを逆にして考えれば、すでに意志を否定し、意志を転換し終えている人々にとっては、これほど現実的に見えるこのわれわれの世界が、そのあらゆる太陽や銀河をふくめて、無なのである」

このように「無」で締めくくったショーペンハウアーは「虚無主義（ニヒリズム）」の哲学者といわれる。しかし正確には、ショーペンハウアーは西洋の古典的な「有の哲学」にインド起源の東洋の「無の哲学」を対置したというべきであろう。彼はこの世界には「有の実在」に先立って「無の意志」が働いていると論じている。そこにはニヒリズムの語感がうむ厭世観というよりもむしろ無を背負っても生きようとする盲目的な生存意志があり、虚無主義というよりも「意志の哲学」というべきであろう。カントが「不可知」とした「物自体」について、ショーペンハウアーは、「物自体とは何か？――意志、これがわれわれの答え」（『意志と表象としての世界』第二十四節）「意志が物自体」（同、第二十五節）と断定しているのである。それは『法句経《ほっくきょう》』冒頭の「諸事、意を以て先とし、意を主とし、意より成る」とある仏陀の言葉と共振している。

以上のように、カント批判の流れは、ヘーゲル↓マルクスの水脈とともに、インド思想を源流とするショーペンハウアー↓ニーチェの水脈があり、ハイデッガーは後者の流れを汲んでいるということである。

「超人」から「カリスマ」へ

ニーチェについても触れておきたい。ショーペンハウアーの「意志の哲学」を継承して「力への意志」（「権力への意志」とも訳される）の哲学（*Der Wille zur Machat*）を定立したのがニーチェ（一八四四～一九〇〇年）だったからであり、また、ハイデッガーが生涯にわたって敬意を払った哲学者がニーチェだったからでもある。

ニーチェはショーペンハウアーが感化されたインド由来の「輪廻の神話」を「万物流転」「永劫回帰」という循環的な時間観にした。ニーチェはまたプラトンからカントにいたる西洋の形而上学を全否定し、ニーチェ哲学を継承したハイデッガーもそれにならった。プラトン以来の西洋哲学を否定するハイデッガーを、哲学者・木田元は「反哲学」の哲学者と特徴づけている（木田元『反哲学入門』新潮文庫、『反哲学史』講談社学術文庫）。これが三者の関係の大まかな見取り図である。

少し具体的に述べよう。ニーチェは、ショーペンハウアーよりも半世紀余り後に生まれており、この間にヨーロッパは「東洋の衝撃」のもう一つの大波をかぶった。古代ペルシャ思想の流入である。奈良東大寺の長老の森本公誠が「シルクロード上の異文化間に通底する世界観について」（川勝平太編『日本の中の地球史』ウェッジ、二〇一九年に所収）で論じているように、インド仏教の原型は（したがって、日本仏教の源流も）古代ペルシャ思想にさかのぼることができる。古代ペルシャの宗教であるゾロアスター教はインドではパーシー教（パーシーはペルシャのなまったもの）として、中国では祆《けん》教の名で知られることになった。

ついでながら、ゾロアスター教は日本には七世紀前後には朝鮮半島経由で伝わっていた。すなわち、アフラ・マズダに並ぶゾロアスター教の神「ミトラ」はサンスクリット語の「マイトレーヤ」を経て「弥勒《みろく》」と漢訳されて「弥勒菩薩」となり、朝鮮半島で芸術性の高い弥勒菩薩像（半跏思惟像）がさかんに作られた。そのうちの逸品が日本に伝わり、それが弥勒信仰を生んで国内に普及したと見られる（拙稿「古代イランの影」、前掲『日本の中の地球史』所収）。類似の見解は服部英二『転生する文明』（藤原書店、二〇一九年）でも提示されている。日本への古代イランの思想的影響は十九世紀にドイツに及ぶよりも千年以上も先立っていたということである。

それはともかく、十九世紀のヨーロッパで、古代インド思想に引き続き、古代ペルシャ思想の波しぶきをもっとも強く浴びたのはドイツであった。オリエンタル・インパクトの第二波＝古代アーリア（古代イラン、古代ペルシャ）思想の流入する中で、ニーチェは古代アーリアの「東洋の賢者ゾロアスター」の名を知った。ゾロアスターの名前はニーチェが精神異常をきたす前にヨーロッパに紹介されていた。ニーチェはゾロアスター教の教義『アヴェスター』が訳される前に、その名をいち早く傑作『ツァラトストラかく語りき』（一九八三～八五年、新潮文庫ほか）の書名に採用した。「ツァラトストラ Zarathustra」はゾロアスター Zoroaster のドイツ語表記である。

古代アーリアには預言者ゾロアスターが出現し、善悪を峻別するゾロアスター教の教義はキリスト教『聖書』にも深甚な影響を与えたという言説が生まれた。それは古代インドの「ヴェーダ」「ウパニシャッド」の発見に勝るとも劣らない文化的衝撃をドイツ思想界にもたらした。それとともにドイツ人にアーリア民族という新しいアイデンティティを与えたのである。その民族的自覚の延長線上に、セム系民族のユダヤ人、ユダヤ教の預言者、イエス・キリスト、さらにキリスト教を、その根本から見直す潮流を生んだ。ゲルマン民族固有の神話やゲルマンの精神が模索され、その先導役が音楽家ワーグナーであり、ワーグナーの音楽に一時期心酔したことのある哲学者ニーチェでもあった。十八世紀から十九世紀にかけて、イギリスでは産業革命、フランスでは政治革命、ドイツでは文化革命が展開したのである。

ニーチェ『ツァラトストラかく語りき』の主人公は「超人」である。超人は「神は死せり」と宣言する。「死せり」と宣言された神は、セム系ユダヤ教・キリスト教の一神教の神である。ニーチェは、愛と忍従を説くキリスト教に対して、奴隷・弱者・貧者が支配者・強者・富者に抱く怨念と復讐が生んだルサンチマン（嫉妬の絡んだ憎悪）だと酷評し、「キリスト教の神」の代わりに「超人」を置いた。ただし、ニーチェの「超人」は、「東洋の賢人」とも評されるゾロアスターではない。ゾロアスター教の神アフラ・マズダやミスラの化身でもない。ニーチェはゾロアスターの教義『アヴェスター』を知らなかったから、ゾロアスター教とも無縁である。「超人」はニーチェが自己の思想を仮託した理想の人間類型である。

ニーチェは「超人」の対極に「末人《まつじん》」をおいた――『ツァラトストラかく語りき』の序説の副題「超人と末人について」の「末人」である。「超人と末人」のニーチェの対比に着目したのは当時のドイツ社会科学の巨匠マックス・ウェーバー（一八六四～一九二〇年）である。ウェーバーは『プロテスタンティズムの倫理と資本主義の精神』（岩波文庫）の結論部分で、資本主義を可能にした合理主義には限界があり、合理的な人間類型を「末人」と表現した。すなわち「文化的発展の最後に現れる末人たち」について、ウェーバーは近代合理主義の行き着く先に登場する「精神のない専門人、心情のない享楽人」として罵倒したのである。ウェーバーは、近代合理主義の社会の「末人」を超克する目的をもって、支配の社会学を構想した。ニーチェの「超人」を社会学的概念の「カリスマ」に彫琢し、『支配の社会学』で支配の三類型（伝統的支配、合理的支配、カリスマ的支配）を提示した。伝統的支配は近代合理的支配にとって変わられる。「末人」が跋扈《ばっこ》する近代合理的支配を超克するのが「カリスマ的支配」である。

ウェーバーが撒いた「カリスマ」待望の種子は思いがけない結果をもたらした。アドルフ・ヒトラー（一八八九〜一九四五年）のナチス・ドイツの台頭である。興味深い偶然であるが、ヒトラー、ハイデッガー、和辻哲郎は同い年である。ハイデッガーが『存在と時間』の執筆に傾注し、和辻が『風土』でその批判に没頭していた頃、ヒトラーはワイマール共和国にあって、アーリア民族伝統のハーケンクロイツをシンボルとするナチス・ドイツを結成し、『わが闘争』上・下巻（一九二四〜二七年、角川文庫）を書いていた。『わが闘争』上巻は「民族主義的世界観」という副題をもっているが、ヒトラーはそこで、アーリア民族であるドイツ人の優越を論じ、セム系民族のユダヤ人を痛罵し、「われわれが今日、人類文化について、つまり、芸術、科学および技術の成果について目の前に見出すものは、ほとんど、もっぱらアーリア人種の創造的所産である」とアーリア民族を賞賛する一方、ユダヤ人に対しは、エゴイズム、見せかけの文化、寄生虫とこきおろしている。

ヒトラーとゾロアスター教との関係について、ゾロアスター教研究者の青木健は「総統（ヒトラー）の頭の中では、ニーチェ的ツァラトストラが説く権力への意志、善悪の彼岸、超人思想などは、冷徹にアーリア民族至上主義を推し進め、感情を交えずに科学的に民族問題を処理し、何時《いつ》の日にか、ゲルマン民族が世界を征服して超人に進化する指針を与えてくれるように思えた」(『ゾロアスター教』講談社選書メチエ)と指摘している。その帰結は何か。第二次世界大戦中におけるユダヤ人の大量虐殺である。それはドイツ史の汚点である。ニーチェの「超人」を継承したウェーバーの「カリスマ」の問題提起は、かくして挫折したといわねばならない。

回り道をした感があるので、ここでまとめておこう。『聖書』の一神教の「神」の「I」は主語主義の淵源である。デカルト・テーゼのコギトの「我」の「I」は近代個人主義の源流である。人間の主体性は、ドイツではショーペンハウアーの「意志の哲学」を旋回軸としてニーチェの「力への意志」となった。ニーチェが構想した「超人」は「力への意志」を体現する理念的人間像である。ニーチェの「超人」をウェーバーは社会科学に適用して「カリスマ」に仕立て直し、『支配の社会学』を構築した。ドイツ民族の間で待望された「カリスマによる支配」はヒトラーを歓迎する土壌を培養した。強烈な主体性を発揮したスーパー・カリスマのヒトラーの出現は戦争とユダヤ人虐殺に血塗られた悲劇に帰結した。東洋哲学に魅せられたショーペンハウアーの影響はあざなえる縄となってハイデッガーをナチスの党員にもしたのである。

1989年11月創立　1990年4月創刊

月刊

機

2019
11
No. 332

発行所　株式会社 藤原書店©
〒一六二-〇〇四一　東京都新宿区早稲田鶴巻町五二三
電話　〇三・五二七二・〇三〇一（代）
FAX　〇三・五二七二・〇四五〇
◎本冊子表示の価格は消費税抜きの価格です。

編集兼発行人
藤原良雄
頒価 100円

一九九五年二月二七日第三種郵便物認可　二〇一九年一一月一五日発行（毎月一回一五日発行）

都市計画・都市研究の大家による最高の都市論が刊行開始！

『都市と文明　文化・技術革新・都市秩序』（全三分冊）発刊！

都市計画家
英国学士院会員
ピーター・ホール

▲ピーター・ホール（1932-2014）

都市論の古典であるマンフォード『都市の文化』を凌駕し、「都市の文化と産業の創造性」を基軸に人類の歴史を代表的な都市の歴史に置き換えてダイナミックに展開した、壮大なスケールの「創造都市論」である『都市と文明――文化・技術革新・都市秩序』（全三分冊）がついに邦訳刊行開始！　第Ⅰ分冊は文化の坩堝としての都市（アテネ／フィレンツェ／ロンドン／ウィーン／パリ／ベルリン）。本書を語った著者の講演を抄録する。

編集部

● 十一月号目次 ●

創造産業の萌芽

一九三〇年、経済学者のケインズは将来、経済における黄金時代がやってくると予測した。つまり先進国では、人間の生存にかかわる基本的な経済問題はすでに克服され、ますます余暇を楽しむことができるようになり、人間の歴史において大きな転換点になると述べた。

現在、先進国においては、すでにケインズが予測したような時代にたどり着き、すべての経済問題を克服したわけではないが、ほぼ克服しつつあるといえよう。しかしケインズ自身も予測できなかったことは、国や都市の新しい経済的基盤が創造産業（creative industry）になっているということだ。この創造産業という言葉は、二十世紀末に登場した新しい言葉で、最初はずいぶん奇妙な言葉だと受け取られたが、今ではすっかり定着してきた。

本書で検討している基本的な問題は、経済においてどのように真の意味での革新、真の創造性を生み出すかであり、その実現に必要なことは、三つの革新、もしくは三つの創造性であるといえる。

第一に、文化的知的創造性、これは従来の意味での創造性であり、第二は、技術・生産の革新である。第三は、その二つを融合したもの、すなわち、文化と技術の革新であり、この三つの中でも将来にとって最も重要なものだと思われる。

そして実際には第四の革新があり、組織の革新、もしくは都市の創造性・都市の革新と言っても良いものである。

文化創造都市――六事例

最初に、文化革新が生起した都市として本書では六都市を例に挙げている（第Ⅰ分冊）。紀元前五〇〇年ごろのアテネ、ルネサンス期一四〇〇年ごろのフィレンツェ、シェイクスピア時代一六〇〇年ごろのロンドン、さらに、十九世紀のウィーン、一九〇〇年ごろのパリ、そして一九二〇年から三〇年ごろのベルリンである。ウィーンは音楽を中心とした文化が栄えた大都市、パリは視覚芸術において印象派のあとにキュビスムが興り、ベルリンではこの時期にありとあらゆる創造的芸術が繁栄した。

これらの六都市にはどのような共通の特徴があったのか。まず第一に、どの都市も急激な社会経済の転換を経験したことがあげられる。その新しい経済体制の中、富の余剰が生み出され、個人や地域社会が芸術のパトロンとなり、都市は才能ある人材を引き寄せる磁力をもち、さまざまな人々があらゆるところから流れ込んできた。そして大きな帝国が都市を取り囲むように形成された。流入してきた人々から、鑑賞者だけでなく、多くの芸術家が生まれ、演劇や音楽、哲学や理念、絵画・彫刻、映画といったさまざまな分野において活躍したのである。

　これらの都市に関して重要な点は、「創造的環境（creative milieu）」には、上述の経済的社会的因子が反映しているのか、つまりそれぞれの都市において何か独自の要素があり、それによって創造性が出てきたのか、それとも、単に経済、社会が発展したから生まれたプラスアルファであっただけなのかということである。

▲フリッツ・ラング監督『メトロポリス』（1926年）より。産業都市の精神の精髄を描く。

　実は答えは両方である。例えばフィレンツェは、一四〇〇年ごろ、シエナ、ミラノ、ヴェネツィアといった競い合った都市の中でも卓越した都市であり、創造性が花開いた。なぜなのか。ただ単に経済の発展だけでは説明付けることができない。やはり、どこか「神秘的な」なにかがあったのだろう。

技術革新都市——六事例

　つぎに技術・生産の革新についても六都市を例にあげよう（第Ⅱ分冊）。

　産業革命初期、綿織物工業が繁栄した一七七〇年ごろのマンチェスター、造船業都市として有名になった一八二〇年—八〇年ごろのグラスゴー、そして電気工業が盛んになった一八七〇年ごろのベルリン。この時期、世界の電気工業の中心はベルリン、ニューヨークであり、東京がその後を追いかけていた。

　そして一九〇〇年ごろのデトロイトと一九五〇年ごろのパロアルトである。デトロイトでは、ヘンリー・フォードが組立てラインの採用により初めて自動車の大量生産を実現した。パロアルトでは、一九五〇年ごろスタンフォード大学で、ＩＣ産業、パソコンの台頭のきっかけとなるトランジスタが生まれた。そして最後に、一九六〇—九〇年代の東京と神奈川があげられる。白黒・カラーテレビ、ビデオ、パソコン、そしてラップトップコンピュータといった電気製品の大量生産を行なった。

この六都市の共通点はすべての点においてボトムアップで、個人主義的な革新が進んだ都市であったことだと言える。これらの都市には革新者や発明家が多く、つまり外部からの人間で成り立つ都市であり、発明家たちが実際にそれを生産にまでつなげていくことが可能な状況にあった。そしてそれを推進していったのはアウトサイダーであり、彼らこそ自ら富を築いた人たちなのだ。

これらの都市は、どれも最初のグループのように世界の中心に位置づけられる都市でも、先端にいる都市でもなかった。東京は少し例外かもしれないが、例えば宮廷や貴族の秩序のような古い伝統による束縛がない開かれた社会であり、外から入ってきた考え方に対しても寛容で非常に自立心に富んでいた。そのため新人がどんどん新しい発明をし、それを市場で売り、富を築く環境が整っており、さらに連鎖的な形で技術革新が次から次へと別の地域にひろがっていった。

文化技術革新都市——二事例

次に、私が**芸術と技術の融合と呼ぶ文化技術革新都市**（第Ⅱ分冊）は前述の二つを合わせたようなもので、一つが**一九二〇―三〇年代のロサンゼルス**、もう一つが**一九五〇年代後半のメンフィス**である。ロサンゼルスは、映画産業の発展と結びついたスタジオシステムの確立や、アメリカ映画の父と呼ばれるグリフィス監督の映画などが映画産業を発展させていった。スタジオシステムがピークに達したのは、一九一八年にワーナー・ブラザースが最も際立って創造的なスタジオをつくったときである。

メンフィスの場合はそれとは違い、小さな録音スタジオから始まった。何枚かのレコードを製作していたが、ある日無名のトラックドライバーがやってきて彼らの前で歌を歌った。彼の名前こそエルヴィス・プレスリーだった。それをきっかけとして、ロックンロールが五〇年代半ばに発展していったのである。

この二事例で共通しているのは、まず第一に、商品化された大量生産型のアートを推進したことである。ヘンリー・フォードが自動車を大量生産したのと同じように、ビニールレコードが大量生産化されていく契機となり、大量生産が可能な商品化が図られたことである。

これらの産業がユニークなのは、大量生産・大量流通とライブパフォーマンスの結合を図った点で、この二つの結びつきというのは非常に重要なものである。

創造都市に学ぶ

これら革新的な都市の事例をみると極めて重要なことがわかる（第Ⅲ分冊）。ローマが紀元前五〇年、パリが一八五〇年、ロンドンが一九〇〇年、そしてニューヨークが一九〇〇年ごろ、ロサンゼルスが一九三〇年、ストックホルムが一九四五―六〇年、最終的にはロンドンが一九八〇年に各都市は、**成長によって生じる危機の問題を解決しようとしていた。**これは非常に大きく複雑な問題で、何か対応しないと病気が蔓延するなどの深刻な問題を抱えることになるので、その時点で何か行動をおこす必要があった。そして**その解決策を提示したのは当時都市に外部から流入してきた人びと**であった。

過去の都市がかかえる問題は物理的なもので、**水の問題、廃棄物処理の問題、流行病の問題**などであった。**現在はもっと微妙で、都市を時代のニーズに適応させていくことが問題**となる。世界のすべての都市が、以前の製造業中心の経済から、創造的で先端的なサービス経済に変身を遂げなければならず、文化産業、観光事業を推進しなければならない。

大切なのは「都市の質」を上げて、訪れた人びとの記憶に残るような都市づくりをすることだ。ロンドンがパリと、パリがローマとは違うように、他とははっきり区別しうるような都市づくりをするということだ。**その都市独自の「質」をつくり出すことが、真の意味での創造都市にとっては必要となる。**また、再生途上にある都市を含めて、都市が競争の中で切磋琢磨することが大事になる。

（構成・編集部／全文は本書所収）

(Peter Hall／都市計画家。英国学士院会員)

「場所」を手がかりに解き明かす、自然と人間の共生への根本思想

ベルク「風土学」とは何か

――近代「知性」の超克――

オギュスタン・ベルク
川勝平太

和辻哲郎『風土』の翻訳

川勝 先生がこれまで訳された日本の本は何だったのですか。

ベルク 和辻哲郎の『風土』が最初の翻訳でした。その後で訳した山内得立さんの『ロゴスとレンマ』も、私に言わせると風土の論理、彼が言うレンマの論理なので、私は風土のためにはそういう論理を明らかにしなければならないと考え、その本を訳しました。みんな風土学と関係しています。

川勝 『ロゴスとレンマ』は山内得立の熟年期の渾身の主著です。ロゴスは西洋起源で言語とか論理という意味で、よく使われますが、レンマのほうは東洋起源で山内さんの独自の論理です。レンマとは「つかむ」という意味で、物事の「把握」ということですね。山内さんは西洋と東洋の膨大な文献を渉猟しており、これを訳すのは大変な仕事だったと想像します。

和辻さんの『風土』が出版されたのは一九三五年。目からうろこが落ちるような鮮やかな世界像をうち出しました。ヨーロッパの風土は牧場、中東は沙漠、アジアはモンスーン、日本は台風と整理されると、世界地理と生活様式の関係がすっとわかるところがあります。風土への着眼の背景に、私は西田哲学の影響があったと思います。『善の研究』が出たのが明治の終わりの一九一一年です。日本人による最初の独創的な哲学書として広く読まれました。

ベルク 私は地理学をもとにした者ですけれども、人文地理学のフランス学派の親であるポール・ヴィダル・ドゥ・ラ・ブラーシュが、地理学は場の学、場所の学であり、人間の学ではなくて場所の学である、と言っています。ですから私は、西田幾多郎が「場所」という言葉を使ったのを初めて聞いたときからぜひ読まなければならないと思ったけれども、同時にあれは非常に難しいといわれていたから、長い間あえて読まなかったのです。

川勝 西田哲学は日本人が読んでも難

解です。

ベルク　何年か待った後やっと読んだのですが、ご存じのように場所の論理は述語の論理と同義なものとして西田が使っていますが、生物にとって、特に人間にとって現実とは何であるかというと、純粋な客体でもなく、純粋な主体性の現れでもないけれど、ちょうどその間ぐらいにある。私はそれを「通態（traduction）」と呼んでいます。その通態性はどう働くかといいますと、西田幾多郎の「述語の論理」と、アリストテレス以来の「主語の論理」とを合わせて、その通態ができると考えるようになりました。

▲川勝平太氏（上）とオギュスタン・ベルク氏

風土と見立て

ベルク　学になるためには、主語の論理も述語の論理も両方必要です。例えばこの花は私にとってきれいです。花は「きれい」として、私にとって存在する。その「として」が一番大事なところなんだと思います。すなわちBとしてのA、あるいは非AとしてのA。その両面が通態的に働いて現実が現れてくると風土が生まれる。それは、私の風土論の中心的なモーターです。

川勝　「〜として」は日本語で言う「見立て」ですね。「見立て」を先生が認識の原理として発見された功績はきわめて大きいと思います。と言いますのは、我々日本人にとっては、あまりに当たり前すぎて自覚されてこなかったからです。「〜として」という言い方は日常茶飯のことですから。

静岡県でもつい最近、近江八景ならぬ『遠江八景』という冊子を編みました。有馬朗人先生とか芳賀徹先生とか、立派な先生方が瀟湘八景の景色を浜名湖の景色に見立てています。そういう日本人の日常の認識方法が、先生の風土学で理論づけられたかなと思います。

どうもありがとうございました。

（構成・編集部／全文は本書所収）

(Augustin Berque／仏・社会科学高等研究院教授)

（かわかつ・へいた／歴史家、静岡県知事）

二十世紀前半の米国を代表する歴史家が、〝不干渉〟の意義を説く。

「大陸主義アメリカ」の外交理念

開米潤

戦時中の沈黙

本書は一九四〇年七月、米ニューヨークで出版された Charles A. Beard, *A Foreign Policy For America* (Alfred A. Knopf) を全訳したものである。米国で公刊されてからほぼ一年半後の一九四一年十二月（奥付発行日は十二月十四日）に、最初の日本語訳『アメリカの外交政策』（早坂二郎訳、岡倉書房）が出版されている。本書はそれを参考にしつつ、あらためて全面的に翻訳し直し、現代の読者にも読みやすいよう適宜、訳注をつけたものである。

ビーアドが原書を出版したのは彼の晩年（一九四八年九月に死去）にさしかかる時期である。すでに欧州では第二次世界大戦が始まっていた。当時、米国でも、参戦すべきかどうか、激しい論争が議会や世論の場で繰り返されており、極めて世情が不安定な時期であった。

そんな情勢下、米世論を参戦へと導く、歴史的大事件が起きた。それが日本の真珠湾攻撃だった。これを機に米国民の厭戦気分は「日本を叩け」へと激変したのである。そうした世論の変化を巧妙に捉えて、参戦へと舵を切ったのが、フランクリン・ルーズベルト大統領だった。

戦争が始まると、ビーアドは口を閉ざした。反戦の信念には変わりはなかったのだが、ひたすら沈黙を守り続け、研究に没頭した。そして戦争が終わると、その間の研究で蓄積したエネルギーを一気に爆発させるかのように、問題作を相次いで発表した。『「戦争責任」はどこにあるのか――アメリカ外交政策の検証 1924-40』（一九四六）『ルーズベルトの責任――日米戦争はなぜ始まったか』（一九四八）（ともに小社刊）である。

この二冊が明示しているように、ビーアドの沈黙の期間における研究は、主として米国はどうして戦争に巻き込まれなければならなかったのか、に向かった。歴史の表層において、米国は、日本の奇襲を受けるという形で戦争に巻き込まれた。しかし、その直前まで「日米は平和的な関係にあった」（ルーズベルト演説）というのだ。そのような国同士がいきなり戦争を始めるとはどういうことか。日米開戦の原因はどこにあったのか。

　自分たちには見えない歴史の深層において、ルーズベルト政権は何をしたのか。その謎を解き明かそうとしたのである。

「大陸主義」とは何か

　ビーアドが、そうした謎を解き明かそうとした動機の根底には、実は本書で米国民に向かって伝えようとした、建国以来の米外交の理念、あるべき姿があった。

▲Ch・A・ビーアド
（1874-1948）

　その外交理念というのが「**大陸主義**(continentalism)」である。この言葉が体現するところの具体的な外交政策とは、以下の三点に要約される。**①ヨーロッパとアジアの紛争や戦争に介入しないこと、②ヨーロッパあるいはアジアの諸国、諸制度、帝国主義的野心がこの西半球に侵入してくることに抵抗すること、③平和的措置については国際協力に積極的に加わること**――。

　当時、そんな理念は、古くさく、時代にそぐわないと、強く非難する勢力もあった。海外の紛争に積極的に関与しようとしていた**帝国主義者**や**国際主義者**がそれだ。こうした勢力から「大陸主義」の理念は「孤立主義」であり、「一国平和主義」にすぎないなどと指弾されたのである。しかし、ビーアドはそうした議論に敢然と立ち向かった。「大陸主義」の理念は、自分勝手で、曖昧、殻に堅く閉じこもった政策などではなく、「積極的であり、明快なものである」と、根も葉もない批判を一蹴したのである。

　米国は「大陸主義」をどうして貫くことができなかったのか。それを阻んだものは誰であり、どんな出来事だったのか。戦時中、研究に没頭していても、そのことを片時も忘れなかったのは、それを解明し、後世に伝えることこそが、歴史家としての自分の使命――二度と、悲惨な戦争にアメリカが巻き込まれないための――だったからである。（構成・編集部）

（かいまい・じゅん／ジャーナリスト）

世界の健全な経済と政治を求めて、東西の知を緊急に結集した最新の成果！

崩壊した「中国システム」とEUシステム

——主権・民主主義・健全な経済政策——

荻野文隆

日仏両国の民主主義の危機

フランスにとって主権と民主主義の奪回が、EUユーロ・システムからの離脱を抜きにしては在り得ないように、日本の国民社会にとっての主権と民主主義の奪還は、中国システムからの離脱を抜きにしてはあり得ないのである。

この意味では、フランスと日本は共通した宿命を負っているかに見える。フランスがEUに飲み込まれて消滅する脅威と日本が中国システムに巻き込まれて消滅する危惧はともに現実のものである。

グローバル化に押し流されてきた時代からの方向転換が待ったなしで求められるなか、マクロン政権はフランスのさらなるグローバル化に向けて邁進している。

そして**日本の政権は**、すでに明らかなEUの失敗を顧みず、**日本をEU化しようとしている。最近法制化された「移民法」、「水道民営化法」、「種子法」廃止、「カジノ法」など**は、もっぱら**外資系グローバル企業のビジネスチャンスを作り出す**ためのものである。その背後には、「**規制改革会議**」などの諮問委員会が、EUの欧州委員会に似た機能を果たし、**民主主義の府である国会を超越**して政策提案を行なっているという現実がある。これによって、**国会に付託された政策決定機能が無効化**されてしまっているのだ。

このように**民主主義の検証を超越したところで、重要な政策提案がなされている有様は、まさにEUにおける民主主義の機能不全そのもの**である。

緊縮財政・消費増税が唯一の政策?

フランスと日本の状況が極めて似ていることは、メディア状況が確実に類似した問題状況に陥っていることでも明らかだ。日本の二〇年に及ぶデフレは、同時に緊縮財政・消費増税が唯一妥当な政策であるとしてメディアが一貫してデフレ化政策を支持してきた二〇年でもあった。この偏向性は、フランスのメディアがおしなべてEU・ユーロ体制を支持してきた偏向性と見事に重なっている。

しかし、日本のメディアの場合はフランスのように、顔が見える特定の資本家に買い占められた形にはなっていない。何かさらに大きな顔の見えないシステムに絡め取られた状態になっているのである。日本における緊縮財政・消費増税路線は、グローバル企業にとっての優遇策であるばかりか、日本の貧困化と格差拡大と引き換えにして、中国の経済成長を支える親中政策でもあるのだ。

その意味では、親中派が圧倒的多数を占める国会の構造性は、日本の主権と民主主義にとって極めて重大な障害となっていることが理解できる。経済の中国依存に加えて政治の中国依存が、日本の基本的な方向性を構造化しているからだ。それは米中の国家安全保障戦争が始まった現在においても、日本の主権と民主主義を守るための方向転換に踏み切ろうとしない政府と国会の動向を縛っているのである。

極めて攻撃的な軍拡と外交を強行している中国の独裁体制に組み込まれていくことの脅威を真剣に受け止めなければならない事態が今日の東アジア情勢だと言わなければならない。

本書は、**フランソワ・アスリノ氏の来日を契機に**、ＥＵ離脱を目指すフランスの政治運動の理念と分析を通して、フランスとヨーロッパさらには日本の現状と未来を展望することができる分析を提供することを期して刊行される。

（本書「結び」より抜粋／構成・編集部）

（おぎの・ふみたか／東京学芸大学特任教授）

〈特別寄稿〉

日本人のノーベル賞受賞に思う

市村真一

近年、日本人の受賞は米英に次ぐ

今世紀にノーベル賞を受賞した日本人は、下記十九名である。平均毎年一人、こんな国は、世界に米英以外にはない。自然科学分野に限るなら、英国にも並ぶ。実に目覚ましい学術研究上の栄誉と言える。

世に賞は多いが、この賞を専門家も一般人も特に高く評価するのは、一八九五年にアルフレッド・ノーベル氏の遺志と遺産によって学術研究分野中心に設立され、一九〇〇年にスウェーデン国王が最初の賞を授与されて以来百年以上もの長い間、公正な選考によって、学術の進歩と世の福祉に貢献した実績への尊敬による。

今世紀の日本人のノーベル賞受賞者

まず、受賞者のお名前を掲げさして頂く。

二〇〇一　化学賞・野依良治
二〇〇二　物理学賞・小柴昌俊
二〇〇二　化学賞・田中耕一
二〇〇八　物理学賞・小林誠
二〇〇八　物理学賞・益川敏英
二〇〇八　化学賞・下村脩
二〇〇八　物理学賞・南部陽一郎＊
二〇一〇　化学賞・鈴木章
二〇一〇　化学賞・根岸英一
二〇一二　生理医学賞・山中伸弥
二〇一四　物理学賞・赤崎勇
二〇一四　物理学賞・天野浩
二〇一四　物理学賞・中村修二＊
二〇一五　生理学医学賞・大村智
二〇一五　物理学賞・梶田隆章
二〇一六　生理学医学賞・大隅良典
二〇一七　文学賞・石黒一雄＊
二〇一八　生理学医学賞・本庶佑
二〇一九　化学賞・吉野彰

＊南部・中村両氏は米国籍、石黒氏は英国籍

スウェーデンが世界に先駆け、国の学会の権威をかけて、この賞を確立された事に敬意と感謝を表したい。選考体制は一八九七年六月七日、まずカロリンス

カ研究所が、九日スウェーデン学士院が、一一日王立科学学士院が、それぞれ授与機関に選ばれた。一九〇〇年国王オスカル二世（一九〇五年まで兼ノルウェー国王）がノーベル財団設立法令を公布され、賞の権威が確立した。

当初、賞は西欧学界の成果にのみ与えられた。他の国地域の学者は、たとえ西欧に来ての業績もほとんど選ばれなかった。日本人の何人かにもそんな例があった。野口英世博士や東大医学部病理学の山極勝三郎教授の場合がそうだと思う。ノーベル委員会は、癌の発生に関するフィビゲルと山極の研究の審査を、スウェーデンのフォルケ・ヘンシェン（Folke Henschen 一八八一―一九七七）とヒルディング・バーグストランド（Hilding Bergstrand 一八八六―一九六七）の二人に依頼した。前者は前にフィビゲルを推薦したことがあり、当初二人を推薦したが、最終的に後者に同意し、山極を落した。後年、研究が進み、山極の刺激説が正しく、フィビゲルの寄生虫説は誤りと判明した。審査中〝東洋人に賞を与えるのはまだ早い〟との発言が論議を招いた。もっとも、この種の偏見は一九四九年に湯川秀樹博士が物理学賞を受賞されて以後は聞かない。

選考対象となる論文や作品の大半は、今は英文で、独仏ロなど代表的欧州語でも審査されることは稀である。川端康成氏の文学賞はザイデンシュティカー氏の名訳が貢献した、と川端氏は考えられ、彼に賞金の半分を贈られたという美談を聴いた。

ノーベル賞の審査方法について

ただ経済学賞は、一九六八年に新設され、既に五〇年たったのに日本人は誰も受賞していない。経済成長を誇る国として残念だし奇妙だ。いくつか理由があろうが、それは受賞者の選考方法と関係がある。選考は、「候補者名簿」の作成と「最終選考」の二段階で為される。ノーベル財団は、まず有名な経済学会や関係団体、著名大学の関係学部、研究機関等から業績のある専門家を「推薦委員」に委嘱する。彼等に推薦された者のリストから、スウェーデンのアカデミーの委員が、推薦者数を参考に、数名の候補者に絞る。その際必要なら特に数名の専門家に意見を徴する。その順序つきの最終候補よりアカデミーの委員が最終決定をする。

こうした選考の経過は、五〇年後にノーベル賞委員会が公表することになっている。委員会は、それまでは、この選考に関係した者が関係したことも所見も世間に公表せぬことを、参加者の善意に期待している。だから、私も漏れ聞いたことはあるが公言はしない。

この手続で、まず日本人の推薦委員は人口比で欧米国平均より遥かに少ない。何故なら戦後から一九九〇年ソ連崩壊以前、経済経営学部教員の過半はマルキストで、大抵の大学で理論・歴史・政策とも、例外の数校を除き、二割近代経済学、二割中立、六割マルキストの割合で、かつ統計学をきちんと教えない大学が大半だった。故に欧米の学術雑誌を通読し、推薦委員に選ばれる学者は七〇～九〇年頃でも精々国内十数名、在外者十名以下ではなかったか。要するに少数の数理経済学者は優秀だったが、実証研究や政策論で国際的学術誌に論文を発表して知られた学者は寥々たるものだった。

仄聞したところ、ノーベル賞委員会の被推薦者リストの上で五名以上の推薦を得る候補者は、ごく少数と聞いた。だから、有力な学術センター（米国:ケンブリッジ（MA）、シカゴ、スタンフォード・バークレイ、ニューヨーク・プリンストン、英国:オックスフォード・ロンドン）の連中が協調して集中的に推薦すれば、非常に有利だと噂されている。ソ連崩壊後は、世界の有力大学に自称社会主義者は殆ど消えたと言われ、日本のマルキストも激減した。その結果、広義の近代経済学者が増え、日本人の推薦委員も、受賞候補者も次第に増えている。

また、過去の経済学賞受賞者リストを通覧すると、受賞者は、その時々の学会で関心の高い問題への貢献者が選ばれる傾向がある。被推薦者必ずしも即第一級の学者と言えない印象もある。学問上の国際交流の密度がもう少し濃くなり、もっと多くの日本の学者が世界の学会の関心事に取り組めば、数年以内に日本人が経済学賞を貰い、五年に一人くらい受賞するのも夢ではないであろう。

ノーベル賞受賞者の波乱の人生

授賞式の華麗な様子は、今では周知であろうが、その他に、受賞者は全員受賞記念講演をする義務がある。もし読者が学者の一生や心情に関心がおありなら、ノーベル賞委員会のホームページに、全受賞者の記念講演が掲載されているので、そのいくつかをご覧になるようお薦めする。大半は、難しい専門の話をせず、自分の生涯を振返って、生い立ちや、何故自分の課題に懸命になったかなどを面白く語り、専門外の人にもたいへん為になる。

私が親しかった経済学者には、青年期

に三〇年代の大不況と第二次大戦を経験し、ユダヤ人で特に波乱万丈の人生を過した方が多い。

例えば、S・クズネッツ（一九〇一～一九八五）教授は、ロシア系ユダヤ人だが、大不況・ナチスドイツ・第二次大戦に巻込まれて苦労された。一九五九年にジョンス・ホプキンス大学に客員教授として招かれた時、初対面後間もなく、教授からこう語りかけられて驚いた。「イチムラ、ユダヤ人の流浪の苦難は貴方も良く知っているだろうが、この米国のボルチモアの町で、今なお私が住宅を買えぬ地区があるのですよ」と。大学はメリーランド州（南部）にあり、バス席は黒白に分れていただけでなく、一九六〇年にユダヤ人を入れぬ地区が厳存した。

またL・クライン教授（一九二〇～二〇一三）は、記念講演で、三〇年代大不況期中西部の田舎町の人々の生活苦を見て、経済学特に失業救済のケインズ経済学に引かれたと語っている。

教授が最晩年二〇一二年に訪日された時、私は帝国ホテルで家内・長女と四人で寿司のお昼を共にした思い出が忘れ難い。娘が、公務員試験に合格した息子が大蔵・外務・防衛の三省から誘われて防衛省を選んだ話をした。大蔵外務の人から「何故うちへ来ないの」と、尋ねられた孫は、「今の日本には防衛が一番大事だと思いますから」と答えたそうです」と、娘が言ったら、クライン教授が、即座に“He is right,”と答えたのには、私がびっくりした。ペンシルバニア大学時代、クラインさんはW・アイサード教授と一緒に平和学peace scienceを唱導する軍縮派だったからである。近年彼とそんな議論をしていないが、彼の考えも常識化したのかも知れない。教授が急逝されたのは、その一年後であった。

私は、ノーベル賞と言うと、フリッシュ、ヒックス、サムエルソン、クラインの四先生を思い出すが、特にクラインが一九八〇年に受賞した時には、心から祝福した。彼が赤狩り旋風に巻き込まれた時、カーター時代の苦労、ペン大での苦労等々を知る者の一人として、良かったなあ、と沁々《しみじみ》思った。ノーベル賞の背後には、きっとそんな多くの人間ドラマが潜んでいることであろう。

（いちむら・しんいち／京都大学名誉教授）

〈特別寄稿〉

巨大電力会社が「原子力の深い闇」を拡大

——東電三首脳無罪、関電と行政の汚職——

相良邦夫

●福島第一原子力発電所の過酷事故について、業務上過失致死傷罪で強制起訴されていた東京電力の旧三首脳が、二〇一九年九月に東京地方裁判所でまさかの「無罪判決」を受けた。
●その衝撃が収まらない翌一〇月、東電に次ぐ原発を保有する関西電力の会長、社長ら幹部二〇人が、原発を誘致した福井県高浜町の助役から総額三億二千万円相当の賄賂と思しき金品を受け取っていた事実が、白日の下にさらされた——。

ニッポン国に、原子力の犯罪を裁く司法無し

「福島第一原発事故の巨大津波は予見できず、被告人らを無罪とする」——東京地裁の裁判長が東電三首脳に対する判決を言い渡した直後、傍聴席（四五席）がどよめき、「うっそー」と驚きの声が上がった。

原発訴訟に関する日本の司法の判決は、地方裁判所には住民側の立場を考慮した判決もある。だが、最高裁判所まで審理が行くと、全て却下（棄却）されている。

今回は、最初の東京地裁の段階で無罪判決だから、原告側が上訴する場合、予見性の一層厳密な科学的立証や公益企業の社会的責任など、被告側の〝御用学者たち〟の理論武装を突破する万全の準備が欠かせない。

第二次大戦の敗戦で、日本は戦争責任をアメリカなど戦勝国による東京裁判で戦犯が裁かれた。原子力は国策民営化の産業であり、国営産業に等しい。したがって原子力は治外法権下にあり、裁く機関が存在しないというのが、悲しい日本の現実である。

全分野の疑問を告発した『原子力の深い闇』の出版

筆者は福島第一原発の過酷事故から四年目の二〇一五年に、藤原書店から『原子力の深い闇』を出版した。前述の裁判

制度の疲労をはじめ、**日本の原子力ムラを構成する「政／官／財／学／医療医学／文化人／メディア」の七者が癒着し、**政府が毎年つぎ込む巨額の国家予算に群がり、法体系も経済・社会制度も、原子力を中心に組み立ててきた事実を告発し、資料を下に明快に描いた。

また、福島原発事故を招いた遠因が、第二次大戦後のアメリカの属国化による、性急な原発導入政策に遡ること、さらに福島と旧ソ連チェルブイリ原発事故の被ばく実態を比較しつつ、世界の原子力ムラの構造にまでメスを入れ、どす黒い闇に包まれた原子力中心社会の諸問題を、多角的に提起している。

相良邦夫
原子力の深い闇
〝国際原子力ムラ複合体〟と国家犯罪
われわれは原子力から逃れることが出来るのか!?

原子力は巨額の国家予算が築く〝アリ塚〟

関西電力と行政の癒着の原点には、巨額の国家予算がある。この国家予算（原子力関係経費）は、福島原発事故時には年間約四千億円、事故後（二〇一六〜一八年度）には年間約四千五百億〜五千億円に膨れ上がっている。

この年額は県単位の年間予算に匹敵する。五千億円を日本の全五千三百万世帯で割ると、年間一世帯あたり約九千四百円も負担している。関電や行政が濫用するのは国民の税金なのだ。国民は、このことを心に銘記すべきである。

（さがら・くにお／科学ジャーナリスト）

リレー連載　近代日本を作った100人　68

益田孝——自転車で富士山を登る男

由井常彦

ウルトラ商社マンの誕生

明治九（一八七六）年に設立された三井物産の社長となった益田孝は、明治の末までに同社を日本でもユニークにして巨大な総合商社に発展させることに成功した。発足当初の業務は、政府官営の三池炭鉱の石炭の委託販売を主とするものであった。それが、三十年そこそこで、国内はもとより、世界の主要都市に支店網をはりめぐらすまでに成長した。そして国産の主要商品を輸出し、他方で海外の素材や機械を輸入する、世界的な総合商社に発展したのだから、三井物産の成功は「離れ業」というべきものがあった。

したがって、明治日本の経済近代化における益田孝の役割は、渋沢栄一に次ぎ、海運業の三菱の岩崎に並ぶものがあった。事実、明治末年には、職業経営者としてはただ一人、爵位（男爵）が授与されている。財界の偉人といって差支えない。

だが、渋沢栄一とちがって、益田孝はそれほど一般に知られているわけではない。また、岩崎弥太郎の三菱が明治政府から多大な資金・資産の助成を得たのに対して、三井物産は、政府財政とはほとんど無関係であった。官営の三池炭鉱の払い下げは、政府による三井の優遇例として論述されることが多いが、入札方式で、四五五万五千円というきわめて高価な買い物であって、この例をもって三井物産の成功の特権的政商的性格を重視することは正しくない。

なお、三井物産の急速な成長を、三井の財閥的な豊富な資力に求めることも誤りである。事実、三井銀行が明治期の三井物産の発展に資することは非常に乏しかった。益田孝は創業早々に非常に積極的な輸出入活動にのり出したので、創業期から三井物産の資金繰りは、海外の諸銀行や新興の安田銀行からの融資に依存している。三井物産の成功は、客観的な諸条件よりも、何にもまして益田孝という桁外れの人物と、商社マンという斬新な企業家活動の成果に帰すべきである。

幕臣出身の益田孝の経歴は複雑で、人物は頗る柔軟であった。彼の活動はあまりに多様多端であって、明治の商社マンとしてイメージすることは容易ではない。同時代の外国人駐日商社マンにとっても、益田孝は商社マンの通念をこえた怖れられる存在となり、彼らのなかで益田孝は、「自転車で富士山に登る男」と称された。

要するに益田孝は、リスクや困難にめげないビジネスマンであった。彼の生涯はチャレンジにつぐチャレンジであった。ただし、彼は無分別であったわけではなく、また国益主義者でもなかった。彼は市場を信じ、なによりも商品市場の動向を意思決定の基準に用いた。三井物産創立の明治九年末に『中外物価新報』(のちの『日本経済新聞』)を公刊しているが、毎日の物価と相場の変動こそ、彼が必要とした情報のデータであった。

「自転車で富士山に登る」益田孝

彼が仕切った初期の重要な貿易取引に国産米の輸出がある。米は昔も今も日本で最大の農産物であり、買い手優位の商品である。のちに三井銀行の専務となる中上川彦次郎は、国産米の国際競争力の欠如を強調し、「農村の田を廃し、桑畑とすべき」ことを論じている。

こうした状況にも拘わらず、益田孝は、会社の設立早々、三池出張の帰途に防長米を買付け、海外輸出を試みている。彼が大阪の中央市場における銘柄別の取引を調べ、同じ米でも良質な肥後米や防長米の存在を知ったことであろう。益田孝が、米相場の動向に注意し、高品質銘柄を安値で買付けたことは明らかで、国産米をロンドンで販売したところ、製織用糊として好まれ、大成功であった。彼がどこまで需要を見込んでいたかは不明であるが、この取引は、「自転車で富士山に登る」益田孝の片鱗をよく示しているといえよう。

(ゆい・つねひこ/公益財団法人・三井文庫文庫長)

▲益田 孝(1848-1938)
佐渡に生まれる。幼名は徳之進。父は幕臣。孝も江戸に出て、ヘボン塾に学び、アメリカ公使館に勤務、ハリスから英語を学ぶ。1863年、幕府の遣欧使節団に参加、帰国後は幕府陸軍に入隊。1867年に旗本となる。維新後は横浜のウォルシュ・ホール商会に勤務したのを皮切りに輸出商となる。この時知り合った井上馨の勧めで1872年に大蔵省に入るも、翌年井上が下野すると、益田も職を辞した。1874年には、井上が設立した先収会社の東京本店頭取に就任。1876年には『中外物価新報』を創刊。同年、先収会社を改組して三井物産を設立し、同社の初代総轄に就任。明治後期には取扱高が、日本の貿易総額の2割ほどをも占める大商社に育て上げた。

連載　今、中国は　4

党国体制と「人民」

王　柯

　建国七十周年記念日に、北京で盛大な軍事パレードが行われた。党軍事委主席習近平の観閲を受けて行進する人民解放軍の最前列には共産党党旗が掲げられ、人民共和国国旗・人民解放軍軍旗はその後を追った。「人民中国」の党国・党軍体制を象徴するひとコマであるが、実は「国旗法」には「隊列を作って行進する際、国旗を最前列にしなければならない」という決まりがある。

　中共党首になる前には習近平も「党は人民を導いて憲法と法を作ったのだから、党もその許す範囲内で活動し、先頭に立ってそれを守らなければならない」と述べたが、二〇一八年三月二十日、「憲法」が定めた二期十年の国家主席任期制が撤廃された日に、習は全国人民代表全員の前で、「東西南北中、党政軍民学、すべて党の指導を受けなければならない」と訓示した。一党独裁維持のため、中共政権が自ら作った法律も守らない例は多い。憲法三十五、三十六条は公民の「言論、出版、集会、結社、行進及び示威の自由」「宗教信仰の自由」を定めるが、その自由を主張すればすぐ逮捕されることを誰もが知っている。

　中共ほど「人民」を愛用する政権は他国にはない。人民共和国、人民解放軍、人民代表大会、人民政府以外にも、裁判所、検察、警察、ラジオ、中央銀行と貨幣、出版社、病院等、すべて人民の名を冠した。しかし共産党機関紙が『人民日報』と名乗り、一党独裁体制も「人民民主専政」の名で正当性を主張して、「人民」は完全に中共に乗っ取られた。

　軍事パレード後、中国社会に胡錦濤・温家宝政権（二〇〇三―一三年）を懐かしむ声が多く現れた。政権批判が許されないため、前政権の賛美によって現政権を批判する工夫だ。胡は「権力は人民の為に行使し、人民の必要に応え、人民の利益を図る」、「社会のために立党、人民のために施政」と述べたが、「人民領袖」と自認する習近平の時代に、人民が国の主人公という思想は見えなくなった。

（おう・か／神戸大学教授）

連載 今、日本は 7

厚い皮膚と強い心臓

鎌田 慧

この国で、アベシンゾウ政権がつづく長いあいだに、爽やかさや潔さなどの気風が、極端に薄くなってきたようだ。知性とまでは言わないが、巷にユーモアとか洒脱さがなくなって、とにかく、がんばれ！ がんばれニッポン！

サッカー、ラグビー、バスケット。そしてこれから先のオリンピック。一年後が思いやられる。新聞の一面トップは、まいにち、まいにち、オリンピックの奮闘賛美や美談で飾られるであろう。

現実がどんよりしていることのひとつに、あれだけの騒ぎになって、自殺者まで出てなおモリカケ（森友学園、加計学園）の国有地払い下げや獣医学部新設問題の解明が、どんよりしたまま中途半端になっていることがある。

高級官僚たちが、首相を守るために、公文書隠滅、捏造までしていたことまであきらかになった。それでも、結局、それっきり。正義は権力に勝てない。つまりは、横車を押す理不尽。

ユーモア不足について、山口昌男が三十年前に書いている。「その種のユーモアにおいて、日本人の能力がいっそう退化した今日、この種の資質を将来においても恢復するのは容易なことではない……どちらを見ても、狭い情念に埋没し、俺が私がマジメにやっているのだから……という思いこみに発する自己欺瞞（ナルシズム）が、あらゆる場所を覆い、『世界』も見えなければ、『己れ』も見えない日本人を大量に産み出しているように思われる」（「贋学生の懺悔録」『人類学的思考』所収）

記者会見の場にあらわれた、強欲ゴーンに影響されていた日産自動車社長、原発立地高浜町の助役から、金の小判、五十万円のスーツ仕立て券をもらっていた関西電力の社長たち。その顔のつまらなさは、山口昌男のいう、諧謔不足の真面目なナルシストと言うべきか。

電力会社は地域独占、親方日の丸。その社長の無責任性が、東電フクシマ事故を招いた。が、いまなおだれも責任をとっていない。自己批判の精神がないからだ。

（かまた・さとし／ルポライター）

Le Monde

■連載・『ル・モンド』から世界を読む〔第Ⅱ期〕39

歴史を書き換えた政治家

加藤晴久

九月二六日、シラク仏元大統領逝去。享年八六。二八日付『ル・モンド』は一六ページを費やして追悼した。

社説は、一二年間の任期中の成果として、いち早く地球温暖化に警鐘を鳴らしたこと、アメリカのイラク戦争に反対したこと、ケ・ブランリ美術館を創設したことを挙げた。

わたしは（S・クラルスフェルトが書いているように）シラク氏がフランスの歴史を書き換えたことも特筆に値すると思う。

一九四〇年六月、ナチス・ドイツに降伏したペタン元帥率いるヴィシー政権は、対独協力政策の一環として、当時フランスに在住していたユダヤ人約三三万人のうち七万六千人を逮捕し、アウシュヴィッツに移送した。一九四五年五月、ドイツ降伏後に、生還してきたのは二五六六人に過ぎない。

とりわけ、一九四二年七月一六／一七日の両日、パリとその近郊で、フランスの官憲九千人が出動し、一万三千人あまりのユダヤ人（うち子ども四千人、女性六千人）を一斉検挙し、パリ十五区の広大な自転車競技場に収容。数日後、アウシュヴィッツに移送した。この日付はフランスにおけるショア（ユダヤ人虐殺）の記念日となっている。

ところがドゴールからミッテランに至る歴代大統領は、ユダヤ人の逮捕・強制移送は、非正統、不法なヴィシー政権の所業であり、正統なフランス国家とは無縁であると主張してきた。一九八〇年代中頃まで、高校の歴史教科書ではユダヤ人逮捕・強制移送はナチス占領軍の蛮行とされていた。

就任数ヶ月後の一九九五年七月一六日の記念式典で、シラク大統領は、ユダヤ人逮捕・強制移送はフランス国家が犯した罪であり、フランスの歴史と諸価値を裏切る「取り返しのつかない行為」であった、と明言した。

それだけではない。パリ市庁舎の近くにある「ショア記念館」もシラク氏のイニシアティヴで開設されたものだ。ここの人名碑には杉原千畝の名も刻まれている。

シラク氏は三〇日、国葬をもって送られた。

（この稿、一〇月八日執筆）

■連載・花満径 44

高橋虫麻呂の橋（一）

中西 進

幼いころ、同級生にも高橋くんがいたし、別に「高橋」ということばに何の疑問も持たなかったが、すこし物を知りはじめると、このことばの意味が、急に解らなくなった。

橋は道の延長上に引きつづき存在して、何も急に高くなるわけでもない。しかるになぜ橋に、高い低いがあるのか、ふしぎだった。

そして舟橋という地名にも出会い、石橋さん、岩橋さんもいた。ところがそのうち、『万葉集』で「石の橋」に出くわした。歌に言わく「むかしはワシも若くて川も岩を飛び渡って、あの子の許に通ったものだ。あの『石の橋』よなあ」というものだから、橋はすべての正体を明らかにしてくれた。

石橋は頑丈な石造りの橋ではなくて、川の飛び石のことだった。舟橋も舟をつないで板を渡せば川は渡れる。これらはみんな水面を渡る低い橋だ。

とすれば橋げたを組んで空中に架ける橋は、たしかに水面から高だかと見上げることになる。

そうしてこそ、洪水のように水かさを増した川だって平気だし、古代のみごとなハイテクが高橋だったことになる。

高橋くんは福祉に貢献した、えらい祖先をおもちだったのであった。

この造橋技術は、古代日本にあっては当然韓国からの技術集団によって、もたらされたものだったろう。

じじつ、福祉につとめた高僧行基は、多くの農民を動員して、橋を造らせた。ある時は途中で橋がこわれ落ちる危険にも行基はさらされたという。

さてそこで高橋さんの一人、高橋虫麻呂が、万葉歌人の中にいる。だから彼は渡来人系の知性も受けついでいただろうし、高橋氏はもと天皇の食膳に奉仕した一族が改称したとも伝えるから、朝廷奉仕の役目もあって、虫麻呂は万葉歌人の一人になったのかもしれない

故意か偶然か、彼は橋をめぐる歌をうたう。それがまた、おもしろい。虫麻呂の橋とは何か。すこし考えてみよう。

（なかにし・すすむ／国際日本文化研究センター名誉教授）

〈連載〉生きているを見つめ、生きるを考える 56

一人一人に応じてつくられ、はたらくタンパク質

中村桂子

私たち人間の体をつくっているのは主として水と脂質であり、次いでタンパク質が全体の一五％を占める。タンパク質は、種類が多いのが特徴で、一〇万種類とも言われる。そこで、私が勉強した頃の教科書には、タンパク質の生成を指令する遺伝子は一〇万ほどあると書かれていた。ところが、ヒトゲノムを解析したところ、それが約二万二〇〇〇個とわかったのである。ショウジョウバエの遺伝子数が一万二〇〇〇個なので、それとあまり違わない数に、信じられないという顔をした仲間が多かった。

しかし、この事実は生きものの特徴を教えてくれる。私たちの体は、一つの遺伝子の指令で一つのタンパク質ができてきまったはたらきをする、という固いものではないのである。ゲノムの中にはタンパク質の構造をきめる部分よりもはるかに多くの「タンパク質のつくり方やはたらき方を調整する役割をする部分」があることもわかってきた。さまざまな遺伝子が周囲と関わり合いながら今必要なことを行なうシステムが見えてくる。

私たちの体内ではたらくタンパク質は、このようなヒトゲノムの指令に従ってつくられ、はたらき方をきめられることになる。外からとり入れたタンパク質をそのまま使うことはない。さまざまな結合組織にあるコラーゲンは、美肌になるなどと言われるが、残念ながら経口で入ったタンパク質がそのまま用いられることはない。

タンパク質の摂取が重要であることは事実だが、それは自分のタンパク質をつくるためのアミノ酸摂取なのである。アミノ酸には体内で合成できる可欠アミノ酸と、外から摂取する必要のある不可欠アミノ酸がある。どちらも体にとって同じように重要だが、リシン、ロイシンなどの後者はヒトでは八種あり、体内で合成できないので摂取が不可欠なのである。

近年、魚や甘いものなどの好みが遺伝子に関わることなども見出され、タンパク質の摂取と健康との関わりという基本の基本も、一人一人を対象に判断する必要が指摘され始めている。

（なかむら・けいこ／JT生命誌研究館館長）

連載 国宝『医心方』からみる 32

コンニャクの身体の内外への薬効

槇 佐知子

冷えこんでくると、鍋物が恋しくなる。鍋の具にはいろいろあるが、鍋物に欠かせないものの一つにコンニャクがある。

スキヤキに必ず添えられるのがシラタキ、山形の蔵王の山頂で食べたコンニャクだんごの味も忘れられない。また、郷里静岡おでんの黒はんぺんと、鰯の粉末をまぶした三角形のコンニャクや、甘い味噌だれをたっぷりつけたコンニャクの味もなつかしい。

近年、ダイエット食品として注目されているコンニャクは、サトイモ科多年草で、三年めの球形の地下茎を粉末にして水で練り、石灰液を加えて熱湯で茹でたもので、主成分はマンナンである。

コンニャクを食用にするのは中国の一部とミャンマー及び日本といわれている。日本の栽培地として有名なのは、群馬県の下仁田《しもにた》である。

『医心方』巻三十食養篇では、五菜部の35番めに蒻頭《じゃくとう》・和名古尓也久《コニャク》が登場する。

○五味の辛《しん》に属し、性は寒、有毒である。

○癰腫《ようしゅ》（からだの表面にできる外癰と、からだの内部にできる内癰がある）や風毒（先端が赤く腫れて疼痛し、急に高熱が出て膿をもち、灼けつくように熱い症状を呈するもの。風毒腫）を主治する。後者の場合は〔根茎を〕磨《す》りつぶして、腫れた部分につける。

○〔根茎を〕搗《つ》き砕き、灰汁《あく》で煮て餅状にし、味を調えて食べれば消渇《しょうかち》を主治する。

〔『本草拾遺』〕

現在では消渇を糖尿病と同定しているが、当時の消渇は石薬の副作用による泌尿器病も含んでいた。現代の国民病といわれている糖尿病患者や、環境汚染、食品公害に悩む現代人にとっては朗報である。栄養はないが、便秘にも役立つ。

なお同書は「蜀国や呉国に自生し、葉は半夏《はんげ》（サトイモ科カラスビシャク）のようで根は椀のよう。日蔭の湿地に生える。一名蒟蒻《こんにゃく》……そのまま食べると喉を刺戟し、出血する」と注意している。

（まき・さちこ／古典医学研究家）

十月新刊

名優であり最後の文人、没十年記念!

全著作〈森繁久彌コレクション〉 全5巻

内容見本呈

推薦 石原慎太郎／稲盛和夫／老川祥一／岡田裕介／加藤登紀子／黒柳徹子／堺正章／玉井義臣／野村正朗／橋田壽賀子／橋本五郎／松本白鸚／萬代晃／山田洋次／由井常彦／吉永小百合

1 道——自伝　発刊

「文人」の家に生まれ、演劇の世界へ。新天地・満洲での活躍と苦難の戦後、新しい日本へ。〈付〉前史（楠木賢道）／年譜／系図他　〈解説〉**鹿島茂**

〈月報〉草笛光子／山藤章二／加藤登紀子／西郷輝彦　口絵8頁

四六上製　六四〇頁　**二八〇〇円**

なぜニッポンは、フランスに恋い焦がれてきたか?

"フランスかぶれ"ニッポン

口絵8頁

橘木俊詔

文学、絵画、音楽、建築、バレエ、映画、ファッション、料理などの文化・芸術、哲学、ケネーからピケティに至る経済学……名著『格差社会——何が問題なのか』の著者であり、自身もフランスにかぶれた経済学者が、フランスの魅力を博捜し、"フランスかぶれ"として在ることの栄光と悲哀を浮き彫りにする意欲作。

四六上製　三三六頁　**二六〇〇円**

子どもを考えることは、未来を考えること

中村桂子コレクション いのち愛づる生命誌 全8巻

4 はぐくむ 生命誌と子どもたち

［第3回配本］

「生きる」を"科学""日常"の両方を備えたまなざしで捉え、やさしい言葉で語りかけてきた中村桂子。「啓蒙」「教育」でなく「表現」、「人づくり」でなく「ひとなる」として、子どもたちと向き合う。

〈解説〉**髙村薫**　口絵2頁

〈月報〉米本昌平／樺山紘一／玄侑宗久／上田美佐子

四六変上製　二九六頁　**二八〇〇円**

最近の重版より

戦後行政の構造とディレンマ〈2刷〉
【予防接種行政の変遷】
手塚洋輔
四六上製　三〇四頁　**四二〇〇円**

ルーズベルトの責任㊦〈5刷〉
【日米戦争はなぜ始まったか】
Ch・A・ビーアド
開米潤＝監訳　阿部直哉・丸茂恭子＝訳
A5上製　四四八頁　**四二〇〇円**

「雪風」に乗った少年〈2刷〉
【十五歳で出征した「海軍特別年少兵」】
西崎信夫　小川万海子編
四六上製　三三八頁　**二七〇〇円**

ディスタンクシオンⅠ〈21刷〉
【社会的判断力批判】
P・ブルデュー　石井洋二郎訳
A5上製　五一二頁　**五九〇〇円**

〈新版〉**生きる思想**〈6刷〉
【反＝教育／技術／生命】
I・イリイチ　桜井直文監訳
四六判　三八〇頁　**二九〇〇円**

苦海浄土　全三部〈6刷〉
石牟礼道子
四六上製　一一四四頁　**四二〇〇円**

読者の声

国難来■

▼私の祖父は若き時代、早稲田大学の前身校に学びました。ジャーナリストになり、後藤新平との出会いがあって、その援助で米国イリノイ大学に留学させてもらい、政治学士を修了して戻りました。

そしていろいろ『萬朝報』や『都新聞』などを経て読売報知に入社。論説部長までなりましたが、東京大空襲で二度も被災。二度目に行先不明になりました。後藤新平によって守られていたのに無差別攻撃の犠牲になりました。それで『国難来』を読んでみたくなりました。

（福島　**櫻井淳司**）

▼中間層の我らは、百年前、後藤新平が描き出した「国難」と同様な状況の真只中に晒されている。

憂国心のない、「奉仕」の心もこれっぽっちもない、平気でウソをつき、全く本気で改心しようとしない、正に国政や外交を私物化した安倍のお友達「我党内閣」は「大々国難来」と診る。

これを書いてる最中、組閣にお励みだろう。それはさておき、三章の中で、後藤新平が生涯の師とした熊沢蕃山に関して多々語られているところも良かった。

熊沢蕃山の解説書、楽しみに待ちます。

（島根　総合診療医　**小松健治**　75歳）

▼後藤新平が、今よみがえるとは、日本の近代史にどれほど穴があいているかを教えられますね。小生の名は高野長英と同じこともあって、子どものころからからかわれて来ましたが。

（東京　**塩田長英**）

転生する文明■

▼5G社会への岐路の真っ只中で、興味ある内容、楽しみに、読ませて頂きます。（千葉　会社員　**橋田栄二**）

▼専門性の高い内容を私達にもわかるように書いてあり、興味深く読ませていただきました。文明は移動しながら、すべてがすべてと繋がり、互敬が互恵であった時代があった。今の時代にこそ読むべき書だと思いました。（愛知　**天野清子**　75歳）

▼今回は『転生する文明』を久しぶりに大きな好奇心を持って短時日のうちに読了しました。

日本は島国ですから、東西南北からいろんな人々が集まったことや、昔の人は勇敢に荒海をこえて各地に独特の文化を生み出したことが、よくわかりました。著者の服部英二先生の文章もわかりやすく、品格を感じました。これで、生涯を通じて楽しめる書物がふえたので、嬉しく思っております。

（宮城　元ピアノ教師　**橋本宗子**）

別冊『環』㉕　**日本ネシア論■**

▼貴重な特集でよかった。

価格といい、内容といい、売れる本ではないと思われるが、刊行される心意気に頭が下がる思いです。

（東京　日本大学法学部教授　**賀来健輔**　55歳）

長崎の痕《きずあと》■

▼二〇一九年八月一九日、夕方六時からのＮＨＫラジオの放送で、この本の内容が紹介されたので。（一九四五年三月、家を焼かれる。七月、父死亡（爆死））。（**老眠人**）

▼モノクローム写真の印刷がすばらしい。

（福岡　フォトマッサージ（写真塾）主宰　**松村明**　72歳）

兜太 vol.2■

▼『兜太』は素晴らしい俳誌ですね。あちこちの「俳句大賞」に応募していますが、完全に満足するものが有りません。この雑誌の発刊を、心よ

り歓迎します。兜太の俳句は誰も真似出来ない真性の俳句です。現代俳人の多くは、人間の本性を表現せず、技巧に走り過ぎます。師と仰ぎたい俳人が居ない事が残念です。
　願はくは『兜太』が長く刊行出来ます様に！（京都　**中村久仁子**　63歳）

芸の力■

▼私は常に野村四郎先生に憧れ、尊敬しております。先生のお謡は聞いていて何とも云えない感動と御修行の深さを感じます。金春禅竹の六輪一露に「遣りて遣りて重ねて遣る。遣べき処有ることなし。空々にして又空す。空すべきものを見ず」と云う文言があり、先生はその境地におられるのではないでしょうか。これからも先生の御精進と空の位をきわめられますよう祈っております。（京都　**中村昭二**　92歳）

▼舞台で拝見しているお二人の対談に共感する所がたくさんあって、自身の画業にも心掛けようと思います。笠井氏の注（同じページにあるのが見やすい♪）や解説もすばらしいです！
（東京　日本画家、教師　**小田切恵子**　66歳）

▼観世流の謡曲と仕舞を稽古しているので、参考になる。おもしろくてよかったです。
（高知　会社員　**宮川和幸**　60歳）

機■

▼長岡技科大学院生として学ぶ孫が、『機』を読んで、D・ラフェリエールの本を二冊、自分で選んで買ったからと夏休みに帰省して、私に「読んでみて」と持参、とても嬉しく思いました（ちなみに彼の選んだ本は、『吾輩は日本作家である』『ニグロと疲れないでセックスする方法』でした。私はこの作家を読んだことがなく勉強させて頂きました）。毎月『機』を読んでいる……同じ視点で世の中を観ていてくれると思うと、幸せな婆です。私はもうすぐ彼岸の人となりそうですが、何かが伝わっていくだろうと、希望がもてました。今後共よろしくお願いいたします。日々不穏な世の中（世界中）、貴社の御永続を祈ります。（神奈川　**池本美子**）

※みなさまのご感想・お便りをお待ちしています。お気軽に小社「読者の声」係まで、お送り下さい。掲載の方には粗品を進呈いたします。

書評日誌（九・一〜一〇月号）

(書) 書評　(紹) 紹介　(記) 関連記事
(テ) テレビ　(ラ) ラジオ　(イ) インタビュー

九・一　(書)熊本日日新聞「ヒロシマの『河』」（「新著の余禄」／「平和運動の原点生きた劇作家」／堀川惠子）

九・八　(記)長崎新聞「長崎の痕」（「水や空」）／（「写真展開催中大石さん講演」）／「『怒りの長崎』取材で実感」／山口恭祐）

九・二三　(記)「毎日新聞」『兜太』vol. 1〜3（「金子兜太さん生誕百年祭」／「少年期過ごした皆野で23日」／「映画上映やトーク、カフェ施設も」／松山彦蔵）

九・二四　(記)「埼玉新聞」『兜太』vol. 1〜3（「俳句の巨人しのぶ」／「皆野で金子兜太百年祭」／「改修の生家で演奏会」／桜井和憲）

(記)「朝日新聞」『兜太』vol. 1〜3（「生誕100年　金子兜太さんの足跡語る」／「出身地・皆野で」／原裕司）

九・二六　(記)産経新聞［全著作〈森繁久彌コレクション〉発刊記念シンポジウム］（「産経書房」／「森繁久弥さん没後10年　著作集刊行へ」）

(記)読売新聞（夕刊）［全著作〈森繁久彌コレクション〉発刊記念シンポジウム］（「よみうり抄」）

一〇月号　(記)東京人「詩情のスケッチ」（「指揮者の魔法術」／苅部直）

『全著作〈森繁久彌コレクション〉』(全5巻) 発刊記念シンポジウム

今、森繁久彌を語る

二〇一九年 十月十八日(金)午後6時 於・有楽町朝日ホール

俳優としては勿論、「知床旅情」の作詞・作曲家、歌手としても知られる森繁久彌さんの懐かしい歌声「月の砂漠」「ゴンドラの唄」等が流れる会場。森繁さんの幼少期から晩年までの写真を、ご子息の森繁建《たつる》氏が紹介。愛するヨットとともに写された貴重な一枚も。

シンポジウム、**宝田明氏**(俳優)は共に満洲から引揚。「アドリブのように見えてアドリブでない凄い演技」。『知床旅情』を歌う**加藤登紀子氏**(歌手)「娘のように可愛がってもらった」。**大宅映子氏**(評論家)は父壮一氏からの縁。「素人にも喜んで『銀座の雀』歌唱指導をしてくれた」。**小川榮太郎氏**(文藝評論家)「テレビ『忠臣蔵』吉良上野介役に圧倒」。「蘆火野」で一緒の舞台に立った**小野武彦氏**(俳優)「幼馴染みの父、そして俳優の先輩」。コーディネーターは**橋本五郎氏**(読売新聞特別編集委員)。最後に森繁建氏から御礼の挨拶。(記・編集部)

ハイチ出身ケベック作家、仏アカデミー・フランセーズ会員

ダニー・ラフェリエール氏来日!

二〇一九年 十月五日(土)〜九日(水)

『ニグロと疲れないでセックスする方法』『エロシマ』……タイトルだけでも興味をひかれる作家ラフェリエール氏。二〇一一年の震災直後の来日に続き、二度目の来日があった。アカデミー・フランセーズ会員である氏の滞在期間は限られていたが、自伝『書くこと生きること』(小倉和子訳)出版直後の好機だった。

六日(日)午後は立教大学での日本ケベック学会に参加、立花英裕氏と対談。「亡命は特別なことのようだが、空間でなく時間で考えれば、誰もが子供時代に戻ることはできない、亡命者である。作家は戻ることができるが、それは記憶ではなく創造。しかし嘘ではない」。

七日(月)夜は日仏会館でリービ英雄氏(作家)と対談。日本出身でなく日本文学と向き合ってきたリービ氏と、日本に行ってもなければ日本語話者でもなく『吾輩は日本作家である』を書いた作家との対話は、翻訳や俳句をめぐって大いにはずんだ。

「日本語に訳された私の本は、日本の文学に属すると考えてほしい」(『読売新聞』20日)。(記・編集部)

十二月新刊予定

＊タイトルは仮題

ブルデュー社会学の集大成！

〈ブルデュー・ライブラリー〉

世界の悲惨Ⅰ（全３分冊）

ピエール・ブルデュー編

監訳＝櫻本陽一・荒井文雄

ブルデューとその弟子二三人が、五二のインタビューにおいて、ブルーカラー労働者、農民、小店主、失業者、外国人労働者などの「声なき声」に耳を傾け、その「悲惨」をもたらした社会的条件を明らかにする。社会的分断の激化の実相を浮き彫りにし、現代における国家の役割を再焦点化した、ブルデュー最後の〝主著〟にしてベストセラーの完訳版。

現代フランス最高の哲学者の主著、遂に完訳！

存在と出来事

アラン・バディウ

訳＝藤本一勇

革命・創造・愛といった「出来事」を神秘化・文学化から奪還し、集合論による「存在」の厳密な記述に基づいて、「出来事」の出来の必然性を数理的に擁護する。アルチュセールの弟子であり、フランスで現役最長老にして最高の哲学者バディウが、数学と哲学の分断を超えてそのラディカリズムの根拠づけを企図し、以後の思弁的実在論への途を拓いた最重要文献が、ついに完訳。

生死の根源を問い詰める画家の深奥に迫る！

刻む。

鉛筆画の鬼才、木下晋自伝

木下　晋　城島徹・編著

人間に意味はあるか、私はなぜ生きるか。芸術とは何か。ハンセン病元患者、瞽女、パーキンソンを患う我が妻……極限を超えた存在は、最も美しく、最も魂を打つ。彼らを描くモノクロームの鉛筆画の徹底したリアリズムから溢れ出す、人間という存在への拒絶と根源的な肯定。極貧と放浪の少年時代から現在までを語り尽くす。

木下晋『自画像』一九八三年

〝最後の文人〟森繁久彌さん没10年記念

全著作〈森繁久彌コレクション〉全5巻　内容見本呈

②人──芸談

森繁久彌　〈解説〉松岡正剛

「芸人とは芸の人でなく芸と人ということではないかと思い始めた。人が人たるを失って、世の中に何があろう。」（本文より）

「芸」とは、「演じる」とは。そして俳優仲間、舞台をともにした仲間との思い出など。　［第2回配本］

〈月報〉小野武彦／大宅映子／伊東四朗／ジュディ・オング

画・山藤章二

11月の新刊

タイトルは仮題、定価は予価。

都市と文明Ⅰ ＊（全三分冊） 発刊
文化・技術革新・都市秩序
P・ホール 佐々木雅幸監訳
A5上製 六七二頁 口絵16頁 六五〇〇円

大陸主義アメリカの外交理念 ＊
Ch・A・ビーアド 開米潤訳
四六上製 二六四頁 二八〇〇円

ベルク「風土学」とは何か ＊
近代「知性」の超克
A・ベルク＋川勝平太
四六変上製 二九六頁 三〇〇〇円

崩壊した「中国システム」とEUシステム ＊
主権・民主主義・健全な経済政策
F・アスリノ／E・トッド／藤井聡／田村秀男 他 編＝荻野文隆
四六上製 四〇八頁 三六〇〇円

12月以降新刊予定

世界の悲惨（全三分冊） ＊ 発刊
P・ブルデュー編
監訳＝櫻本陽一・荒井文雄

存在と出来事 ＊
A・バディウ 藤本一勇訳

全著作〈森繁久彌コレクション〉
2 **人——芸談** ＊（全5巻）
〈解説〉松岡正剛 口絵8頁
月報＝小野武彦／大宅映子／伊東四朗／ジュディ・オング 内容見本呈

刻む。 ＊
鉛筆画の鬼才、木下晋自伝
木下晋 城島徹・編著

消えゆくアラル海
石田紀郎

公共論の再構築
経済は「私的」領域か？
東郷和彦・中谷真憲ほか

近代的家族の誕生
天皇制・キリスト教・慈善事業
大石茜

サブシステンス・パースペクティヴ
グローバル・エコノミーを超えて
M・ミース＋V・ベンホルト＝トムゼン
古田睦美監訳
サブシステンス研究会訳

好評既刊書

全著作〈森繁久彌コレクション〉
1 **道——自伝** ＊（全5巻） 発刊
〈解説〉鹿島茂 口絵8頁
月報＝草笛光子・山藤章二・加藤登紀子・西郷輝彦 内容見本呈
四六上製 六四〇頁 二八〇〇円

〝ブランスかぶれ〟ニッポン ＊
橘木俊詔
四六上製 三三六頁 口絵8頁 二六〇〇円

中村桂子コレクション いのち愛づる生命誌（全8巻） ＊
4 **はぐくむ** 〈解説〉髙村薫
生命誌と子どもたち 口絵2頁
月報＝米本昌平／樺山紘一／玄侑宗久／上田美佐子 内容見本呈
四六変上製 二九六頁 二八〇〇円

いのちの森づくり
宮脇昭自伝
宮脇昭
四六変上製 四一四頁 口絵8頁 二六〇〇円

メアリ・ビーアドと女性史
日本女性の真力を発掘した米歴史家
上村千賀子
四六上製 四一六頁 口絵8頁 三六〇〇円

＊の商品は今号に紹介記事を掲載しております。併せてご覧戴ければ幸いです。

書店様へ

▼映画「夫婦善哉」や、舞台「屋根の上のヴァイオリン弾き」等で知られる名優・森繁久彌さんの没10年を記念し、森繁さんの文筆家としての全貌を明かす**『全著作〈森繁久彌コレクション〉』**（全5巻）が発刊！ 著作23冊を五つのテーマに再構成し、解説は鹿島茂さん、松岡正剛さんらの豪華執筆陣。11／2（土）『読売』「五郎ワールド」欄で橋本五郎さんが早速大絶賛。発刊パブリシティ、続々乞うご期待！▼10／20（日）『読売』「本よみうり堂・著者来店」でダニー・ラフェリエールさんインタビュー。最新刊**『書くこと 生きること』**ほか、**『ニグロと疲れないでセックスする方法』**、**『ハイチ震災日記』**を紹介。▼10／5（土）『朝日』読書欄「ひもとく」で山下範久さんが、8月に亡くなった米社会学者・歴史学者のイマニュエル・ウォーラーステインさんを追悼。**『知の不確実性』**、**『脱＝社会科学』**を紹介。▼10／21（月）『読売』文化面で**『資本主義の政治経済学』**著者ロベール・ボワイエさんインタビュー。在庫のご確認お願いします。（**営業部**）

出版随想

▼十一月に入り、今年も余すところ二ヶ月を割った。この所、夏の暑さが長引き十月まで暑い日が続き、秋晴れの日はめっきり減った。しかも今年は、九月から十月にかけて、台風がこれでもかこれでもかと東日本を広範囲に集中して襲い、復旧作業は大変だ。東日本大震災以上の被害との報もある。災害大国日本は、これからどうなるのだろう。先人の知恵の助けを借りねばならない。明治以降の急速な近代化、西洋化の下に、それ以前の学問や生活を排してきたわが国。この災害にどう対応していけばいいのか。

▼緒方貞子さんが十月二十二日逝去され、メディアも大きく報道した。緒方さんとは、何度かおめにかかっている。一度めは、上智時代の僚友、鶴見和子さんとの対談の席。二度めは、後藤新平の会主催の後藤新平賞授賞式で。三度めは、後藤新平の会に来賓としてご出席いただいた時である。又、上皇后さまともお親しかったので、お誕生会の席上何度かお顔を合わすことがあった。

▼対談でも感じたことだが、緒方さんには、ある強い信念をお持ちで、その信念は世界に開かれた揺るぎないもの、今これを誰かがやらねばならないのなら自分が率先してやる、やり遂げるという静かだが底知れぬ力を感じた。恐らく和子さんも、その迫力を対話の中でも感じておられたに違いない。九歳違いだが、自分は囚われの身、相手は世界中を走り廻り、地球の裏側からも彼女の到来を待ち焦がれている人々が沢山いる。その方が、自分のために大切な時間を使ってくれていることに対して、本当に恐縮しておられた。

▼後藤新平賞授賞の連絡を差しあげた時、「私のような現役が戴いていいの？」と問われた。受賞者は、李登輝元台湾総統、鈴木俊一元都知事ときていたので。「勿論です」と応えて了承されたが、その気の配り方は、一通りではなかった。緒方さんの曽祖父犬養毅と鶴見さんの祖父後藤新平との関係も「外交調査会」設立以来、ただの関係ではなかったが、先のご両人の関係も、学問は言わずもがな、生き方においてもお互いいいライヴァルとして在ったのだろうと思った。ご冥福をお祈りする。合掌（亮）

西田哲学の述語主義——「於てある」

前述のように、近代西洋思想における「我思う、ゆえに我あり」の「我」は個人であり主体であり主語でもある。その原型は「唯一神」であり、神は主体であり主語であり、また「有 the Being」である。それに対して、西田哲学は有=存在を生ぜしめるのは「無」であるとする。近代西洋哲学とキリスト教の関係は、西田哲学と仏教の関係と相似形である。西田幾多郎は禅体験の「純粋経験」を原点にして「先験的我の自覚」における「絶対自由の意志」の認識を経て「一般者」の概念へと思索を深め、大著『一般者の自覚的体系』(『西田幾多郎全集』第五巻)をものし、「場所の哲学」を確立した。

西田の場所の哲学のキーワードは、私見では、「於てある」である。「於てある」というキーワードは「於てある場所」という表現で用いられる。西田はまた「於てある場所」とは「述語面」のことであると強調する。西田哲学は「述語主義」の立場に立つのである。同書の第一論文「所謂認識対象界の論理的構造」(『西田幾多郎全集』第五巻)から述語主義にかかわる関連個所を拾ってみよう

——

「於いてあるものとその場所とが一《いっ》となる」

「場所と於てあるものとの間には、何等かの関係がなければならぬ」

「苟も判断的知識が成立する以上、主語となるものについて述語することが可能でなければならぬ。述語するといふことは、主語が述語に於てあるといふことを意味する、特殊が一般に於てあるといふことを意味するのである」

「概念的知識成立の根底には、特殊が一般に於てあるといふ包摂関係がなければならぬ」

「一般者は自己自身を限定するのみならず、自己自身の限定を内に含むものでなければならぬ。特殊と一般との関係には自の判断の主語と述語との関係を含むと考へざるを得ない。かかる関係を何処までも推し進めて行けば、所謂主語となって述語とならざる個物に至っても、尚述語的一般者に於てある」

「主語的なるものが述語面に於てあるといふことが、知るということである」

「意識を意識するとか、知るものを知るとかいふことは、超越的述語面が自己自身を限定する（場所が場所自身を限定する）といふことから考へられる」（文中のカッコ（）は原文通り）

「述語面が主語的なるものを自己の中に包み込んだと考へられる時、即ち主語が述語の中に没入したと考へられる時、私がある」

「特殊が一般に於てあるといふことが、判断成立の根本条件である」

「或物が私に意識されて居るといふことは、超越的述語面に於てあるといふことを意味する」

「述語面が超越的になるに従って、主語的方面に見られた個物が働くものとなり、更に超越的述語面其物の直接なる自己限定として、所謂知るものとなる」
「判断の根底は客観的なる或物に於てある」
「述語面の底に無限に深い超越的主語を含む」
「判断的知識は述語的一般者の限定によって成立する」
「判断とは、主語が述語に於てあると云ふことであり、その根底に『於てある』と『於てある場所』との関係がなければならぬ」

右に重ねた引用から西田の述語主義のキーワードが「於てある」であることが見てとれるであろう。主語・述語の関係では「於てある物」が主語であり、「於てある場所」が述語となる。特殊・一般の関係では「於てある物」が「特殊」であり、「於てある場所」が「一般」である。それゆえ場所は「一般者」ともいわれる。この論文には、デカルトのコギトに関して、西田が挿入した看過できない一文がある――

「デカルトの cogito ergo sum の sum は主語的存在の意味でなくして、述語的存在の意味でなければならない。その我は何処までも考へる我であって、考へられた我であってはならない。如何にしても判断の主語的方向に於て見ることのできないものであって、而も主語的なるものはすべて之に於てあるものでなければならぬ」

この一文に接したとき私は驚いた。主語主義のデカルト・テーゼを、あろうことか、西田は述語主義の脈絡で読みこんでいるからである。「個人あって経験あるのではなく、経験あって個人あるのである」と『善の研究』で宣揚した西田幾多郎の述語主義はここに極まっている。

述語主義の確信犯ともいうべき西田幾多郎の『一般者の自覚的体系』所収の論文「述語的論理主義」で述語主義は鮮明に打ち出された。若干の引用を重ねると――

「我々の概念的知識は必ず三つの部分から成り立って居る。『於てあるもの』『於てある場所』と両者の媒介者とが区別せられねばならぬ。『於てあるもの』と云ふのが主語と考へられ、特殊と考へられるものであり、場所と云ふのが一般と考へられ、述語と考へられるものであり、判断とは媒介者の一つの形である」

「我々が意識するといふこと、広義に知るといふことは、場所が場所に於てあると云ふことである」

右の引用から見てとれるように、述語主義と場所の哲学のキーワードは「於てある」である。同書の第三論文「自分自身を見るものの於てある場所と意識の場所」は、その長いタイトルにあるとおり「場所の哲学」の宣揚である。そこからも若干の引用をすることで、この点を再度確認しておきたい――

「判断ということは特殊が一般に於てあると云ふことを意味する。判断が成立するには主観的なるものを包む述語的一般者がなければならない。かかる一般者の性質に従って、種々なる意味の概念的知識が成立するのである。私が場所と名づけるものは、かかる意味における述語的一般者を意味する」

「厳密なる意味に於ての概念的知識は判断的一般者が限定されることによって成立するのであるが、何等かの意味に於て場所が限定せられ、『於てあるもの』が限定せらるかぎり、概念的知識が成立する」

「一般概念とは自己によって自己を限定し、限定せられた自己を含む場所となるものである。一般概念の一般と云はれる所以はその場所となるにある」

「自己自身を限定する一般概念は『於てあるもの』、即ち『有るもの』と之等のものを包む場所と、媒介作用とから成り立って居る」

「述語的超越によって、判断的一般者が自己自身を越えて自覚的一般者に至り、象徴的意識によって更に自覚的一般者が自己自身を越えて自己自身をみるものの場所に至る」

こうした述語主義の思想を含む『一般者の自覚的体系』は西田哲学の完成形である。西田は一九四五年に亡くなるが、最晩年の生前最後の年に書かれた論文「場所的論理と宗教的世界観」(一九四五年)には、主語・述語の関係についての記述がある。この論文から西田における「述語の哲学」の最終形を紹介しておきたい――

「物があると云うことは如何なる義であるか。アリストテレスは主語となって述語とならないもの、即ち個物を真の実在と云った。ライプニッツ的に云えば、それは主語に於て無限の述語を含むと云ふことであろう。併し我々の自己は、かういう意味に於て有と考へられるのでもない。……我々の自己とは、先づ自己自身の述語となるものでなければならない、否、自己自身について述語するものでなければならない」

「主語的に限定せられるものは、述語的一般者の自己限定として、考へられる」

「主語的有にたいして述語的有と云ふものを考へることができる」

「すべてのものを、場所的有の自己限定として見ることができる。我々の自己の存在と云ふのは、かかる立場に於ての有である。述語的場所の無尽的自己同一的中心として、我々は我々の自己と云ふものを考へるのである」

「判断作用的立場から云へば、何処までも自己の中に主語的自己限定を含む述語的有である。アリストテレスの何処までも主語となつて述語とならない主語的有に対して、何処までも述語となつて主語とならない述語的有と云ふことができる」

「我々の自己は、述語的一般者の自己限定として自己自身に於て見る」

「我々の自己の存在は、述語面的と考へられねばならない。述語面的なるものが自己自身の中に主語的なるものを含む」

「我々の自己は、何処までも述語的自己限定としての有である」

「我々の意志とは、主語的なるものが、述語面を破つて、逆に述語面に自己自身を限定するところにある」

「我々の自己は何処までも述語的自己限定として主語的なるものを内に含むものでなければならない」

「我々の自己は何処までも述語面的自己限定として理性的なると共に、何処までも主語面的に之を否定する所に、自己自身の存在を有つ」

「我々の意識作用と云ふのは、述語面的自己限定として成立する」

以上のように述語主義のオンパレードである。ついでに記しておきたいことがある。西田生前の最後のこの論文に鈴木大拙が三度も登場するのである。その箇所を拾っておこう――

「仏教では、金剛経にかかる背理を即非の論理を以て表現して居る（鈴木大拙）。所言一切法者即非一切法、是故名一切法（言うところの一切法は一切法に非ず、このゆえに一切法と名づく）と云ふ。……私は此にも大燈国師の億劫相別、而須臾不離、尽日相対、而刹那不対（おくごうあいわかれて、しゅゆもはなれず、じんじつあいたいして、せつなたいせず）という語を思ひ起すのである」

「我々の自己の根底には、何処までも意識的自己を越えたものはあるのである。これは我々の自己の自覚的事実である。自己自身の自覚の事実について深く反省する人は、何人も此に気附かなければならない。鈴木大拙は之を霊性と云ふ（日本的霊性）。而して精神の意志の力は、霊性に裏附けられることによって、自己を超越すると云って居る」

「大拙は之を無分別の分別と云ふ。霊性とは無分別の分別である」

このように、鈴木大拙の仏教思想と西田哲学はそれぞれの心奥で共振していた。西田にとって大拙は金沢における青少年時代から晩年にいたるまで心の友であった。西田は亡くなる五年前の一九四〇年、大拙の代表作『禅と日本文化』（岩波新書）に序文を寄せ「私は思想上、君に負ふところが多い」（昭和十五年八月）と述べている。二人は生涯の学友であった。

まとめておくと、西田哲学においては、世界とは、主語的世界ではなく、主語をになう主体の生まれる「於てある場所」であり、それは述語的世界である。世界は述語面において主語を超越している。主語となる主体は有であり、有を超越するのは無である。無は主体＝有をはらんでおり、有は無の自己限定から生まれる。無の自己限定が有となって主体となる。無の一般的限定が有であり、有の個別的限定が主体である。主体は無に於いてあり、無という場所に現れるのである。

「於てある」と「としてある」

西田哲学の述語主義のキーワードは「於てある」である。一方、ベルク風土学のキーワードは以下に見るように「としてある」「として見る」とである。まず、「於てある」と「としてある」とを比較しながら、西田幾多郎の場所の哲学とベルク博士の風土哲学の相異を浮き彫りにしてみよう。

西洋の主語主義と日本の述語主義の二項対立を超克するためにベルク博士は r = S/P という風土学の表式を提示している――「r」は reality 現実、「S」は Subject 主語、P は Predicate 述語、S と P を結ぶ「／」は前置詞 as（として）である。この表式を博士は「r（現実）は P（述語）として捉えられたS（主語）である（reality is S as P）」と読ませている――（感想を一言。表式 $r = S/P$ の簡潔さに私は感じ入った。委曲を尽くした説明は煩瑣になりかねない。複雑な思想体系を簡潔な表式に置きかえるのは、簡単なようにみえて、じつは容易なことではない。見事な離れ業であり、フランス人の透明な光に似たエスプリを感じさせられる。表式 $r = S/P$ は主語と述語の両方をふくんでいる。表式は主語主義と述語主義の二項対立を止揚するものである）。

現実の認識にかかわる相反する二つの立場、主語主義と述語主義をそれぞれ表式で示せば、主語主義は $r = S$、述語主義は $r = P$ となる。包摂記号「∨」「∧」を用いて補えば、主語主義は $r = S \vee p$（現実は p を含む S である）となり、述語主義は $r = s \wedge P$（現実は s を孕んだ P である）となる。例文として「私は君を愛す I love you」をとると、主語主義 $r = S \vee p$ では述語の「love you」は主語の「I」に含まれる。「I」の源型は神であり、神はすべてのカテゴリー（愛、真理、慈悲、怒り、そしてロゴス）を包摂している。ゆえに「神即《そく》愛 God is love」である。「神即《そく》愛」であるから述語「君を愛す」は主語に含まれるのである。一方、述語主義 $r = s \wedge P$ では、「君を愛す」は「於てある場所」である述語面における自己限定であり、この自己限定によって有の主語「私」が現れる。述語面における自己限定が有の主語を現出させるのである。ありとあらゆる自己限定（愛す、憎む、怒る、悲しむ……）を可能にするのが述語面である。そのようにすべての有を包摂することのできるのは無である。無の自己限定が有を生じさせるのである。

表式 **r = S/P** の鍵はSとPを結ぶ記号「/」であり、これを博士は「としてある(is as)」と読ませている。「としてある」のが現実だとするベルク哲学と、「於てある」のが実相だとする西田哲学とでは、目のつけどころが異なる。現実は「としてある」のか、それとも「於てある」のか、両者の懸隔は大きい。その懸隔は、日本語のままで比較するよりも、それぞれのキーワードを英語に置きかえてみると際立つ。

「於てある」の英語は be in である。ただ、「ある」を意味する be 動詞は、人称と時制によって am, are, is, has been, was, were, had been 等と変化するので、原形の be 動詞の原意「ある、いる、存在する」を明確にするために exist に置きかえておきたい。「於てある」は exist in である。前置詞 in の用法は、(一) 場所や状況を示す「……の中で」(例文① Mt.Fuji is in Japan)、(二) 運動・動作の方向・方角を示す「……の中へ」(例文② The sun sets in the west)、(三) 所要・経過時間を示す「……のうちに」(例文③ I read the book in a day)、(四) 属性を示す「……に内在して」(例文④ I see a good talent in her) などである。

例文①~④にあるように、in の位置は述語面にある。例文の訳にキーワードの「於てある」を述語面に挿入すると、例文①の主語 Mt.Fuji は「in Japan 日本に於てある」、例文②の主語 The Sun は「in the West 西に於てある」、例文③の主語 I は「in a day 一日に於てある」、例文④の主語 I は「in her 彼女に於てある」となり、主語はいずれも述語面に「exist in 於てある」ことになるのである。主語は述語世界に包摂される。

一方、ベルク博士は、キーワード「としてある」を is as と英語表記しているが、be 動詞の「ある」の原意を明確にするために、ここでも「としてある」を exist as としておく。as は接続詞・前置詞であるが、ベルク博士の as は前置詞である。前置詞 as の後には例えば A book can be used as a pillow（本は枕として使える）のように名詞がくる。表式における主語と述語の読み方は「S exist as P」であるから、主語「本」と述語「枕」は対等に並ぶ。本は枕を包摂できず、枕は本になりえない。両者は別個の物である。異なる物でありながら「本」と「枕」とは二つで一つの世界を形成している。本は枕であり、枕は本である。主語世界と述語世界を二つながら一つの世界に仕立てる。それが記号「/」すなわち exist as（としてある）の効用である。

現実世界の認識について、ベルク風土哲学は exist as をキーワードとすることで、exist in の西田の場所の哲学と決別し、述語主義を脱した。同時に、主語を述語と共立させることで主語主義とも決別した。いや、正確には、両者と決別しながらも、主語・述語を共立させたのである。ヘーゲル流の弁証法でいえば、主語主義と述語主義の対立を止揚したのである。注目したいのは、ベルク博士が as（として）の発想を「見立て」という日本人特有の認識法から獲得したと明言していることである。

「として見る」——見立て

ベルク博士は「見立て」という着想を中村良夫『風景学入門』(中公新書、一九八二年)から得たと述べている。同書第七章『「空」の設計構想』の「見立て」の項で中村良夫は「人間の力を越えた並外れた作品である自然の山河、この完全に自由なるものを人間の設計意図に組み入れる方法が、ただ一つある。それが見立てである」と述べている。中村良夫の解説をまつまでもなく、「見立て」は風景や景観の形容によく使われる。中国の瀟湘八景の見立てとして日本各地に金沢八景、近江八景、遠江八景、深川八景等があり、富士山の見立てとして日本各地に蝦夷富士、津軽富士、薩摩富士等の「見立て富士」があり、ほかに、京都や江戸や東京に見立てた小京都、小江戸、ミニ東京等もあり、庭造りで石を山に見立てたり、池を大海に見立てたり、枯山水の砂模様を小波《さざなみ》や大河に見立てたりする。日本社会で見立ては日常茶飯の表現法である。

「見立て」は人間についても使われる。演劇・映画は見立てを抜きにしては成り立たない。映画『十戒』で主役チャールトン・ヘストンはモーゼに扮した。聴衆は俳優ヘストンを預言者モーゼに見立てる。俳優ヘストンと預言者モーゼは異なる二人の実在である。そのことは誰もが知っているが、一人の人間に二人の存在を見ているのである。主役はヘストンでありモーゼである——これが「見立て」の効用である。

『万葉集』にも見立てがある。例えば元号「令和」の出典になった『万葉集』所収の大伴旅人邸

で開催された「梅花の宴」に収められた三十二首のひとつ

春の野に　霧《きり》立ちわたり　降る雪と　人の見るまで　梅の花散る

梅の花が降りしきる雪と見えるほどに春の野に舞い散っているという意味である。散る花を降る雪に見立てているのである。あるいは、歌聖・柿本人麻呂が天皇を詠った

大君《おおきみ》は　神にしませば　天雲《あまくも》の　雷《いかづち》の上《へ》に　廬《いほ》らせるかも

では、大君は神に見立てられている。謳われている大君は持統天皇もしくは忍壁《おさかべ》皇子である。持統天皇も忍壁皇子も一度かぎりの人生を生きた人間である。人麻呂は持統天皇（ないし忍壁皇子）を神に見立てたのである。

ちなみに「見立て」は往古からの日本人の心の働き方である。最古の用法は『古事記』のイザナミ・イザナギの二神が天降りして「天《あめ》の御柱《みはしら》を見立て、八尋殿《やひろどの》を見立てたまひき」という記述である。同じ個所を漢文で書かれた『日本書紀』では「化作八尋之殿」と記述している。「化作」は「みたつ」と訓読みされる。そのことから八尋殿を実際に建築したのではなく、歌人・国文学の折口信

夫（一八八七〜一九五三年）も演劇学の郡司正勝（一九一三〜九八年）も「想像した」と解釈している（郡司正勝「風流と見立て」『郡司正勝刪定集』第六巻、白水社）。郡司はこうも述べている――「「立てる」というのは無形の精神の働きであって、「人を立てる」「顔を立てる」「男を立てる」の「立てる」で、「家を立てる」といったときは、建築としての建物を立てるということと、無形の家を興すという意の両面性があったのである」。この郡司正勝の指摘にあるように、見立ては古来より日本の思想に血肉化している精神の働きである。

「としてある」から「として見る」へ

ところで、博士の表式 r = S/P は「見立て」の表式になっているであろうか。いや、なってはいない。表式の記号「/」を「として見る」と読むには無理がある。実際、ベルク博士は r = S/P の「/」を「としてある is (exist) as」と読ませている。「見立て」は「として見る see as」である。見立てを表式に組み込むと I see r = S/P（I see r being that S exist as P）となる。すなわち「現実はSがPとしてある、と私は見る」となる。「見る」という行為がなければ、見立ては成立しない。

この点は重要である。SとPという二項のほかに、Sの主語世界とPの述語世界に対して、両方の世界を「見る」という行為が入っているからである。ベルク博士は、「見る」という行為を担う第三項について、講演録の結論部分で概括している。まず英語版から引いてみよう――

Being S as P, reality is necessarily on the move (in trajection) midway between S and P, because this, concretely, always necessitates a third term I, the interpreter of S as P, be it human or non-human or even, as in quantum physics, a purely material device. Concrete reality is neither S nor P, it is the ternarity of S-I-S, i.e. S as P for I. By the same token, reality is neither purely objective, nor purely sujective. But always trajevtive.

この部分の邦文版はこうである——

「PとしてSであるためには、現実はSとPとの間を行ったり来たりするものでなければならない。それには具体的に、SをPとして解釈する第三項である解釈者 interpreter「I」が常に必要になるためである。このIは人間でも人間でないものでもよい。量子物理学でいうなら、純粋な物質実験装置でも構わないのである。具体的な現実はSでもなくPでもなく、第三の存在S–I–P、つまりとIにとってPとしてのSなのだ。同様に、現実は純粋に客体的でもなく、純粋に主体的でもなく、常に通態的なものなのである」

右の文章はベルク風土哲学の要諦である。凝縮して書かれているので、訳者も苦労されたと思われる。文意をとって意訳してみよう――

「現実はPとしてのSである。そこにはSとPの両方を見る第三項「私」の存在が不可欠である。私はまずSを見る、つぎにPを見る、またSを見る、次にまたPを見る、さらにSを見る……このように繰り返し、SとPの両方を見やりながら、《SはPとしてある》と私は解釈する。そのように解釈する「私」という存在がなければならない。SとPのそれぞれを繰り返し見ながら行き来するので第三項の「私」は通態的である。第三項は「私」のように人間であっても、非人間であっても、たとえば量子物理学における観測装置であってもよい。具体的現実はSだけでもPだけでもない。S–I–Pの三位一体である。現実は、Iから見ると、PとしてのSである。同じことだが、現実は客観か主観かのどちらかではなく、つねに通態的である」

右の文章には「ベルク風土学」の根本哲学が凝縮されており、また、それを示す新しい表式が書き込まれている。「S–I–P」である。SとPの間に両者を連繫するIが入っている。Iの左右の記号「–」は「見る」という行為であり、SとPとをIは見る。それが「通態」である。見る行為には現実の物を見るだけではなく、心に浮かぶ心象を見ることもふくんでいる。無形の精神の働きである。この精神の働きが「見立て」である。
ベルク博士は「見立て」の日本文化と、「見立てる」という日本人の心の働きを知って驚いたという。そのことが講演録に記されている——

「東アジアにおいて風景が取り上げられるとき、ある場所が別の場所ともなり、あるいは少なくとも別のある場所として見ることができると知って驚愕した。これは日本語で『見立て』と呼ばれるものである。『見立て』は、その対象あるいはその風景を別のものとして見ることで、芸術や文学の分野において良く知られている」

この邦語版講演録は英文版の一部を省略している。英文の該当箇所を示そう——

My surprise when I discovered that in landscape matters, in East Asia, a place can be another place, or at least be seen as another place. This is what is called in Japanese *mitate*, literally "instituting visually", in other words "seeing as". It consists in seeing such landscape as if it were another one, famous in the arts and letters.

英文中イタリックの*mitate*に続く「literally "instituting visually", in other words "seeing as"」が邦訳で

は省かれている。「見立てる」の英語は seeing as（として見る）であるが、字義通りでは visually（見た目に、視覚的に、見えるように）instituting（立てる）である。注目したいのは「立てる」の英語に博士が institute を用いていることである。その名詞は institution「施設」である。

ここで鋭敏な読者は山内得立『ロゴスとレンマ』における「施設」の概念に思い至るであろう。山内得立は同書で「施設」に一章を割いている（同書第十二章「施設」三二三〜三五一頁）。「施設」は仏教用語で「しせつ」ではなく「せせつ」と読み、「施設《せせつ》せられる」というように動詞としても用いられる。施設《せせつ》は人間が実際に作ったり、仮に作ったり、イメージで作ったり、設計したりするなど、様々な創造の態様を表す概念である。

私がここで邦語版から省かれた英語版の当該箇所に注目するのは、ベルク博士が山内得立の「施設」概念を念頭においているからであり、博士に「見立て」の哲学的基礎を提供したのが山内得立だからである。なお、ベルク博士は「施設」の英語を institution ではなく、「施設」の章にある「いわば絶対的なものが自己限定してそれぞれに具体的な様相を呈することが施設の一般的意味である。例えば寝台と椅子とが乱雑にではなく、よく整頓されて寝室に置かれる如く、先ず設計され次に整頓せられ、よって以て完備せられるからである」という山内得立の文章を引いて、「整序」を意味する array を当てている（感想。確かに、実際に作られたり、仮に作られたり、心の中で作られたり、設計されたり、すなわち施設されると、結果は整頓され、物・像・形となって落ち着く。つまり整序されるから、それを

array としてもよい。だが、施設する行為は institute であり、その名詞「施設《せせつ》」の英語は array よりも institution のほうがよいように思う〕。

それはともかく、「見立て」はベルク風土哲学の鍵概念である。『旧約聖書』「創世記」の記述「神は人を自らに似せて創造した God created man in his *own image* の記述も、神が自分の存在を人間に見立てたと解釈することもできる。英文にすれば God visually instituted that He would exist as Man となる。神と人とは明確に異なる存在であるが、主語の He と述語の Man とは並ぶ。「見立て」は主語と述語を両立させるのである。

論点は「としてある」から「として見る」への移行、すなわち表式 r = S/P から表式 S–I–P への変容は、まさに「ここがロードス島だ。さあ、飛べ」であり、ジャイアント・ステップである。後者の表式には「–I–」が介在する。前述のように r = S/P を博士は reality is S as P と読ませている。この読みに S–I–P の表式を加えた英文は I visually institute that reality is S as P もしくは I see that reality is S as P となる。主語 S も述語 P も私 I を抜きに存在しない。右の一文をさらに短文にすれば I visually institute (or, I see) r of S as P（現実は S が P としてあると私は見立てる）となる。私 I が S と P に介在し通態することで、現実は様々な形・像・物に具体的に施設《せせつ》されるのである。

テトラ・レンマ

「見立て」は（おおかたの日本人にとっては、意外なことに！）西洋の思惟の形式に挑戦する認識方法である。そう直観してベルク博士は一驚したのであった。「見立て」は、西洋の思考の形式「排中律」に対する真っ向からの挑戦であり、排中律と正反対の「容中律」の思惟形式に立っている——ベルク博士の慧眼がそう見抜いた。そう見抜いてベルク博士は（おそらく、飛び上がるほどに！）驚いたのである〔感想。このたびのコスモス国際賞受賞記念講演録の白眉をなすのが「見立て」論ではないか。また「見立て」をテトラ・レンマに結び付けたベルク博士の慧眼に感じ入った〕。

「見立て」に着目することで、ベルク博士は西洋の思惟の形式を超克する東洋のテトラ・レンマの論理に出会うことになったといえるであろう。西洋の思惟の形式は以下の三則である——

同一律 Principle (law) of identity　AはAである。
矛盾律 Principle (law) of contradiction　Aは非Aではない。
排中律 Principle (law) of excluded middle　AはBか非Bかのいずれかである。

これに対して、山内得立は『ロゴスとレンマ』で「西洋文化はロゴスの体系であるのに対し東洋の文化はレンマの方法による」と宣言する。レンマとは「定理」「主題」という意味であるが、山内はギリシャ語の原義にさかのぼって「（実在の）把握」という意味で用いている。

レンマという用語が聞かれることは日本ではほとんどない。そうした中、つい最近になってレンマを正面からとりあげた中沢新一『レンマ学』（講談社、二〇一九年八月）が出た。この好著は『華厳経』――正確には華厳教学を大成した法蔵（六四三～七一二年）の『華厳五教章《けごんごきょうしょう》』――の教義を解説しながら、そこで説かれている「相即相入」「一即一切」「事事無礙《じじむげ》」「法界縁起《ほっかいえんぎ》」などの思想はギリシャ由来の「レンマ」として読み換えられるものであり、かつロゴスを超える科学的知性である、と論じたものである。中沢のレンマ論は（山内得立『ロゴスとレンマ』もそうなのであるが）西洋のロゴス的知性の限界を念頭において新たな光を東洋のレンマ的知性に当てたきわめて重要な作品であるが、難解なところがある。

　そこで、少しかみ砕いて説明してみよう。レンマが日常生活で用いられるのは「ディレンマ」くらいである。ディレンマとは二つの相反したことの板挟みになってどちらとも決められずに進退窮まることである。ディレンマ dilemma の di（ディ）は二つのという意味であり、テトラ・レンマ tetra・lemma の tetra（テトラ）は四つのという意味である。たとえば日本の海岸線の消波ブロックを通称「テトラポッド（tetrapod）」というが、それは四脚ブロックだからである。山内は、「（一）肯定、（二）否定、（三）肯定でもなく否定でもない、（四）肯定でもあり否定でもあるという四つの論であり、それが所謂テトラ・レンマとよばれるものである」と説明している。

　特徴は第三レンマと第四レンマにある。大乗仏教のもともとのレンマでは第三レンマが両是であり、第四レンマが両非（両否）である。その順序を山内得立はつぎのように述べてひっくりかえした――
「(一)肯定、(二)否定、(三)肯定にして否定、(四)肯定でもなく否定でもない場合という順序になっているが、私は第三と第四とを逆にして、両否の論理を第三に置き、両是の立場を第四に置き、そして両否の立場を全論理の中心におきたいと思う。両是の立場は矛盾律によって固く禁ぜられているのにそれが可能なのは、両否の論理によって先き立たれているが故にであり、それなしには両是の見方も成立し得ぬからである。ヨーロッパの論理に於いては判断は肯定か否定の孰れかであり、その外にあり得ぬ。即ちbivalenceが唯一の方式であったが、インドに於いてはこの外に尚二つのレンマがあり、所謂テトラ・レンマ(四論)である。しかもこの両否の論理が「中」の立場を啓くところのものであり、その上に立つことなしには両是の論理も成立することができぬ。第三のレンマはインドの論理の――殊に大乗仏教の論理の出発をなすとともに、その中核をなしているのである」

右に見られるように、山内得立がターゲットにしたのは西洋の思惟の形式であり、その「矛盾律」と「排中律」である。山内得立は、西洋の論理に東洋の第三レンマの「両非」を媒介にして第四レンマの「両是」が成立すると論じて、「容中律」を立てた。同じことだが、排中律をしりぞけたのである。第三レンマと第四レンマとは相俟って容中律となる。山内得立の言葉を借りると——

「西洋の論理は bivalence であって、判断は肯定か否定の孰れか一つであって、その外はない。その外に第三のものはあり得ない、というまさに第三の排中律であった。然るにインドではこの外に第三及び第四の立場があり、これらを共に「中」に入れるならばインドの論理は中を排するものではなく、却ってそれを容認するところの論理である。即ち排中律を逆転して容中律を認める」

という説明になるが、山内の文章は堅苦しい。具体的には、たとえば老子『道徳経』冒頭の「道の道とすべきは常の道にあらず。名の名とすべきは常の名にあらず」は老子ファンの常套句であるが、「名は名であって名ではない」というのは矛盾律に違反している。矛盾律に違反していながら、老子の言葉は日本では（中国でも）通用している。あるいは「是非もなし（是も非もない）」などもよく使われる常套句である。これは排中律に違反している。また『般若心経』の「色不異空。空不異色。色即是空。空即是色」は日本人の多くがそらんじている。色即是空は同一律にも、矛盾律にも、排中律にも違反している。違反していながら万人によって『般若心経』は読みつがれ唱えつがれてきた。そこに働いている論理は第三レンマと第四レンマの「容中律」である。

ついでながら、鈴木大拙が仏教の論理としてよく紹介する「是即非」の「是（肯定）」と「非（否定）」を連繫する「即」について、山内得立はこう説明している――

「即はレンマの立場に於いて直接性をあらわす」
「即とは分たれたものが同時にあり、分たれてあるままに一であることから……両者は区別せられてそこにある。区別せられたままに一つである」
「即は第一に即時であり即刻にある。即時は同時ではない。異時にしてしかも同時なるものである」
「即の論理は両否と両是との関係であって単なる否定と肯定との関係ではない。肯定でもなく、否定でもないからして即ち肯定でもあり否定でもありうるのである。両否から両是に転換することが即の論理」

右の説明は抽象的であるが、鈴木大拙と同じことを言っており、それは第三レンマと第四レンマからなる「容中律」である。山内得立やベルク博士が確信したように、東西を問わず十分に妥当するものである。その妥当性を具体的に説明してみよう。例文を用いる。

同一律「男は男である」

矛盾律「男は女（非男）ではない」
排中律「人は男であるか女であるかのいずれかである」
第三レンマ「人は男でもなく女でもない」
第四レンマ「人は男でもあり女でもある」
焦点は、第三レンマを媒介にした第四レンマの容中律である。男女の性的障害をさすLGBT（レスビアン・ゲイ・バイセクシュアル・トランスジェンダー）のT（Transgender）は、出生時に「男」もしくは「女」と診断された性と、本人が自認する性の不一致のことをいう。かりにAさんが誕生したときに医者から「男」と診断されながら、みずからを女性と自覚していれば、Aさんは「男でもなく女でもない」という自意識とともに「男でもあり女でもある」という自意識をもつであろう。
両性の具有性は見立てを本質とする演劇の常道である。例えば四百年の歴史をもつ歌舞伎は男が女形を演じる一方、百年余の歴史をもつ宝塚歌劇では女性が男役を演じる（ほんの一時期であるが、男性が男役を演じたこともあった）。現在の宝塚歌劇のトップスターは男役である。人気の「ベルサイユのばら」（池田理代子原作）では、女性のトップスターが演じる男役のアンドレやフェルゼンを「男性」と観客は見なしている。劇中のオスカルは複雑であり、女性として生まれながら、逞しい男性として育てられ、凛々しい近衛兵隊長としてふるまうが、心は女性のままのところがあり、勇敢なスウェーデン大使フェルゼンに激しく恋し、また平民出身の幼馴染の兵士アンドレとの別れの場面では女身にかえる。オスカルはトランスジェンダーともいえる。観客はトランスジェンダーを抵抗なく受け入れている。歌舞伎では男を女に見立て、宝塚歌劇では女を男に見立てている。そこには第三レンマと第四のレンマが働いているのである。

理解を容易にするためにトランスジェンダーと宝塚歌劇を例に出したが、すでに一世紀近くも前に、精神分析のフロイト（一八五六〜一九三九年）が「女性的ということ」という表題をもつ論考で人間の両性具有性について「両性具有的性質は有機的生命の非常に顕著な性格であり、それによって有機的生命は無生物とはっきり区別される」と論じている（『精神分析入門』下巻、新潮文庫）。フロイトが言うような生物学的基礎があるかどうかは措いて、精神分析の知見では男も女もそれぞれ両性を具有している。

まとめておくと、第一に、思惟の形式は同一律、矛盾律、排中律だけで成り立っているのではない。第二に、西洋のロゴスの論理を補完するレンマの論理は東洋には古くからある。第三に、容中律は第三レンマ（両非）を媒介にした第四レンマ（両是）であり、それは日常生活でごく普通に使われている。東洋の論理によって西洋の論理を補って完璧な論理にしたのがテトラ・レンマである。ベルク風土学に即していえば、テトラ・レンマは見立ての表式「S–I–P」の理論的根拠である。IがSをPと見立てることで、二つの異なる存在が一つの世界をつくる。ベルク博士流に言えば、Iという「見る存在」にとってSとPとは「通態的」である。

S–I–Pは人間が認識する現実の実相である。とすれば、それは学問においても看取されなければならない。物理学は科学の王者の地位をしめ、「物理学帝国主義」の声もあるほどである。もうひとつの有力な科学である生物学の最先端の生命科学も負けてはいない。PD–1抗体の発見でガン免疫治療に道を開いてノーベル生理学・医学賞（二〇一八年）に輝いた本庶佑《ほんじょたすく》は物理学帝国主義に「ゲノム帝国主義」で対抗している（本庶佑『いのちとは何か』岩波書店、同『生命科学の未来』藤原書店、同『がん免疫療法とは何か』岩波新書）。物理学と生物学の科学に占める地位は高く、「近代西洋の知の範型」を代表する。そこで以下においてS–I–Pと物理学・生物学との関係をそれぞれについて見てみよう。

物理学におけるS–I–P――観測

物理学は理論と検証を二本柱とする。理論は数学によって演繹的におこなわれ、検証は実験・実証・観測などによって帰納的におこなわれる。S–I–Pが物理学にからむのは、物理学の二本柱のうちの実験・実証・観測などによる検証である。微小の素粒子も、宏大無窮の宇宙も、観測――正確には観測機器――を不可欠にしている。観測され確証されなければ、存在していないのに等しく、理論倒れで、真理ではない。科学的真理は観測によって裏付けられなければならないのである。

では、観測は客観的であろうか。「そうとは言えない」という問題がある。いわゆる「観測問題」である。観測問題はミクロの素粒子論の世界で指摘されて久しい。例えば、原子のスピンは上向き状態と下向き状態が重なり合って存在しうるが、人間が観測機器によって粒子を観測すると、スピンは上向きか下向きかのどちらかに収束する。人間が行う観測の影響を受けるのである。ほかにも「シュレーディンガーの猫」は、その例証としてよく挙げられる。箱の中に放射性物質とガイガーカウンターと青酸ガスと猫を入れて蓋を閉める。放射線物質が粒子を出せばガイガーカウンターが感知して、その先端にとりつけた青酸ガス発生装置が作動して猫は死ぬ。蓋を開けるまでは、猫が生きている確率と死んでいる確率は半々である。猫は生きてるのか、それとも死んでいるのか、それは蓋を開けて観測するまで分からない。箱の中の現象が観測の対象であるが、蓋を開けて分かるのは結果だけであり、何がどの時点でどのように起こったのかは箱の中での事象であるから検証できない。

「シュレーディンガーの猫」の示しているのは不確定性である。量子力学でノーベル物理学賞（一九二二年）に輝いたニールス・ボーア（一八八五〜一九六二年）は「光は粒子なのか波動なのか」について二者択一ではなく両方であり、ボーアはそれを「相補性 complementarity」と名づけた。光は粒子でもあり波動でもある。ボーアは母国デンマークの最高勲章を受けたとき、陰と陽、光と闇の相補的な意匠をもつ太極図を紋章に選んだ。陰陽は入れ替わるので、陰でもなく陽でもなく、陰でもあり陽でもある。量子力学の世界では、第四レンマの論理が有効性を発揮するのである。

マクロの宇宙物理学にも観測問題がある。それは、「そもそも、なぜ宇宙がいまあるような形で存在しているのか？」という、そもそも論とかかわっている。観測によって確証されてきた宇宙の法則や物理定数は、人間の知性に即応する条件を満たしている。物理定数がわずかでも異なれば、人間はおろか、生命に必要なエネルギー、太陽系、多種多様な天体からすべての物質を構成する原子にいたるまで形成されなかったであろう。物理学の方程式の計算では、最初に代入する初期値に計算結果は大きく依存している。「ブラジルで蝶が羽ばたくと、テキサスで竜巻が起こる」とはローレンツの言葉であるが、バタフライ効果は初期値のわずかな誤差が計算結果に重大な影響を及ぼすということを意味している。全宇宙は物理定数が「偶然の一致」というには不思議なほど（必然的と思われるほど）に、人間の知性に合致する条件を満たしている。そこから導かれる暫定的な結論は、人間の知性を生むために宇宙は存在してきたというものである。広大無辺の宇宙は人間の知性を生み出すために形成された。そのような考え方は「人間原理（anthropic principle）」といわれる。

「人間原理」によれば、宇宙は知的生命体＝人間が誕生するのにふさわしいように創造された。宇宙の時間は、理論的には逆転する可能性はあるが、そうはなっていない。人間の宇宙観測は記憶され蓄積される。もし、時間が逆方向に進めば、それは不可能になる。時間が過去から未来へと進むのは人間がそのように時間の流れる宇宙しか観測できないからである。人間の知性は観察対象を知性に合致するようにモデル化しているのではないか。人間の知性が観察対象を選択しているのではないか。人間を誕生させるためにビッグバン↓銀河↓恒星↓惑星の一三八億年の時系列があるのではないか。人間の知性に収斂《しゅうれん》するように物理法則は働いているのではないか。物理法則に意志があるとすれば、その意志は、人間の誕生と知性の形成を目的にしており、宇宙の物理法則は知的生命体を生むように設計されたのではないか。これら一連の疑念に「そのとおり!」と肯定するのが人間原理である。

現代物理学の人間原理に接して想起されるのは『聖書』「創世記」における創造主の言葉である

「神、言いたまひけるは、我らに象《かたど》りて、我らの像《かたち》のごとくに我ら人を造《つく》り、これに海の魚と天空の鳥と家畜と全地と地に匍ふところのすべての昆蟲《はふもの》を治《おさ》めしめんと、神、その像《かたち》のごとくに人を造りたまへり。すなはち、神の像《かたち》のごとくに、これを創造《つく》り、これを男と女に創造《つく》りたまへり。神、彼らを祝し、神、彼らに言いたまひけるは、生めよ繁殖《ふ》えよ、地に満てよ、これを服従《したがは》せよ、また、海の魚と天空の鳥と地に動くところのすべての生物を治《おさ》めよ。神、言ひたまひけるは、視《み》よ、我全地の面《おもて》にある種のなるすべての草蔬《くさ》と、種ある木実《このみ》のなるすべての樹とを汝《なんじ》らに与ふ、これは汝らの糧《かて》となるべし、また地のすべての獣と天空の鳥および地に匍ふすべての物など、およそ生命《いのち》ある物には、我、食物としてすべての青き草を与ふと、すなわちかくなりぬ。神その造《つく》りたる物を視《み》たまひけるに、はなはだ善《よ》かりき」

神は世界を人間のために創造した。そう神は宣言する。創造主は人間に認識の能力、特に学問的認識の「知性」という能力を賦与したのである。聖書の言葉《ロゴス》は現代物理学の人間原理と共振していないか。物理学の方程式は神の言葉《ロゴス》を科学の法則に変えたものではないか、物理学はキリスト教神学の鬼子ではないか、こうした疑念を私は払拭できない。なお、人間原理の最新の解説については松井孝典『文明は〈見えない世界〉がつくる』（岩波新書、二〇一七年）が参考になる。

宇宙が観測する人間を見込んで創造されたとすれば、人間は宇宙の生成から人間の誕生までを解明できるのは当然である。原理を数学によって究め、それを観測で確かめれば、宇宙の歴史は解明できる。観測する人間は宇宙の生成を知ることのできる知的生命体である。人間は数学的知性によって物理法則を立てる。ただし、法則の確定には観測が不可欠である。そこには観測問題が横たわっている。ベルク博士の表式S–I–Pでいえば「–I–」がかかわっているのである。

留意しておくべきことは、「S–I–S」における見る主体の「I」は、私ひとりではないということである。ニュートリノを小柴昌俊（二〇〇二年ノーベル物理学賞）が発見し、ニュートリノに質量があることを梶田隆章（二〇一五年ノーベル物理学賞）が発見したが、正確にいえば、発見に導いたのはスーパーカミオカンデに設置された光電子増倍管という観測装置である。また、二〇一七年の重力波を発見したのは地球の上空五〇〇kmの人工衛星「フェルミ宇宙望遠鏡」であり、その映像は世界中で共有された。最近では二〇一九年春、五五〇〇万光年のかなたのM87銀河の超巨大ブラックホール（太陽六十五億個分の物質の集合）の撮影に成功した。それを可能にしたのは国立天文台もメンバーとなった日米欧の国際共同研究チームが八台の電波望遠鏡を組み合わせた仮想の地球サイズの巨大望遠鏡である。観測データから再現された画像は万人の見るところとなった。

まとめておくと、表式S–I–Pにおける見る行為の主体「I」は、私ひとりではなく、複数の我々であり、そこに観測装置や観察機器でもある。見る主体があって見られる客体が姿を現す。主体と客体は二つながら一体である。

生物学におけるS–I–P——観察

科学に主観は入ってはならない。擬人主義 anthropomorphism を科学者は忌避する。擬人化とは人間でないものを、あたかも人間であるかのように見立てることである。生物学は観察を不可欠としている。方法は肉眼、望遠鏡、顕微鏡など対象によって異なるが、観察は生物学の基本である。身近な動物であれば、観ていること自体が楽しいであろう。その生態を知ることができれば嬉しいであろう。生態の謎を解ければ感動があるだろう。それは細胞や酵母のような顕微鏡でしか見えない生物についても同様であろう。類縁の近い生物は人間に見立てやすい。人間に見立てて観察すれば、主観が入る。そうすると観察結果の客観性の保証がなくなる。

では、生物の観察は主観と無縁なのであろうか。先に生物学のダーウィンと今西錦司を対比したが、両者の生物観の対比を念頭におきながら、ダーウィンの古典『種の起原』(岩波文庫)の序言の一節に注目したい。そこに「見立て」にかかわる見逃すことのできない文章がある——

「つぎの章(第三章)では、世界じゅうのすべての生物において高い幾何級数比で増殖する結果おこる〈生存闘争(生存競争)〉が取扱われる。これはマルサスの原理を全動植物界に適用したものである。どの種でも生存していかれるよりもずっと多くの個体がうまれ、したがって頻繁に生存競争がおこるので、なんらかの点でたとえわずかの有利な変異をする生物は、複雑でまたときに変化する生活条件のもとで生存の機会によりめぐまれ、こうして、自然に選択されるヽヽヽ」

このように、ダーウィンはみずからの進化論の「生存競争」の概念をマルサス(一七六六〜一八三四年)の『人口の原理』(岩波文庫)から得たと告白しており、右の序言をこう結んでいる——「私は〈自然選択〉が変化の主要な方途ではあるが唯一のものではないことをも、確信しているのである」と。

マルサスの人口原理はよく知られているだろう。マルサス自身の説明はこう述である——「私は、人口の増加力は、人類のために生活資料を生産するべき土地の生産の力よりも大きいと主張する。人口は、制限せられなければ、幾何級数的に増加する。生活資料は算術級数的にしか増加しない」。このマルサスの原理を生物の原理にしたのが自分の進化論だ、とダーウィンは告白しているのである。

ダーウィンは、生物界の自然淘汰の原理〈生存競争〉を人間界のマルサスの人口原理〈生存競争〉から得たと明言している。それが何を意味するかといえば、ダーウィンは人間社会の原理を自然界の原理に見立てたということである。生物界を人間界に見立てたというのは、同じことだが、生物界を擬人化したのである。もっともダーウィンはそれが科学的に見て正しいかどうかは「主要な方途ではあるが唯一のものではない」と断ってはいるが。実際、マルサスの『人口の原理』はマルクス『資本論』で根拠薄弱として完膚無きまでに批判されているのである。

擬人主義を生物学に自覚的に用いたのは、戦後京都学派の今西学派の霊長類学（通称サル学）である。その方法論は個体識別、長期観察、餌付けの三本柱からなる。餌付けも長期観察も「個体識別」のために必要であった。そのようなフィールドワーク（野外実態調査）を方法とする今西学派が誕生したのは、戦後間もない一九四八年、今西錦司とその弟子伊谷純一郎と川村俊蔵とは九州南端の都井岬で半野生のウマの観察をしていたときである。今西錦司は当時を振り返って個体識別についてこう述べている――

「ウマをやりだしたときから、われわれは一匹一匹を識別して、観察するようにした。この個体識別という接近法こそは、彼ら（ウマ）の社会生活の秘密をひらく、ただ一つの研究手段であったのだ。『動物記』といえば、ひとはすぐシートンを思いだすであろう。しかし、シートンはおおむね動物の英雄をえがいていて、動物の社会をえがきだしてはいない。猟師の記憶にのこるのも、とくに目立った個体にかぎられている。その他大勢というべき連中に注意を向けることは、いままで、すっかり忘れられていた。物語なら、それでも書けるであろうが、それでは実態調査をしたことにならない。われわれは、文学よりも科学を求めるものであった」

（「『日本動物記』の誕生」、思索社版の今西錦司編『日本動物記』一～四の各巻のあとがき）

「個体識別」という方法を最初に用いた成果は、今西錦司の筆頭弟子の霊長類学者・伊谷純一郎（一九二六～）の名著『高崎山のサル』（思索社）である。その「あとがき」で、伊谷純一郎はこう書いている――

「方法の上からいって、もっとも大きな役目をはたしたのは、個体識別であった。わたしたちは、この種の調査で、個体識別法というものが、ひじょうに大切なものであることを、わたしたちがこれによってえた結果から、はっきりと認識することができた。これによって、群れの社会構造の断面をとらえることができ、……方法の上では、個体識別の幅をさらにひろげ、たんなる識別から、一歩すすんで個性の解明にまでもってゆく」

『高崎山のサル』は、人類学のノーベル賞といわれるトマス・ハクスリー賞に輝いた伊谷純一郎のデビュー作であるが、それをひもとくと、ボス第一位の「ジュピター」は腕と覇気で群れを統率し、第二位の「タイタン」は若いムスメザルの人気をあつめ、「バッカス」はいつも酔っぱらっているように見え、「シャラク」や「ウタマロ」は浮世絵のキャラクターをもち、「シラノ(ド・ベルジュラック)」はウマの鼻のような大きな鼻をもっている等々、サル一頭一頭の命名の仕方からして「擬人主義」のオンパレードである。

霊長類学の方法論の基礎を提供したのは今西錦司である。今西は晩年近くにダーウィンを批判した『主体性の進化論』(中公新書、一九八〇年)をまとめ、擬人主義について改めてこう述べている——

「私は現在の科学の要請を、かならずしも全面的に受けいれているものではない。ということは、擬人主義を全面的に否定するものではない、ということである。私のように、人間にもっとも近縁な動物であるサルの社会を、研究してきたものにとっては、言葉の通じぬサルの社会を、われわれの言葉をつかってみなさんにお伝えし、みなさんの知識にしてもらうためには、どうしてもある程度までの擬人主義を、方法論的にも許してもらわぬことには、仕事ができないのである。極端なことをいえば、もともと名前など持ち合わせていない一頭一頭のサルに、名前をつけ、その名前で彼らを呼ぶことさえ、すでに擬人主義なのである。サルはもとより、われわれの家畜になっているイヌはしばらく除外するとしても、イルカやタカや、さてはゴリラに至るまで、われわれが調教することによって芸を仕込める動物たちは、みなある程度までわれわれとのコミュニケーションが成りたっているからこそ、こういうことが可能であり、そのかぎりにおいて、これらの動物はもはや単なる「もの」ではないのである。そしてそこに、擬人主義の許される範囲というものも、またおのずからきまってくるのではなかろうか。

つまり、擬人主義の範囲ということには、われわれ人間と、まず類縁のちかいこと、すなわち相手が共通の体制の持ち主であるということが、必要な条件として考えられねばならないであろう。だから類縁の遠近にしたがって、サルには許された擬人主義が、ネズミやトリにはゆるされない、ということもあってもよいし、トリに許された擬人主義が、トカゲには許されない、ということがあるかもしれない。コブラや、魚のなかにも芸をするものがあるけれども、まあその辺が限界すれすれというところであろう。ところが相手が昆虫ということになると、これはわれわれと類縁的にも遠くはなれ、体制も相似的なところは認められてもその由来を異にするものであるから、もはや擬人主義の成りたつ足場がない。昆虫でもそうなんだから、植物にまで擬人主義の持ってゆきようがないのは、当然であるであろう」

「生物にはピンからキリまであるということを、とかく忘れる科学主義者が……擬人主義がいけないという以上、どんな生物にたいしてでもいけない、ということにとかくなりやすいのである。そんなのを教条主義というのかもしれないが、生物といっても相手によって、手加減をほどこし、擬人主義の乱用は困るけれども、理にかなった擬人主義は、ある範囲内でこれを認めるというゆとりを持たさなければ、これからの生物学は衰弱していく一方になるのではなかろうか」

このように、今西錦司と今西学派は擬人主義を生物学、特に人類と類縁の近い霊長類の観察方法として自覚的に採用した。今西学派には愛弟子の伊谷純一郎、川村俊蔵、河合雅雄、徳田喜三郎、西田利貞、杉山幸丸のほか、チンパンジー研究の松沢哲郎、ゴリラ研究の山極寿一など錚々たる霊長類学者がいる。外国ではアフリカのチンパンジーの研究者英国のジェーン・グドール女史（二〇一七年のコスモス国際賞）が最初に個体識別を採用した。

高崎山のサルを観察したのは伊谷純一郎だけではない。彼の観察した高崎山のサルは映像化されて万人の見るところとなった。伊谷純一郎の観察したサルの群れを万人が映像で鑑賞し、また現場に出向いて、伊谷の後継者が観察し続けた。こうしてサル社会の実相が明らかにされてきた。表式S–I–Pでいえば、見る行為の主体「I」は、伊谷純一郎だけではなく、複数の人間であり、写真・ビデオその他の観察道具も含まれる。それゆえ「–I–」は観察主体一般である。霊長類学における擬人主義の方法は表式S–I–Pの実例になっている。表式の読み方にしたがえば、たとえば「サルSは、人間にたとえれば、剽悍な写楽Pに見立てられる」のである。

共同主観

物理学における「観測」は、生物学における「観察」に当たる。物理学も生物学も「見る」という行為と思索、すなわち「観」が科学的方法の条件である。観るものがあって観られるものがある。両者は不可分である。別言すれば、それは「ノエシス（観ること）」と「ノエマ（観られるもの）」との関係である。ノエシスとノエマはフッサール（一八五九〜一九三八年）の現象学のキーワードである。S–I–Pの「–I–」がノエシスを、SとPはノエマを指すことはいうまでもない。

フッサールはデカルトの主体・客体の二分法を根底からくつがえした。フッサールは晩年に自らの思想を集約した『デカルト的省察』（岩波文庫）において、デカルトの主体の「我思う」は、「思う我」（客体）の存在を前提にしており、思う我の前には無前提の世界があるという画期的な問題提起をした。それを発見する方法を彼は「超越論的還元」「判断中止（エポケー）」という。フッサールは「思惟をめぐらす我」の誕生する前から世界は厳然としてある、と論じたのである。

少し具体的に説明しよう。デカルトの「我」から超越した世界が「思惟する我」の前提にある。それは「我の存在」を可能にする地平である。その地平の一角に「我」が生まれ、「我思う」という意識作用によって世界が立ち現れる。「我」が世界を意識する前に「無規定の一般的で推定的な地平、本来的には経験されないが必然的にともに思念されているものの地平が広がっている」（同書、第九節）。「（デカルトの『我』は）本来的にはそれ自身が知覚されないものからなる、開かれた無限の無限定で普遍的な地平を持っており、しかも、可能な経験によって開示されるべきものとしての地平を持っている」のであり、「開かれた地平の無規定的な一般性がつきまとっている」（同上）。その地平は「我」のみならず「汝」にも開かれている。「我は汝との対比のなかで初めて構成される」のである。地平は「我」にも「他我」にも「非―自我」にも開かれている。「万人にとってそこにある」のが地平である。それは「万人にとって経験可能」な地平である。分かりやすい例でいえば、コロンブスがアメリカを発見する以前からアメリカ大陸は厳然としてあった。そもそも人間が誕生する以前から地球は厳然としてあった。一言でいえば、人間の経験に先立って、すなわちア・プリオリ（先験的）に世界は厳然としてある。

もう少し付け加えると、フッサールは生前最後に公刊した『ヨーロッパ諸学の危機と超越論的現象学』（中公文庫）で『デカルト的省察』の「地平」を「先所与性 Vorgegebenheit」の概念に置き換えている。先所与性とは「われわれにとって世界はあらかじめ与えられているということ」である。「同胞との共同体のうちにある人間にあらかじめ与えられている世界以外の世界を、われわれは経験することはできない」（同書、第三十八節、第三十九節）。「地平」＝「先所与性の世界」は万人に開かれている。我々に先立って世界はあり、我々が認識する世界は先所与の世界の一部なのであって、しかも主観がとらえた世界である。

フッサールの現象学の背景には彼の青年時代の数学への関心がある。彼は数学から論理学に関心を広げて哲学者になった。最初の著作『算術の哲学』（一八九一年）以来、フッサールの問題意識は数学的世界と生活世界との関係であった。彼は晩年に学問人生を振り返り、「経験対象（生活世界）と与えられ方（たとえば数式、幾何学、論理などの表現―川勝）との相関関係という普遍的なアプリオリを最初に思いついたとき、それはわたしの『論理学研究』を推敲しているあいだの、ほぼ一八九八年頃のことであるが、それは深くわたしの心を動かしたので、それ以来わたしの全生涯の労作は、このアプリオリとしての相関関係を体系的に仕上げるという課題によって支配されてきた」（同書、第四十八節）と述懐している。では、フッサールが行きついた結論とは何か。「わたし（フッサール）にとっても、またおよそ考えられるいかなる主観にとっても、現実に存在するものとして妥当しているすべての存在者は、主観と相関的であり、本質必然性において主観の体系的多様性の指標である」（同上）というものである。

フッサールが格闘したデカルト・テーゼ（「我思う、ゆえに我あり」）は、「我」「意識（思う）」「対象（思われた世界）」の三項からなる。順序としては、まず「我」があり、次に「思う」という意識作用があり、最後に思惟された対象世界が脳裏に立ち現れる。順序は我→意識作用→対象世界である。フッサールはこの順序をひっくりかえした。「我」よりも先に与えられた世界がある。「我」に先立って厳然としてある世界は「先所与性」をもつ。「先所与性」の世界の一部を切り取ったのが「意識世界」である。意識世界は各人の「思い方（意識のされ方）」で異なって現象する。数式も幾何学も論理も意識現象である。それらの意識の凝集した極にあるのが「我」である。それゆえ、デカルトとは真逆の順序となり、先所与世界→意識世界→意識作用→我となる。このように意識の凝集としての「我」は最後に現象する。フッサールによれば、デカルトが「我」を疑う余地のない実体としたのは致命的な誤りである。実体とは他によらずに自存する存在である。だが「我」の周囲には多数の我が存在し、また「我」が誕生する前にも無数の我が存在している。そのように想定される無数の我はデカルトの唯一の「我」を越えており、「超越論的な我」である。

「超越論的な我」の説明にフッサールはライプニッツ（一六四六～一七一六年）の『単子論《モナド》』を援用した。「モナド」とは万物を構成する実体であり、単一不可分な要素であり、心の総体である。形をもたず、非物質的で、精神的本性をもち、表象と欲求からなる。フッサールは「我《エゴ》」を「モナド」

に見立てた。ただしライプニッツのモナドには窓がないが、フッサールのモナドには窓がある。「我と汝」も「我と他我」も「我と非―自我」も、それぞれの「モナド」の「窓」を通して共同作用をしている。そのなかから共同主観の世界が現象する。共同主観は我一人の主観を超えた「超越論的主観」である。フッサールの出した有名な例は「母と子」の話である（『間主観性の現象学Ⅲ その行方』ちくま学芸文庫、第十八章）。母もかつては子であった。母は子であることを、自分の過去からして、初めから理解している。親となって、いかにして成熟した母になったかを知り、無数の母からなる万人の世界＝共同世界のなかにいることを、母親は知っている。そのように「世代を超えた万人（の母親）」の無限の連鎖の中にいる我（母）は「超越論的な我（母）」である。

「超越論的な我」とは、仏教における「父母未生以前の自己」、あるいは「不生不滅」に近い。「不生」とは我が生まれてこなかったこともありうるという認識である。我は「生滅」する。だが、仏教の教えるのは、生じもせず滅しもしない「不生不滅」の常住我の存在である。不生不滅の常住我はフッサールの「地平」に対応するであろう。「梵我《ぼんが》一如」として我を含む一切の現象世界を梵の「開成変化」ととらえる思想、あるいは道元の『正法眼蔵』「現成公案」にある「仏道をならふといふは、自己をならふ也、自己をならふといふは、自己をわするるなり」という「自己忘却」も「超越論的な我」に通じている。

世界は数多の「超越論的な我」の主観が共同作用する「相互主観的構成」からなる。主観は「志向性」をもつ。「志向性」はフッサールのキーワードであり、ノエシス（意識作用）がノエマ（意識対象）に向かう働きである。世界は数多の主観の志向性が相互作用する「意味形成体」である。フッサールは言う――「あらゆる客観性、すなわちおよそ存在するあらゆるものがそこに解消される普遍的相互主観性が人間以外のなにものでもないことは明らかである」（同書、第五十三節）。世界は「客観としての世界のなかの主観性」であると同時に「世界に対する意識主観」である。世界は共同主観からなると考えるフッサールは、本稿の冒頭で触れた「ラプラスの悪魔」をきっぱりと斥ける――

「ラプラスの霊（Laplace's spirit, Laplace's demon）といったものは考えることができない。世界の存在論という理念、世界についての客観的普遍学――これはその背後に、ありうるであろうあらゆる事実的世界がそれによって幾何学的様式で認識されることになるアプリオリを有している――の理念、ライプニッツさえも誘惑したこの理念は、まったく無意味《ナンセンス》である」（同書、第七十二節）

「現象学は、古い客観主義的な学的体系の理念、つまり数学的自然科学という理論的形式の理念からわれわれを解放し、したがって物理学の類比物でありうるような心の存在論という理念からもわれわれを解放してくれる」（同上）

「世界が認識の世界、意識世界、人間をともなった世界であるかぎり、そうした世界にとって

この理念は、どうにもならないほどばかげたものとなろう」（同上）

こう述べて、フッサールは知性によって森羅万象の原理はすべて解明することができるという「ラプラスの悪魔（自然科学的知性）」を切って捨てたのである。

まとめておこう。自然科学において、物理学は「観測」を要件とし、生物学は「観察」を不可欠としている。自然科学には人間の「観」の関与があるということである。フッサールに即していえば、世界はノエシス―ノエマ的構造すなわち意識作用と意識対象との一体的構造をなしている。それが和辻のいう「人間存在の構造契機」である。ベルク博士はそれを受けて表式S―I―Pを定立した。「観」をになう主体（I）を通して客体（SとP）が立ち現れるのである。

「感情移入」と「〜かのように」

主観とは観察対象への「自己移入」である。端的にいえば「感情移入」である。高熱におかされている病人を見て「さぞ苦しかろう」、受験に失敗した子を見て「さぞ、気落ちしているだろう」、油にまみれた水鳥を見て「さぞ、辛かろう」、羽を傷めたツルを見て「さぞ、痛かろう」、湾に迷い込んだクジラの子を見て「さぞ、母恋しかろう」など、だれしもいだく感情である。いずれも対象への感情移入である。

モナドについてフッサールはこういう――「モナドは他者からの影響を受け入れるための窓をもっている。それは感情移入という窓である」（フッサール『間主観性の現象学Ⅲ その行方』ちくま学芸文庫、第十六章）。「感情移入」はフッサールの「間主観性」の根拠である。フッサール『間主観性の現象学Ⅰ その方法』（ちくま学芸文庫）は三部から構成されるが、第二部は「感情移入」と題されて五本の論文（第六章〜第一〇章）を収めている。結びの第一〇章は「内的経験としての感情移入――モナドは窓ももつ」と題されてわかりやすい説明がなされている。そこからいくつか拾ってみよう――

「ライプニッツは、モナドは窓をもたないといった。しかし私はどの心のモナドも無限に多くの窓をもつと考える。つまり他者の身体を十分に理解する知覚がそうした窓であり、私が友達に話しかけたり、願いごとをして、その人が私に分かりやすく答えてくれるそのたびごとに、私の自我の自我作用が私たちの開かれた窓から他者の自我へと移動しており、そしてその逆もまた同様なのである」

「ここで示されるのが、感情移入の固有な経験と、感情移入によって可能になる《我―汝―作用》という社会的作用の経験であり、一つの自我から作用として放出されたものが、別の自我に的中することである」

「そのさい中心的なことは、意識の媒体を通じて間主観的動機づけが生じるということである。

この動機づけは、両者の心の間でただようような体験なのではなく、ある志向的能動性であり、それはある自我から、そこで他の自我が準現在化しているような意識を通じて、他の自我にかかわっているのである」

右の説明から分かるように、感情移入は主観の共同性すなわち間主観性の根拠である。フッサールは感情移入の端緒を人間の幼児段階においている（同書第一七章「幼児——最初の感情移入」）。では、動物の感情はどうなのか。幼児の章の直前の第一六章で彼は動物の環境世界を扱って、こう言っている——

「動物や動物的本質は私たちと同様一つの意識生の主観であり、そうした意識生のなかで彼らにとってそれなりの仕方でその『環境世界』も、彼らの環境世界としてその存在確信において与えられているのである。主観存在はそのような本質の魂〔アニマ〕に関係している」

「人間はその自我構造を……唯一の意味においてもっている」

「動物は人格にまで成熟することはな（い）」

「動物は世界の内に生きるのではない。このことに明らかに属すると言えるのが、人間は歴史的存在であり、『人間性』の内に生きており、この人間性は歴史的な歴史を創出する生成の内に存在していることである。この人間性は歴史的世界の担い手としての主観性である」

「私たちが動物を私たちの世界のなかで見いだすのは感情移入によってであるが、この感情移入は、人間との間の感情移入が同化によって変化したものである」

「動物は自分がそれをとおして存在する世界についての意識、すなわち知をもつことができるような能力可能性をもっていない」

「彼ら（動物）は言語をもたない」

「人間は『理性』をもっている」


等々である。フッサールは「動物もまた自我構造のような何ものかをもっている」とも述べているが、深掘りはされていない。人間は動物と一線を画す存在とされており、「感情移入」は人間だけの精神作用とされている。フッサールのモナドも同じで、彼のいう「モナド」は個々の人間の心の総体であって、生物の心には及んでいない。

「感情移入」を扱ったフッサールの別の論文「感情移入と中心化の変様」（前掲『間主観性の現象学Ⅲ その行方』）に見逃しえない記述がある。フッサールはこの論文で「感情移入」とは自我から他我への「変様」であり、それは「私が――そこに――いる――かのように」なることだ、と説明しているのである。

「～にいるかのように」あるいは「～であるかのような」というフッサールの説明は、別言すれば、自己を他者であるかのように見立てるということである。もとよりフッサールは日本人の得意とする「見立て」の論理を知らない。知らないまま、フッサールは見立て論の一歩手前まで論じていたのである。ただし、フッサールの感情移入は、Aのモナドの窓からB、C、D……のモナドの窓へということに限られており、自己の心が「～かのように」という作用を通して、他者の心に感情移入するものである。常に万人の心のモナド間の作用であった。フッサールの「窓のあるモナド」は、どこまでも人間の心のみを指しており、万人の心のモナドの窓を通しての作用である。人間の心のモナドの「間主観性」であり「共同主観」である。フッサールはいわば人間精神至上主義である。

精神分析の「エスEs」

現象学のフッサール（一八五九～一九三八年）と精神分析のフロイト（一八五六～一九三九年）の生涯は重なっている。ともにユダヤ系の学者でもあり、分野は異なるが、両者の学説は、以下に見るように、共振している。

フロイトによれば、人間の精神は無意識によって動かされている。精神は意識・前意識・無意識の三層からなる。知覚レベルが意識である。前意識は精神の内界に潜在しており、反省などによって外面に出てくる意識である。前意識の例としてフロイトがあげるのは、数学の難問に取り組んでいて、それが何かの瞬間にひらめいて解けるといったことで、前意識は意志を通して外面に浮上する。前意識よりもさらに深層にある無意識は抑圧されて精神の内界に押し込められている。だが夢には現れる。無意識の発見はフロイトの最大の功績である。

内奥の無意識と外面の意識の間には通路がある。内奥から外面への通路をつなぐエネルギーをフロイトは「リビドー（欲動）」と名づけた。精神は知覚レベルの意識から言語（様々な自我の記憶）の習得によってリビドーをコントロールできるようになる。自我の誕生である。リビドーを制御することで自我は前意識の内界に深まり、深まるにつれて、知覚レベルよりも高い精神性をもつようになる。それは「超自我」と呼ばれる。「超自我」がさらにリビドーの源泉の無意識に深まると、精神性はさらに高くなる。リビドーは無意識から意識へと上向するが、反対に自我は意識から無意識へと下向する。下向が深まるにつれて自我は高い精神性を獲得する。

フロイトの深まりゆく自我論は、フッサールの高まりゆく「志向性」と響き合っている。深まりと高まりとは相反するように見えるが、天高くそびえる木は地中に深く根を張っており、高い見識をもつ人は深い知恵を蔵している。哲学者の大橋良介は最近著において、高まりと深まりの不可分性に着目し、両者を一体化した「高深《たかふか》さ」というカテゴリーを提起している（『共生のパトス――コンパッション（悲）の現象学』こぶし書房、二〇一八年）。感性的なパトスの深まりが知性的なロゴスの高まりに照応することは、西田幾多郎の愛弟子・三木清のロゴスとパトスの弁証法哲学の基調をなすものでもあった。

それはともかく、リビドーのうちもっとも強いのは性の欲動である。性欲は生の欲動でもある。人は生の欲動（エロス）と死の欲動（タナトス）に支配されている。リビドーを制御する自我が生まれる最大因は両親に対する性的関係、なかんずく父に向かうリビドーである。男の子は母を性愛の対象にしようとし、女の子は母に代わって父を得ようとするが、現実にそれは不可能である。抑圧された性の葛藤のエネルギーの総体は「エディプス・コンプレックス」とよばれる。エディプス・コンプレックスは成長するにつれて、男の子は自己を父の立場において母に代わる女性を獲得することで解決していく。

エディプス・コンプレックスのもう一つの解決法は父を殺すことである。エディプス・コンプレックスの語源はソポクレスのギリシャ悲劇『オイディプス王』（岩波文庫ほか）であり、それは父殺しの物語である。このテーマに関して、八十歳を越えた最晩年のフロイトは『モーゼと一神教』（ちくま学芸文庫）を残している。フロイトによれば、預言者モーゼは、ユダヤ人ではなく、エジプト人である。これはアッと驚く仮説である。エジプト人のモーゼは、ユダヤの民をエジプトから脱出させて「出エジプト」を指導し、モーゼはユダヤの民にとって父のごとき存在となった。だが、ユダヤ人は父なるモーゼを殺害した。それはユダヤ人の犯した最大の罪悪である。「原父殺し」の贖罪を希求するユダヤ人の罪悪感が「父なる神」の再臨を願うキリスト教の原型である、と老フロイトは説いたのである。フロイトはみずからのエディプス・コンプレックスの理論を敷衍し、ユダヤ・キリスト教の根幹をなす「父なる神」への信仰とその再臨を希求する「原罪」意識の闇を解明してみせたのである。

本稿の脈絡での関心は、無意識にかかわる思索のなかで六十七歳のフロイトが一九二三年に発表した「自我とエス」という有名な論文である（S・フロイト『自我論集』ちくま学芸文庫に所収）。フロイトは意識・前意識・無意識を自我・超自我と対応させたが、無意識の奥深くに超自我も達することのできない世界があり、それは「エスEs」と名づけられた。フロイトが「エス」の概念を知るきっかけが語られている箇所を紹介しよう――

「ここで、ある著者の個人的な動機から、厳密な純粋科学とは関わりがないと断言しているが、いわずもがなのことである。この著者とはG・グロデック氏のことで、同氏はわれわれが自我と呼ぶものは、生においては基本的に受動的にふるまうものであり、未知の統御できない力によって『いかされている』（同氏の表現）と繰り返し強調している。たしかにわれわれは同じような印象を受けているのであり、それが他のすべての印象を圧倒するほどの強さのものではないとしても、グロデック氏の洞察を科学の体系の中で位置づける価値があると思われる。この洞察を考慮にいれて、知覚システムから発生し、当初は前意識であるものを〈自我〉と名づけ、無意識的なものとしてふるまうものを〈エス〉と名づけることを提案する」

こうしてフロイトは「エス」を精神分析に取り入れた。同じ論文からフロイトの「エス」の用法を引いておこう（図2を参照）

図2 「自我とエス」

（出典：『フロイト自我論集』ちくま学芸文庫所収より）

――


「個人とは、一つの心的なエス、未知で無意識的なものである」

「自我はエスの全体を覆うものではなく、胚芽が卵の上にのっているように、知覚システムの自我の上にのっている範囲に限って、自我はエスを覆っているのである。自我とエスの間に明瞭な境界はなく、自我は下の方でエスと合流している」

「抑圧されたものはエスを通じて自我と連絡することができる」

「自我が誕生してエスから分化する」

「エスは『ナルシズム入門』の意味でのリビドーの大きな容

器とみなさなければならない」

「超自我は内界、すなわちエスを代弁するものとして、自我に対立する」

「自我とはエスが特別に差異化された部分にすぎない」

「遺伝によって伝えられることのできるエスは、多数の自我＝存在の残滓を蔵している」

「心的な生において、それが自我であるかエスであるかを問わず、移動可能なエネルギーが存在していると想定している。このエネルギーそのものは中性的なものである」

「自我とエスの中で働いている移動しやすい中性的なエネルギーは、ナルシズム的なリビドー貯蔵から生まれたものであり、脱性化したエロスと考えることができる」

「原初においては、すべてのリビドーはエスの中に蓄積されていて、自我は形成途上であるか、または弱弱しかったと考えられる」

「超自我の起源はエスの系統発生的な獲得に関連するものであり、エスの中に〈沈殿〉を残す以前は自我形成の生まれ変わりである。このため超自我はつねにエスに近い場所にあり、自我に対してエスの代理人として行動することができるのである。超自我はエスの中に深く入りこんでいるので、自我よりも意識から遠い場所にあるのである」

「エスはまったく無道徳であり、自我は道徳的であろうと努力し、超自我は過度に道徳的で、エスのように残酷になりうる」

「精神分析は、自我がエスを段階的に征服できるようにするための手段である」

以上の引用から分かるように、フロイトのいう「エス」とは、意識の奥底にあるリビドー（欲動）の巨大な容器であり、リビドーがエロスに分化する前の原初的・非人称的・中性的なエネルギーである。人間はそれによって「生かされている」とされている。

フロイトの「自我とエス」の論文には注目すべきことが二つある。一つは、フロイトが「エス」に付した注記でニーチェに言及していることである——「グロデック氏自身がニーチェの例に従っているのは確実である。ニーチェは、われわれのありかたにおいて非人称的なもの、いわば自然必然的なものを〈エス〉という文法的な表現で呼ぶのをつねとしていた」（同上）。フロイトの触れているニーチェの「エス」論を詳らかにする余裕はないが、後論との関係で注目しておきたい。

もう一つは、フロイトがエスを「自然必然的なもの」「中性的なエネルギー」と表現していることである。たとえば、「雨が降る」は独語でEs regnet（it rains）であるが、そのEsである。このEs（it）は「エロス」「タナトス」「エディプス・コンプレックス」「リビドー」などの精神の働きとは無縁であり、自然・必然的・超人間的である。フロイトは人間の精神分析を深めていくなかで、Esという中性的なエネルギーの存在に気付いたということである。

エネルギー

エネルギーは、自然科学の発達とともに物理の「力」として認識され、熱エネルギー、位置エネルギー、運動エネルギー等々として論じられていた。それが人口に膾炙するようになるのは十九世紀中葉に「エネルギー保存則」が確立されてからである。たとえば蒸気機関は熱エネルギーを運動エネルギーに変えるが、エネルギーの総和は一定である。それがエネルギー保存則である。力の実体を「エネルギー」というカテゴリーで呼んだのは一八五〇年代のランキンであり、それ以前のデカルト、カント、ヘーゲル、ショーペンハウアーなどの哲学書にはエネルギーという用語は出てこない。ニーチェの哲学にもまだエネルギーの語は現れない。二十世紀に入ると、アインシュタインの相対性理論の公式 $E=mc^2$（Eはエネルギー、mは質量、cは光速）の普及とともに、「E＝エネルギー」は宇宙根源の力として広く知られるところになった。それがフロイトの「エス」についての自然必然的、中性的なエネルギーという表現になっている。

エネルギーは一般に潜在的・顕在的な力の総称であるが、物理学では物に加速度を与える力のことであり、現代物理学においては「基本の四つの力」に整理されている。「万有引力」の別名をもつ重力、電磁気力、弱い相互作用、強い相互作用の四つの力である。一方、人間の意識は物理現象と区別されなければならない。人文学の領域ではエネルギーは活力源、活力、精力、気力など精神的な力として用いられる。

改めてエネルギーの概念を用いて、ニーチェとショーペンハウアーの哲学を見直してみよう。ニーチェの『力への意志』の「力」はエネルギーの別表現だといえるだろう。ニーチェを感化したショーペンハウアーの『意志と表象としての世界』には、「意志はいかなる微小な個物の中にも分割されずに全体として存在している。小さな一個物の研究を通じて宇宙全体を知ることができる」(同第二十五節)と述べられているが、このショーペンハウアーの「意志」はエネルギーに相当するといえるだろう。ショーペンハウアーはウパニシャッド哲学から「汝はそれなり tat tvam asi」(同第六十三節)という一句を引いている。「汝はそれなり」という命題の「それ」は代名詞 es である。ウパニシャッドにおける「それ」とは無生物・生物・人間など万物に作用している意志をさしている。それゆえショーペンハウアーの哲学はいわば「汎意志説」である。ショーペンハウアーの汎意志説は、世界にはエネルギーが作用しているというのと同義であるから汎エネルギー説であるともいえる。

ついでながら、ウパニシャッドにおける「それは汝である」という命題は、「この一切(全宇宙)はそれを本性とするものである。それは真実である。それはアートマンである。それは汝である」という脈絡で使われている(「チャーンドーグヤ＝ウパニシャッド」『ヴェーダ アヴェスター』筑摩古典文学全集、所収)。この命題は、水、生類、生命、微粒子、大地などについての例文——たとえば「これら一切の生類は、有より生じて『われらは有より生ずる』と知らないのだ。この世において、虎であれ、獅子であれ、狼であれ、猪であれ、蛾であれ、蚊であれ、そのほか如何なるものであれ、それは存在のままでいるのだ」といった例文――の締めくくりにおかれる。例文は八つあり、「それは汝である」の命題も八回繰り返される。しかも、それら八つの例文の前提として書かれているのは「これ（宇宙）は太初において有のみであった。それこそ唯一の存在で、第二のものはなかった。……どうして無から有の生ずることがあろうか。太初において、これ（宇宙）は有のみであったのだ」という思想である。このようなウパニシャッドにショーペンハウアー的な「無の哲学」を読み取るのは――私には――困難である。古代インド文化史の碩学・原實《はらみのる》は「ショーペンハウエルはラテン語訳のウパニシャッドを読んで感動した」と指摘している（「インドの聖典」『世界古典文学全集』第三巻月報）。ラテン語訳に「無」の記述があるのであろうか。管見の邦訳版の「ウパニシャッド」には天地を包容する「虚空」は登場するが、「無」や「無常観」は出てこない。むしろ「ウパニシャッド」は太陽、水、熱、生気、気息、風など、森羅万象の「存在を賛歌する哲学」として読める。

閑話休題。宇宙の誕生をもたらしたビッグバンとインフレーションで、エネルギーは宇宙空間に拡散し遍在することになった。もともとエネルギーに人称性はない。人称性を与えたのは人間である。エネルギーは意識世界では人称的な「意志」「志向性」「リビドー」などに転換する。宮沢賢治（一八九六～一九三三年）は「農民芸術概論綱要」（『宮沢賢治全集』第十二巻上、筑摩書房ほか）において

まづもろともに　かがやく宇宙の微塵となりて　無方の空にちらばろう

われらに要るものは銀河を包む透明な意志　大きな力と熱である

風とゆききし　雲からエネルギーをとれ

と詠いあげているが、農学・化学・地質学・物理学など当時の最新の科学に通じていた賢治は人間が自然界の風や雲からとりこむエネルギーは「透明な意志」だと確信していた。

意識は「ノエシス―ノエマ構造」(フッサール)をもつ。意志は意識の志向性である。位置エネルギーが運動エネルギーに転換するように、無人称・非人称のエネルギーが人称性のエネルギーに転換しても、エネルギー保存則に従えば、総和は不変のはずである。中性的エネルギーが転換した人称的エネルギーを、ニーチェは「力への意志 Wille zur Macht」と概念化した。Machtがときに「権力」と訳されるのは人間のエネルギーである「意志」の実態を権力への志向と見るからであろう。しかし、中性的エネルギーの権力意志への転換は人称性への収斂とみなすほうが適切ではないか。とすれば、ニーチェのテーゼは「力への意志」と言うより、エネルギーの収斂方向が意志なので、「意志への力」と言い換えたほうが正鵠を得ているように思われる。ともあれ、「意志は力」であり「力は意志」でもある。

まとめておけば、エネルギーは宇宙空間に遍在する。それが万象の実相である。無人称エネルギーは人間の意識世界のなかで人称エネルギーに転換する。フッサールの現象学は、物理現象とは異なり、意識現象を扱っており、フロイトの精神分析においても人間精神の領域外は対象外であった。ニーチェの「力（権力）」、フッサールの「志向性」「感情移入」、フロイトの「リビドー」はいずれも人間の心にかかわる。フッサールは先験的な「地平」「先所予性」は「判断停止」で見出されるとしたが、判断停止とは心を働かせないことである。心は働かなくてもエネルギーは働いている。フッサールのいう先験的な先所与性・地平にも働いている。エネルギーは人間の心の内だけでなく、心の外にも作用している。そのような無窮のエネルギーの作用についてフロイトは、「エス（Es）」の説明で言及し、中性的エネルギーの存在に気づいていないながらも、人間の精神にのみ関心を寄せ、フッサールは人間の心のモナドに関心を寄せた。彼らの特徴を一言で言えばやはり人間中心主義である。

生物の汎主体性

視野を人間以外に移してみよう。論点は、主体性を人間以外の生物や万物に認めるかどうかである。主体性の外延を人間以外に拡げる傾向が日本の学問にある。擬人主義は日本の生んだ今西学派の霊長類学の大きな特長である。その基礎にあるのは「相手（生物を含む）の立場に立つ」ということである。相手の立場にたてば利己主義や人間中心主義におちいらない。それは倫理規範でもある。相手の身になって初めて共感がうまれる。感情移入は人間の間では普通に行われている。感情移入はフッサールを俟つまでもなく人間の本質をなす能力である。

感情移入を人間以外に及ぼすと擬人主義になるが、飼い犬や飼い猫をもつ飼い主は、洋の東西を問わず、ペットに感情を移入している。馬術は「人馬一体」であり騎手は愛馬に感情移入をしている(馬のほうも騎手の技量を見抜いている)。酪農家は家畜に感情を移入する。動物の表情や仕草を見て、相手の身になって可愛がり世話をする。人間は動物に感情移入ができる。そうすることは、科学の通念からすると「科学」ではない。しかし観察対象に主観が入りこまない認識はなく、認識はノエシス・ノエマ的構造をもつことを自覚するならば、感情移入を自覚的に(限界をわきまえて)学問の方法とすることはできるであろう。

感情移入とは、別言すれば、非人間を人間であるかのように類比推理することすなわち類推(アナロジー)であり、それは擬人化であり見立てでもある。類縁の近い動物の気持ちは類推できる。擬人化とは類推によって生物も主体性をもつと見立てることである。それを主要テーマにしたのが今西錦司『主体性の進化論』(中公新書)であり、この書をベルク博士は仏訳した。『主体性の進化論』の主題は二つある。一つは、ダーウィン進化論の否定である。もう一つは、生物は主体性をもつという仮説である。

今西錦司（一九〇二〜九二年）はダーウィン（一八〇九〜八二年）よりも長生きし、かつ観察範囲も格段に広い。日本、ユーラシア、太平洋諸島、アフリカ大陸と歩いた今西錦司が観察した生物の対象は広大である。ビーグル号でのガラパゴス島での観察と、あとは病身でイギリス南部のダウン村に逼塞し、そこで動植物の観察をしながら一生を終えたダーウィンとは比較にならない。今西の生物論はカゲロウから霊長類までの広汎な生物社会の観察をバックボーンにしている。

ダーウィンは個体の優劣が進化の原因になると論じ、今西錦司は個体の優劣は進化とは無関係だと論じた。それらはともに仮説である。ダーウィンも今西錦司も生物を観察したが、進化を観察したのではない。進化のタイムスケールは人間の観察時間をはるかに超えている。進化は観察できない。しかし進化は事実である。絶滅した生物の化石が残っており、現存の生物の観察と併せて、生物の「進化」を系統樹に整序できている。ただし留意しなければならないのは、系統樹は進化の結果を後から整序づけたものであるということである。進化の観察から帰納されたものではない。生物学者が観察できる生物は、眼前に生きている個体と個体群であり、掘り出された死した化石である。

それとは別に、進化がらみで観察できるのは個体発生中のメタモルフォーゼ（形態変化）である。これは日常的に観察できる。メタモルフォーゼとはたとえば、青虫が蛹《さなぎ》になり、蛹が蝶になるといった生物の形の変化のことである。ここから進化論に影響を及ぼす有力な仮説が生まれた。個体の形態変化から進化を類推した有力な仮説とは、「個体発生は系統発生を繰り返す」というドイツの生物学者エルンスト・ヘッケルの反復説である。

一八六六年に提唱されたヘッケル（一八三四〜一九一九年）の反復説は「個体発生原則」ともいわれ、個体発生は系統発生を急速に短縮した形で反復するというものである。系統発生とは生物の進化のことである。ヘッケルは晩年に再度、反復説を力説した。その要点は「有機体の発生は生理的過程で、又、生理的過程として機械的に作用する原因即ち物理的化学的運動に基くものである。個体発生即ち有機的個体の発生は、系統発生即ち此の個体が属する根幹の発生に依って決定せられる。個体発生は系統発生の急速で短縮した反復で、遺伝並びに適応という生理学的官能に依って決定せられる」というものであり、ヘッケルはこれを「生物発生学的根本法則」と呼んでいる（ヘッケル『生命の不可思議』一九〇四年。岩波文庫上・下二冊）。

個々の生物の発生過程は、その生物の進化を反復している。とすれば、どの生物の進化過程も、その生物の発生過程から類推できる。個体の発生過程を進化と見立てたのが反復説である。反復説が基礎になってはじめて進化の系統樹が描けることになった。生物種の系統とは個体発生からの類推であり、個体の発生過程を種の進化と見立てたのである。その結果、生物の進化を図示化した「系統樹」は生物学者の共有知識になったのである。

では、個体の発生過程で変化しやすいのはどの段階であろうか。発生は未分化の状態から多様な形へと分化していくから、可変性の高いのは分化の終了段階よりも初期段階である。個体発生の初期段階は、ヒトでいえば赤ん坊である。それゆえ今西錦司は種社会が変わりやすいのは子ども段階であると想定した。二足歩行はヒトの特長であるが、あるとき、赤ん坊が一斉に立った。いわゆる人類進化の「ネオテニー起源説」である。では、なぜ赤ん坊が一斉に二足で立ち上がったのか。今西はこう言う——

「おとなでなくて小さな子供が立ち上がって二足歩行をはじめたものとしたならば、このことには有用さとか、環境にたいする適応とかいうことは考えにくい。しいていうならば、人間の赤ん坊は立ちたくなって立ったのである。立ちたくなってということさえ、すこし行きすぎがあるとしたならば、赤ん坊は立つべくして立ったのである」

個体発生とは「分化するべく分化する」という過程である。とすれば、赤ん坊の二足歩行は突然「立つべくして立つ」方向に分化したと推定できるだろう。それを一般化すれば、生物は個体発生の初期段階で一斉に「変わるべくして変わる」ということになる。形態の突然の変化は赤ん坊がほぼ一斉に同一方向への分化になったとしなければならない。なぜ「突然であり、かつ一斉である」のかといえば、進化にかかわる突然変異が例外的な個体ではなく、種のレベルで起こらなければ進化にならないからである。進化とは「種」の現象であり、種と種個体とは二つにして一つである。種個体の一様性は種の公理である。種個体の変異と種差とはレベルが異なる。種社会の甲・乙・丙・丁の個体差（たとえば西田・今西・ヘーゲル・ダーウィンの個人差）は、いかに際立ってはいても、種（ヒト）の進化の原因にはなりえない。種が変わるとは、種を構成する種個体が一斉に変わることでなければならない。種の進化は一斉の突然変異で起こる。種個体の一様性の公理のもとで、種個体の変異が一斉に起こるとしなければ、種は変わらない。進化の動因は種にあり、ある種が一斉に突然変異で別種になるとしなければならないのである。

今西錦司は「生物の世界」を種個体（スペシオン）・種社会（スペシア）・生物全体社会（ホロ・スペシア）の三層構造にわける。生物はスペシアごとに棲み分けている。棲み分けとはスペシアが一定の場所を占めていることをいう。あるスペシアが棲み分けの場所を変えれば、それは別のスペシアの棲み分けの場所に影響する。そうすると場所の均衡が崩れる。空《あ》きの出た場所に適応できる新しいスペシアが出現し侵入する。新たに分化したスペシアが開いた場所に続々と入り込むと、ホロ・スペシア（生物全体社会）が変容する。それはホロスペシアの密度が変わることなので、今西錦司は進化とは「棲み分けの密度化」というのである。

生物の特長の一つは自己複製であり、それは新陳代謝を通して自己同一性を保ち、また、遺伝子を通して種の自己同一性を保つことである。自己同一性とはアイデンティティであり、アイデンティティを維持しながらの不断の新陳代謝は自己運動と呼ぶ以外にはない。赤毛のアンの髪の毛は抜けても抜けても不断に赤毛が生えてくるのでいつまでも赤毛である。ちじり毛の頭髪の人は抜けても抜けても、ちじり毛が生えてくる。爪は切っても切っても生えてくる。このような新陳代謝は自己運動である。人の遺伝子が子孫に伝わるのも自己運動である。個体発生過程の形態変化も自己運動である。とすれば、系統発生すなわち種の進化もまた自己運動であるとみなしうる。自己運動とは「変わるべくして変わる」ということであり、今西錦司は、自己運動で変わるものを「主体性をもつ」と定義しているので、「棲み分けの密度化」は生物の主体的な自己運動である、と結論づけたのである。今西のいう生物界の自己運動＝主体性の発露は、社会科学ではハイエク（一八九九〜一九九二年）のいう人間界の「自生的秩序」に相当するであろう。

今西のいう種個体（スペシオン）は個々の主体である。種社会（スペシア）は種個体（スペシオン）の一様性を公理とするから、種社会（スペシア）も主体であり、スペシアに主体性を認めれば、生物全体社会（ホロ・スペシア）にも主体性がある、としなければならない。今西進化論はかくして「生物の汎主体性」論である。今西は『主体性の進化論』の結びで問答形式によってこう述べている

――

自然科学者――「主体性はいただけないね。現在の自然科学では、心というものを取り上げな

いように、その実在の立証できない、あるいは実験によって検証できないようなものは、別に否定するわけではないけれども、科学の対象とはしないことになっている」

今西錦司――「主体性といっても濃淡があってもよいのです。なかでも生物は、主体性のとくに顕著なものです。私は家の中にある道具類には主体性を認めなくても、家で飼っているイヌやネコには主体性を認めたいとおもいますね。それでなんでもかでも、人間とその他のものとのあいだに、仕切りをもうけようとして、イヌ・ネコをまるで自動機械のように取り扱って、よいものだろうか」

今西錦司の晩年のこのような生物観をどう受け止めるべきであろうか。イヌについては、ダナ・ハラウェイが、イヌとは人間との「コンタクト・ゾーン」をとおして相互に主体性を構築し合う「伴侶種」であると論じて注目をあびた。それを深く掘りさげた研究書が出た。異なる分野（人類学、民俗学、動物行動学、生態学、遺伝学、動物考古学、動物心理学、科学史、環境学、狩猟、アート等）の二十人以上の日本人のイヌ研究者が一堂に会して、イヌの家畜化の意義を論じている。イヌの家畜化は、イヌを人類の狩猟採集段階における狩猟の伴侶とすることであり、二足歩行の後、農業革命・牧畜革命の前の段階で起こり、それは人類史の画期をなす「犬革命」であると宣言している（大石高典・近藤祉秋・池田光穂編『犬からみた人類史』（勉誠出版、二〇一九年）。その序章「犬革命宣言」の書き出しがふるっている――「人類による、人類のための、人類自身によって書かれた人類史の試みは数多いが、人以外の観点から人類史を語ることはできないだろうか。われわれは、この実験的思考の旅の伴侶として、人類にとって最も身近な他者である犬に白羽の矢を立てることにした。……当然ながら人は犬になることはできない。しかし、犬になろうと想像力を働かせることはできる。これは異なる世界への探究をおこなうフィールドワーカーであれば、誰もが身につける技法なのである」。イヌになろうという想像力はイヌの気持ちになってということである。イヌへの感情移入は右に明言されているように正統な研究技法になっているのである。

ところで、生物とその環境について、ベルク博士はJ・v・ユクスキュル『生物から見た世界』(思索社)を援用して、生物には生物固有の「環世界 Umwelt」をもっていると論じている。ユクスキュルの環世界論にベルク博士は強い共感を表明しているが、今西錦司の「棲み分け」論はユクスキュルの「環世界」論にきわめて近い。生物は種社会(スペシア)を単位として種社会(スペシア)同士で棲み分けているが、棲み分けは空間の占拠であり、種社会(スペシア)ごとに一定の場所をもっている。すなわち「棲《す》み処《か》」を異にしている。棲み処は種社会(スペシア)の環境である。棲み分け・棲み処・環境は三位一体である。棲み処が変われば、棲み分けのバランスはくずれる。前述のように、種社会の棲み分け(棲み処・環境)の変化は種個体(スペシオン)の一様の変化をおこし、種社会(スペシア)の新たな棲み処への適応は分化をともなうから、今西錦司は「進化とは棲み分けの密度化」

であるという。その根本はスペシオンとスペシアとは相即不離の関係にあるということで、それはユクスキュルのいう生物と環世界との一体性と同じことを言っているのである。

なお、進化とは生物の多様な種への分化の歴史であるが、実験による進化の観察・予測はまったく不可能だというわけではない。時間は巻き戻しできないから、昔と同一の環境は再現できない。だが、小さなスケールであれば、ほぼ過去と同一条件を整えられる。異なる系統の魚類のサメと哺乳類のイルカが相似た環境下では相似た形になったのは「収斂《しゅうれん》進化」といわれる。それは環境が主体の形態に甚大な影響を及ぼすことを示している。そこで、進化生物学者はトカゲなどを使って、棲み処の環境を人工的に整えることで、分化＝進化を観察しようと試みており、それなりの成功をおさめている。そこには主体・環境系は一体であるという認識が前提にある。

ついでながら、科学ではないが、リチャード・マシスン『ある日どこかで』（創元推理文庫）という幻想的な恋愛小説（映画化されて大ヒットした）は、主人公がある場所で昔、そこにいた自分に出会う。主人公は昔に戻るために、昔の身だしなみなどをそっくり昔の時空そのままに再現すると、そこに昔の恋人が現れるのである。だが、服の中にまぎれこんでいた現代の物がこぼれ落ちるや、昔の時空も恋人も無情にも霧消する。この小説は存在と時空との間に個性的な一体性があるという思想をベースにしている。著者マシスンは「人間が時の流れの判断基準にする出来事の状態と、時間とは関係がある」という相対性理論に感化されて、物質的な空間と時間で構成された四次元世界に究極の意味を与える「永劫の領域」を構想した。マシスンの小説は、主体・環境系はその場限りの有意味の時空間である、という思想が生んだ作品である。

まとめておこう。進化の果てにヒトが誕生したとすれば、ヒトの個体発生において顕現してくる主体性の根拠は、系統発生すなわちヒトへの進化の初期段階にある。今西錦司は赤ん坊にまでさかのぼったが、理論上はさらにさかのぼることができる。ヒトの前に他の霊長類があり、その前に爬虫類があり、その前に脊椎動物の出現があり……と、いくらでもさかのぼれる。「個体発生が系統発生を繰り返す」という個体発生原則は、人間の主体性についても系統樹をさかのぼることができるという根拠を提供しているのである。それは生物汎主体性論の根拠の一つであろう。

進化史と文明史

ヘッケルの「個体発生は系統発生を繰り返す」というテーゼは生物学に甚大な影響を与えた。類似のテーゼは社会科学にも出現していた。それは歴史観に顕著である。マルクスの唯物史観（史的唯物論）がその代表である。ヘッケルが反復説を提唱する数年前の一八五七年、マルクスは『経済学批判』（岩波文庫）を著した。そこに「経済学の方法」という一節があり、そこでマルクスは「人間の解剖は猿の解剖にたいするひとつの鍵である」という印象的な一文とともに、「いわゆる歴史的発展は、一般に、最後の形態が過去の諸形態が自分自身にいたる段階だということにもとづいている」とみずからの唯物史観の立論方法を明かしている。すなわち「低級な種類の動物にある、より高級な動物への暗示が理解されうるのは、この高級なものそのものがすでに知られている場合だけである。こうしてブルジョア経済は、古代やそのほかの経済への鍵を提供する」のである。このような立論方法によってマルクスは『経済学批判』序言にいわゆる「唯物史観の公式」を提示した。すなわち、近代資本主義社会をもって最後の段階とみなすことによって、「大ざっぱにいって、経済的社会構成が進歩していく段階として、アジア的、古代的、封建的、および近代ブルジョア的生産様式をあげることができる」と論じたわけである。

『経済学批判』から十年後、マルクスはライフワーク『資本論』第一巻（一八六七年）を出版した。その第一版序文で、よく知られた一文——「産業的により発展している国は、発展程度のより低い国にたいして、その国の未来の像を示す」——を記した。これは「先進国は後進国の未来像を示す」というテーゼとなって人口に膾炙した。これら一連の言説は「ヒトの解剖はサルの解剖の鍵である」というのと同じ思想の表明である。

しかし、サルからヒトへと進化する過程を観察した人間はいない。そもそも、ホモ・サピエンスは、二五〜三〇万年ほど前にアフリカ大陸に誕生したのであって、それ以前はこの世に存在していなかったのであるから、ホモ・サピエンスがみずからの誕生前の生物の進化を観察できるはずはない。にもかかわらず、三十億年以上の歴史をもつ生物の進化を系統樹として描けるのはなぜなのか。

それは眼前で棲息している生物群を観察することによってである。観察には「観」が入り込む。観とは見方にほかならない。

ヘッケルの反復説も「観」であり、マルクスの唯物史観も「観」であり、それぞれの生物観であり歴史観である。すなわち生物の見方であり、歴史の見方である。「観」とは見方である。日本文化に血肉化している「観」が「見立て」である。ヘッケルはヒトが進化の最終段階にいると「観」じ、マルクスは近代ブルジョア社会が人類の前史の最終段階（彼は革命後の共産主義社会から始まる人類史を「本史」とし、それ以前の人類史を「前史」と呼ぶ）であると「観」じた。われわれの言い方では「見立て」たのである。「ヒトはサルの解剖の鍵である」というマルクスの思想も「個体発生は系統発生を繰り返す」というヘッケルの思想も、現段階（ヒト、近代ブルジョア社会）をそれぞれ進化史と人類史の最終段階とみなすという点では同じ思想であり、同一の「観」であり「見立て」である。

魚類も両生類も爬虫類も現存しており、だれでも観察できる。それらは空間的に異なる場所を占めており、それらの空間配置を時系列に組み替えると進化論になる。ヒトの個体発生の初期段階はサカナなど他の生物の初期段階の分化と似ているが、最終段階では別様に分化して独自のヒトになる。「個体発生は系統発生を繰り返す」というテーゼは、サカナもカエルもトカゲもヒトに至る過程でそれぞれの段階で落ち着いたとみなしているのである。

そのみなし方自体が人工的であり知的な操作によっているのである。繰り返し強調しておくならば、その知的操作とは現存の生物群の空間配置を時系列に組み換えることを指している。唯物史観も同様である。十九世紀の近代西洋圏の周囲の非西洋圏には様々な社会が存在していた。非西洋圏の社会も近代西洋社会に至るとみなして時系列に組み換えたのがマルクスの唯物史観であり、アジア的→古代的→封建制→近代ブルジョア社会の発展段階論は、近代ブルジョア社会をゴールとして他の社会形態がそこに至る過程にあるとみなすことによって立論されている。ヘッケルの系統樹もマルクスの唯物史観もけっして実証され検証された結果に依拠しているのではない。

ついでながら、十九世紀ヨーロッパでは野蛮な世界を啓蒙する「文明化の使命」が声高に主張された。その主張が依拠する文明観は、非西洋（非キリスト教）圏のどの社会もいずれ近代文明へと至る過程にあるとみなすという知的操作によっている。なぜヨーロッパにおいてそのような文明観がもたれたのか。それは、十八世紀後半に中国思想がフランスに滔々と流入したからである（後藤末雄『中国思想のフランス西漸』東洋文庫）。その中に中国の華夷観があった。「華」は文明であり、「夷」は野蛮である。中国の華夷観は地理的・空間的な特徴をもっていた。すなわち世界の中心に中華文明があり、その周囲には東夷・西戎・北狄・南蛮の野蛮世界が位置している。それは空間配置の図柄である。この中国の華夷観が十八世紀後半以来のヨーロッパに入ったとき、当時流行していた「進歩」を柱とする啓蒙思想のもとで、野蛮から文明へと進歩するという時系列の発展段階論に組み替えられた。文明を観る座標が空間軸から時間軸へと変換したのである。

その影響を非ヨーロッパ圏でもっとも強く受けたのは明治日本である。江戸時代の日本人は中国由来の華夷観のもとに、日本を中華とし、外国を夷狄とみなす空間軸の文明観をもっており、幕末には「攘夷（夷狄《いてき》を攘《はら》う）」が叫ばれた。だが開国を余儀なくされた後、明治日本の啓蒙思想家・福沢諭吉は、フランスのギゾーやイギリスのバックルの時間軸に立つ文明観に感化されて、野蛮から半開へ、半開から文明へという発展段階論を『文明論之概略』で紹介した。福沢諭吉は、日本をふくむ西洋以外の社会はすべて西洋文明に至る途上にあるとみなしたのである。西洋思想の啓蒙に心血を注いだ福沢諭吉は、ヨーロッパ由来の文明観によって、明治日本は「半開」段階にあり、西洋の「文明」を目的にせよ、と主張した。戦後日本にあっても、経済史では「大塚史学」に典型的であったが、「先進国イギリスは後進国日本のモデル」という牢固な歴史観に立っていた。イギリスは近代資本主義の最も発展した国であるから、近代イギリスの社会経済構造を表現するカテゴリー群をモデルとして理解することが、日本の社会経済構造の「遅れ」や「後進性」の洞察を可能にするというのが大塚史学とその亜流の歴史観であった。西洋思想の日本への紹介を使命とした戦前・戦後の東大系アカデミズム（山田盛太郎、宇野弘蔵、大塚久雄、丸山真男、永原慶二などに代表されるマルクス主義に染まった学者）は、マルクスの唯物史観の図式を日本の史的過程と混同したのである。

まとめると、以上のことはいずれも表式 S–I–P における –I– の「観」によっている。ヘッケルの系統樹とマルクスの唯物史観は十九世紀中葉のヨーロッパの世界観において相似形をなしている。

同じ「観」の知的操作で図式化されたものがヘッケルの反復説に依拠して作られた進化の系統樹である。ヘッケルは系統樹の最終段階にヒトを置いた。これまでに誕生した生物はヒトへと進化する過程にあり、現存の生物はヒトに至る過程で分化して出現したとみなしたのである。これらの十九世紀の思想の特徴はヒト至上主義であり、近代西洋社会至上主義である。

二十世紀に入ってからであるが、フロイトは一九一二〜三年に論文「トーテムとタブー」を発表した（『フロイト著作集』第三巻に所収、人文書院）。この論文は、「トーテミズム本来の意義を小児に見られるその痕跡から、すなわちわれわれ自身の子供の成長過程にふたたび現れるトーテミズムの暗示から推測しようとの試み」である。人類社会における宗教の発達を幼児期の心の発達から類推したのである。幼児期の心の発達は、宗教におけるアニミズムから一神教への発達を示しているとフロイトは見立てた。フロイトにとってユダヤ・キリスト教は高等宗教である。それを「未開社会」から発達した「文明社会」における宗教の最終形として時系列に組み換えたのである。この考えはフロイト最晩年の『モーゼと一神教』（前掲）にいたるまで変わらなかった。フロイトの宗教論はヘッケルの反復説の適用例である。

物産複合

人間以外の存在は生物だけではない。非生物もそうである。キリスト教徒は十字架のおかれた祭壇の前で十字を切って祈りをささげる。十字架が神の命令を伝えている「かのように」である。モスリムはメッカに向かって祈りをささげ、一生に一度メッカに巡礼することを念願する。聖地メッカが信者にそう命じる「かのように」である。富士山の頂上でご来光を見た瞬間、そこに居並ぶひとたちは一斉に万歳をとなえたり合掌したりする。東天に立ち昇る太陽がそう命じる「かのように」である。現実世界の認識における「~かのように」とはフッサールが感情移入の説明に用いた表現であるが、「~かのように」という精神作用は、対人関係だけでなく、十字架・祭壇・教会、モスク・聖地メッカ、富士山頂のように人間の物的環境に及ぶものである。

ユクスキュルの環世界論は、しかし、生物の世界には妥当するが、人間と環境の関係にはそのままでは妥当しない。なるほど「人間は自分の環境世界をもつ」というのはそのとおりであり、生物も人間も「主体・環境系」の中で存在している。だが、人間の主体・環境系は他の生物のそれとは決定的に異なる。それは人間がホモ・ファーベル（道具を作る動物）であることに由来する。生物の主体・環境系の構造契機は主体と自然の二項からなるのに対して、人間の主体・環境系の構造契機には「物」が加わるのである。人間の主体・環境系は人間・物・自然の三項からなる。物は人間と自然との間にある「中間的存在」である。物は、人間の主体・環境系の中間的な構造契機として、人間と自然の双方に決定的な影響を与える位置を占める。

先の引用で今西錦司は「私は家の中にある道具類には主体性を認めない」と言っているが、日本

図３　人間の主体・環境系

物産複合

人間	→生産手段→ ↕ ←生産物←	自然

（矢印はエネルギー・物の流れる方向を示す）

人は玄関先で履物を脱ぐ――あたかも「土足で家に上がってはなりません」と玄関が命じているかのように。玄関に用意されて廊下で履いたスリッパを畳の座敷に入るときにはかならず脱ぐ――あたかも畳が「脱ぎなさい」という命じているかのように。神棚・仏壇の前では手を合わせる――あたかも「手を合わせなさい」と神棚・仏壇が命じているかのように。お膳には腰をかけない――あたかもお膳が「食卓に腰をかけてはいけません」と命じているかのように。床の間には上がらない――あたかも床の間がそう命じているかのように。このように、日常の立ち居振る舞いには、その場所を占める道具類が密接に関係している。家具・道具が「あたかも主体性をもっているかのように」人間の行動を規定している。これら玄関、廊下、畳、神棚・仏壇、膳・食卓、床の間等々はみな人間の作った物である。それらの物は生活のなかでまとまりをもって「施《せ》設《せつ》」（山内得立）されており、整序されたセットでありまとまった複合体をなしているのである。私はそれを「社会の物産複合」とよぶ。

　物産複合は大きくは生産手段と生産物からなる。生産手段も生産物

図4　文化・物産複合

社会		統合機能
文化複合：上部構造	←体系化→	言語
↕		
物産複合：下部構造	←統合化→	貨幣

（矢印は影響力を示す）

も人間の存立条件である。どの社会にもその社会特有の生産手段と生産物のまとまりがある。生産手段・生産物は例外なく人が細工した形と名称と用途をもっている。名称はその社会の言語によって共通なものとなり、用途は暮らしの立て方を決める。言語と暮らしの立て方はその社会の生活様式であり生活文化である。それゆえ物産複合は文化複合でもある。文化複合を統合する役割をもっているのはその社会の「言語」である。物産複合を統合する役割をもっているのはその社会の「貨幣」である。言語を共通することによって物の形と用途は共通になり、同じ貨幣を使用することで物の流通はスムーズになる。人間における主体・環境系には、人間と自然の間に人間が加工した物産がある。社会の物産複合は、当該社会の主体・環境系の不可欠の構造契機である（図3・4を参照）。

　生物における主体・環境系の変化は種社会の棲み分けの分化を促す。種社会の分化とは進化の別名である。人間における主体・環境系の変化の要因は、人間の主体的意志であり、自然環境の変化でもあるが、最大の変動要因は物産複合の中身の変化である。たとえば、ヤポネシアにおいては、狩猟採集段階の縄文社会にコメにかかわる米作・米食の物産一式が「海上の道」によって伝わり、それらが旧来の物産複合に加わることによって弥生社会に移行した。朝鮮半島から漢籍・仏典・仏像にかかわる文物一式が舶来して、それらが旧来の物産複合に加わって新しい文化・物産複合が形成され、ヤポネシアは「日本」を国号とし「天皇」の称号を確立して律令社会に移行した。また、南宋から禅にかかわる文物一式（五山文化に代表される）と明から中国銭（洪武通宝・永楽通宝）が旧来の物産複合に加わって、日本は中世社会に移行した。大航海時代（日本における「倭寇の時代」）に鉄砲・生糸・木綿・砂糖・四書五経などの文物が舶来することで旧来の物産複合は一新して近世社会に移行した。明治維新から西洋の科学技術にかかわる文物一式がフルセットで加わり、それとともに近代社会へと急速に移行した。既存の物産複合に新規の文物が加わることを「新結《しんけつ》合《ごう》」という。新結合で物産複合が変化すると、社会は徐々にせよ、急激にせよ、変化する（川勝平太『経済史入門』日経文庫の第三章「経済史の方法」、ならびに前掲の川勝編『日本の中の地球史』の第四章「文明の格物史観」を参照）。

生物の世界も人間の世界も主体・環境系をなしている。主・客二つながら一つの系をなしているので、環境にも主体性があるとみなしうるであろう。たとえば、庭に石を据えるとき、「石の乞はんに従う」とは日本最古の造園書の『作庭記』の記す指針である（田中正大『日本の庭園』鹿島出版会）。『作庭記』の作者（京極良経とされる）はあたかも石に意志があるかのごとくに見ているのである。「声なき物の声を聴く」、「物の心を知る」、「物に即す」というのも、物の主体性を見込んだ表現である。主体・環境系のもとでは、変化をうみだす主体は遍在している。庭石はいかに自然に見えても、それは人間が自然から採取して「そこに設置したい」と決めた庭の場所（石が「そこに設置されたい」と乞うた場所）に置いたものであって、生の自然ではない。人と石との共同作用の帰結である。

以上のことを仏教観に立ってまとめかえすと、すべての存在も事象も種々の原因や条件によって生起する。それは「縁起」といわれる。すべての存在は縁起の相のもとにあり、いわば過去の因縁と業《ごう》の報《むくい》を宿した身である。これを「正報《しょうほう》」といい、身の依《よ》りどころとなる環境の国土・世間は「依報《えほう》」といわれる。正報も依報も因縁によらないものはない。ともに縁起で生起したものであるから両者は一体で「依正不二《えしょうふに》」とされる。主体・環境系とは「依正不二」と同じ意であり、主体的存在とそれを取りまく環境世界とは身土不二である。

再訪——ハイデッガー『存在と時間』

一九二六年四月八日の日付をもって「エトムント・フッサールに捧ぐ　尊敬と友情をこめて」という献辞をもつ書物が出版された。和辻哲郎が『風土』を執筆するきっかけとなったハイデッガーの『存在と時間』（中公クラシックス）である。その主題は「現存在（Dasein）」である。ハイデッガーは、序論第一章で「現存在」を定義している——「存在問題を問うことは、或る存在者自身の存在様態として、この問うことにおいて問いたずねられている当のもののほうから——すなわち存在によって、本質上規定されているのである。われわれ自身こそそのつどこの存在者であり、またこの存在者は問うことの存在可能性をとりわけもっているのだが、われわれはこうした存在者を、述語的に、現存在と表現する」。この定義から知られるように、現存在とは現存する人間のことである。現存在には『終わり』自身が属している。世界内存在の『終わり』は死である。死というこの終わりは存在しうることに、言いかえれば、実存に属しているのである」(同、第四十五節)。現存在の実存は死を孕んだ世界内存在である。

しかし、ハイデッガーは、死をはらんだ現存在の時間性だけを考察したのではない。「人間はおのれの環境世界をもつ」と述べて、環境世界の考察をも正面から行っており、そのことに言及しておきたい。『存在と時間』では人間の環境世界は二つに分けられている。一つは他の人間であり、もう一つは物である。それゆえハイデッガーの「存在」は三つに分類できる。

現存在——自己自身
事物的存在——他者
道具的存在——物産

事物的存在と道具的存在への心の働きをハイデッガーは「気遣い」という。「気遣い」はSorgeの訳である。「関心」(岩波文庫版『存在と時間』)とも訳される。事物的存在への気遣いは「顧慮的気遣い」、道具的存在へのそれは「配慮的気遣い」と使い分けられている。

ここで注目したいのは「気遣い」である。ハイデッガーの「気遣い」は、フッサールの「モナドの窓」「感情移入」に相当する重要な鍵概念である。ハイデッガーは「現存在の存在は気遣いとして露呈される」とし、「現存在は気遣いをする存在」であり、「気遣いという表現は一つの実存論的・存在論的な根本現象」であり、気遣いは「生きようとする渇望」であり「生かされようとする性癖」の根拠であり、「世界内存在は気遣いというういっそう根源的な存在機構をもっている」のであり、「実在性は気遣いに依存している」等々、繰り返し「気遣い」の重要性を述べるのである。

「気遣い」を宿命づけられている現存在は、その存在が「開示」されるに応じて自己と世界の「了解」を深める。了解の完成は「解釈」と名づけられる。ここで注目しておきたいのは、ハイデッガーが了解の仕方について「として」という概念を用いていることである(第三十二節「了解と解釈」)。ハイデッガーにとって「了解されたものは、或るものとして或るものという構造をもっている」のである。「として」というのは「了解されたものが表立つことの構造をなしているのであり、解釈を構成している」ことをいうのである。ハイデッガーの言い回しはややこしいが、簡略化してしまえば「〜として」と見る働きが了解であり解釈である。

ハイデッガー「として」論は「見立て」論ではない。だが「として」への度重なる言及は、ベルク博士の「としてある exist as」の認識論、「として見る see as」の見立て論と通じるところがあるということである。

ここで「人称」を用いて主体・環境系を区別するならば、一人称以外はすべて環境系に属することになり、以下の区別ができる――

一人称(I) 我・我々
二人称(Y) 汝・あなた方
三人称(H) 彼・彼女・彼ら
無人称(D) 死人
非人称(M) 物・自然
超人称(G) 神・仏・霊性

一人称Iは現存在、二人称YはYou(汝)の頭文字、三人称HはHe/Her(彼・彼女)の頭文字、無人称DはDead(死者)の頭文字、非人称MはMatter(物)の頭文字、超人称GはGautama(釈尊の俗称)、God(神)、something Great(偉大なるもの)、Ghost(霊性)のGである。

さて、人称的他者のY・Hは人間なのでハイデッガーのいう「事物的存在」である。Mは非人称的他者の物なのでハイデッガーのいう「道具的存在」である。Dの死者は無人称だが、家族・友人・知人の死者は人称的他者で事物的存在であるが、見ず知らず死者の墓地・墓石は道具的存在である。それに対して、超人称Gの神・仏はハイデッガーによれば「存在」そのものでも「真理」そのものでもない。存在と真理は現存在の語りやロゴスを通して開示される。それゆえGは気遣いの範囲外にあり、表式S–I–Pでいえば–I–の「観」を超越している。

ところで、ハイデッガー『存在と時間』の根本概念であるドイツ語Sorgeについて、ハイデッガーの説明は委曲を尽くしているが、その説明と訳語「気遣い」（中公版）の語感がしっくりこない。「関心」（岩波版）も語感がしっくり合っていない。そのように思うのは私のみではあるまい。独和辞典ではSorgeは、気遣い、関心、心配、憂慮、懸念、心痛、気配り、配慮、世話……などと訳されており、そのすべてを含意している。ドイツ語Sorgeは英語のSorrowに当たる。Sorrowは「悲しみ」である。Sorgeを英語Sorrowに引き付けて日本語に置き換えると、「気遣い」というよりも「悲しみ」「哀しみ」「愛《かな》しみ」である。「思いやり」や「寄り添う」といった気持ちの発露でもある。感嘆詞でいえば「可愛い！」「愛《いと》しい！」「可哀想！」という他者に向かう心に近い。さらに一歩踏み込めば、「人をあわれに思う」「もののあわれを知る」というときの「あわれ」の心情である。徳川五代将軍綱吉の「生類憐みの令」の「あわれみ」などは日本的心情におけるSorgeでありSorrowであろう。

Sorgeに関して人称的他者と非人称的他者とを問わず「他者」に向かう究極の心性として、哲学者の大橋良介は、大乗仏教の「悲」の概念に収斂させている（大橋良介『悲の現象論序説』創文社、一九九八年）。大橋良介は『悲の現象学序説』の続編の前掲『共生のパトス』で、「悲」の現象論をさらに掘り下げて、大乗仏教の「悲」は「他者」に向けられることに着眼し、それはキリスト教における英語 Compassion（あわれみ）に当たると論じている。Compassion の com は「ともに」という共同のことであるから他者を前提にしており、passion はパトス（情念・情感）に由来し、ペーソス（悲哀）に通じている。Sorge とも Sorrow とも通底する。すべての存在は死と解体を宿命づけられている。それゆえ存在に向けられる心には「悲」がともなう。大橋の「悲」への着眼は秀逸であり、東西の宗教思想の比較に道を開いている。

「悲」は人間の心から発すれば「悲願」となり、仏の心から発すれば「慈悲」となる。「悲」は現存在Iと超越的神仏Gに通態的である。Iの「悲願」はGに向かい、Gの「慈悲」はIに向かう。この相異なる方向に向かう「悲」の二つのベクトルをGにひきつけた思想がある。他力本願である。

他力本願

他力本願とは仏や菩薩の力によって救済にみちびかれて浄土に生まれることをいう。阿弥陀仏が衆生を救済するはたらきが他力である。他力本願においては、誓願を立てるのは、人間ではなく、阿弥陀仏であるから、主体はもはやIではなくなり、超越的なGである。阿弥陀仏Gが主体となって、衆生救済の誓願を立てるのである。

他力本願の浄土教が平安時代に普及したのは末法思想による。なぜ末法思想が流行したのかというと、世尊は人間の苦しみからの解脱を説いたが、仏滅後、正法（仏滅後、釈尊の教えが守られる五百年）、像法（正法の後、教えが形骸化する千年）の世を経て、教えが廃れる末法になり、日本では一〇五二年に末法に入ると信じられたからである。

他力本願の思想的背景を一瞥しておこう。浄土三部経の一つ『無量寿経』に「当来之世、経道滅尽、我以慈悲哀　特留此経、止住百歳」（『浄土三部経』上、岩波文庫）とある。すなわち、来たるべき末法の世には、仏教の経道はことごとく廃《すた》れてしまうが、仏の特別の慈悲によって『無量寿経』だけは、向こう百年間にかぎり、この世に残しておく、というのである。このメッセージを真正面から受け止めたのが法然（一一三三～一二一二年）であった。法然は『無量寿経』に感化されながらも、それを批判し、『無量寿経釈』（『法然　一遍』日本思想大系、岩波書店、所収）を著した。そこには法然の激白がある——

「かの百歳のときに経道滅尽す。これらの戒経ことごとく滅尽しなば、かの時（末法）にすでに戒経なし。戒経なき故に、受戒の者なし。受戒の者なき故に、持戒の者なし。持戒の者なき故に、破戒の者なし。破壊の者なき故に、無戒の衆生あり。しかりといへども、ただ至誠の弥陀の名を念じて、遂に往生を得るなり」

この激白に脈打っているのは危機感と切迫感である。末法の世を生き抜くために何をなすべきか。もはや頼れるのは『無量寿経』のみしかなくなったが、それを読めない衆生にとっては『無量寿経』も無益である。しかも『無量寿経』には看過しえない問題がある。女人と悪人を救済対象から除外すると明言していることである。

『無量寿経』をひもとくと、阿弥陀仏は衆生を救うために四十八願の誓いを立てている。問題は第十八願、第三十五願である。まず女人について、阿弥陀仏の第三十五願は「設我得仏、十方無量不可思議、諸仏世界、其有女人、聞我名字、歓喜信楽、発菩提心、厭悪女身。寿終之後、復為女像者、不取正覚」であり、「たとい、われ仏《ほとけ》となるをえんとき、十方の無量・不可思議の諸仏世界、それ、女人《にょにん》ありて、われ名字《みょうじ》を聞き、歓喜信楽《しんぎょう》し、菩提心《ぼだいしん》を発《おこ》し、女身《にょしん》を厭悪《えんお》せん。（その人）寿《いのち》終りてのち、また女像《にょぞう》とならば、正覚《しょうかく》を取らじ）」というのである。薄情なことに、女性の救済を断固認めないのである。

また、悪人について、阿弥陀仏の第十八願は「設我得仏、十方衆生、至心信楽、欲生我国、乃至十念、若不生者、不取正覚、唯除五逆誹謗正法」であり、「たとい、われ仏となるをえんとき、十方の衆生、至心《ししん》に信楽《しんぎょう》して、我が国に生まれんと欲して、乃至十念《ないしじゅうねん》せん。もし生れずんば、正覚を取らじ。ただ、五逆〔の罪を犯すもの〕と誹謗正法〔正法を誹謗するもの〕を除かん」というのである。「五逆」の罪とは父を殺すこと、母を殺すこと、阿羅漢（聖者）を殺すこと、仏の身体を傷つけること、教団の和合一致を破壊分裂させることとの五つの罪悪である。五逆の罪を犯したり、正法を誹謗したりするのは悪人であり、悪人は救済から省かれる、というのである。

阿弥陀仏は女人と悪人を救済しないという。法然はこれにどう向き合ったのか。女人の除外に対して真っ向から異を唱え、女人も救済されるのだ、と(何と!)阿弥陀仏に堂々と物申したのである。阿弥陀仏に対峙した法然が依拠した経典は二つである。一つは浄土三部経の一つ『観無量寿経』であり、そこには阿闍世《あじゃせ》王の母・韋提希《いだいけ》夫人が仏陀に救済されるという女人往生説がある。もう一つは『法華経』第十二「提婆達多品」であり、そこには龍女が「男子変成」を経て往生する女人往生説がある。法然はそれらを典拠に、『無量寿経釈』という批判的解釈書を著し、同書で『無量寿経』の要点を整理したうえで、女人排除について、こう語る——

「これについては疑ひあり。上の念仏往生の願は男女を嫌はず、来迎引接《らいごういんじょう》も男女にわたる」「仏に成ることは男子なお難《かた》し、いかにいはんや女人をや」

これは法然独自の思想の激白である。法然はいう——男でも救われるのは難しいのであって、女が救われるのが難しいというのは道理にあわない。念仏に男女の区別はないはずである。男女とも念仏によって往生できるとしなければならないのである。これは「女人往生」の高らかな宣言である。女人往生宣言は仏教の土着化の重要な指標であると思う。舶来仏教は法然の女人往生説によって真に日本人のものになったと言えるであろう。

では、もうひとつの悪人排除についてはどうか。その課題に挑んだのが親鸞(一一七三〜一二六二年)であった。法然の愛弟子の親鸞は、「たとひ法然聖人《ほうねんしょうにん》にすかされまひらせて、念仏して地獄におちたりとも、さらに後悔すべからずさふらふ」(『歎異抄』岩波文庫)と告白したほど、法然に命がけで私淑した。先の法然の女人往生の文言の「男子」を「善人」に、「女人」を「悪人」におきかえてみよう。そうすると、

「仏に成ることは『善人』なお難し、いかにいわんや『悪人』をや」

となる。これは『歎異抄』における親鸞の有名な一文

「善人なをもて往生をとぐ、いわんや悪人をや」

というテーゼそのものである。いわゆる悪人正機説である。正機の「機」とは縁があれば発動する可能性のことである。悪人正機とは、悪人は救済の対象であって仏の導きで救済される素質を備え

ていることをいう。親鸞の悪人正機説は法然の女人正機説の応用であることが知られるであろう。法然と親鸞は二人して『無量寿経』の女人・悪人を救済しないという阿弥陀仏に異議を申し立て、その除外規定を外したのである。法然の浄土宗と親鸞の浄土真宗においては、人称的存在は専修念仏によってすべて救済される。貴賤・男女の別なく、善人・悪人の別もなく、すべての人間は平等であるという思想の登場である。社会の半分は女性であり、また何らかの悪にまみれない人間はいない。末法の世に、法然・親鸞は、独自の仏典解釈によって、すべての日本人が救われると宣揚した。女人往生説と悪人往生説とは相俟って仏教が日本に根付いたことを示すものである。

では、非人称の犬畜生や虫魚、草花、山、川、岩、滝、土、石、国土はどうなのか。結論をいえば、存在するものすべてが救済されると説かれるのである。その淵源は、比叡山天台宗の良源（九一二〜八五年）が奈良仏教と比叡山天台宗との応和宗論（九六三年）で、「一草一木各一因果、山河大地同一仏性」と喝破したところにさかのぼる。有情のイヌ・畜生・昆虫・魚も、非情の草木国土も仏性をもつとされたのである。良源の弟子・源信（九四二〜一〇一七年）の『往生要集』（九八五年、『源信』日本思想大系、岩波書店）には「一切衆生に悉《ことごと》く仏性《ぶっしょう》あり」「一切の有情は皆如来蔵《にょらいぞう》なり」「深く一切衆生に悉く仏性ありと信じて、普《あまね》く自他共に仏道を成ぜんと願ふこと、あに罪を滅することなからんや」などと説かれている。著者の源信は「横河僧都」として『源氏物語』にも登場するなど、源信の思想は当時の共通認識になっていた。また、遊行上人の一遍（一二三九〜八九年）は「よろづの生《いき》とし生けるもの、山河草木、ふく風たつ浪の音までも、念仏ならずと云ふことなし。人ばかり超世の願にあづかるにあらず」(「一遍上人語録」前掲『法然　一遍』日本思想大系)と言っている。ここに見られるのは、人間を含む萬物の平等を説く思想である。それは人間中心主義ではなく、環境中心主義でもない。存在するものみな等しく仏性に照らされいるとするのである。この思想は今日では「天台本覚論《てんだいほんがくろん》」(『天台本覚論』日本思想大系、岩波書店)といわれる。

天台本覚論

「本覚」は『大乗起信論』(岩波文庫)に出てくる概念である。その箇所を引くと

「覚の義とは心体の離念なるをいう。離念の相は虚空界に等しくして、偏せざるところ無ければ、法界一相なり。すなわちこれ如来の平等法身なり。この法身に依りて説いて本覚《ほんがく》と名づく。何をもっての故に(といえば)、本覚の義は始覚《しかく》の義に対して説き、始覚はすなわち本覚に同ずるをもってなり。始覚の義とは本覚に依るが故に不覚あり。不覚に依るがゆえに始覚ありと説くものなり」

とある。右に見られるように、「本覚」は「不覚」の対語である。不覚とは字のごとく悟っていな

い心の様をいう。内に本来的に備わっている悟りの性を直覚するのが「始覚」であり、始覚で悟りが開かれて「本覚」となる。不覚→始覚→本覚という連関が説かれているのである。現象界の本質を始覚で悟れば本覚に至り、現象界はそのまま仏界となる。内在する本性が顕在化したのが現象であり、現象は仏性の現れだと説くのである。その要諦は「山川草木悉有仏性《さんせんそうもくしつうぶっしょう》」「草木国土悉皆成《そうもくこくどしっかいじょう》仏《ぶつ》」に集約される。存在するものすべてに仏性があり、ことごとく成仏するのである。

天台本覚思想は日本人に広く受け入れられた。それはなぜであろうか。私見では、その土壌は縄文時代一万年の間に培われた自然への恐怖と畏敬の心ではないかと思う。『古事記』「上の巻」の神話に登場する神々にその片鱗を垣間見ることができる。また「物の怪」や「怨霊」の存在を信じる心性は、仏教が盛んになった平安時代になっても、天皇をはじめ国の支配者層にも強く残っており、物の怪や怨霊を鎮めるために、宮中や貴族の館で密教の加持祈祷がさかんに行われた。その様は山折哲雄『みやびの深層』(『日本文明史』第四巻、角川書店)に詳論されているが、加持祈祷や呪術には土着のアニミズムの気配が濃厚である。

宗教用語の「アニミズム」は最近では「精霊信仰」と訳される。自然界は無数の精霊で満ちているとする観念である。アニミズムはイギリスの人類学者エドワード・タイラー(一八三二〜一九一七年)が『原始文化』(*Primitive Culture* 一八七一年、誠信書房)で最初に使った。同訳書ではアニミズムは「生気説」と訳されている。タイラーは、アニミズムとは未開社会の原始人の世界認識の方法であり、宗教の起源であると論じている。

なるほど、アニミズムは原始社会に共通に見られる心性である。高等宗教の勃興によってアニミズムは消失したかに見える。だが、人々の心に自然界への恐怖や畏敬の念があるかぎり、語り継がれ、言い伝えられて、神話、伝承、昔話などに変じ、それらを通してアニミズム的心性は高等宗教にも影響したとみるべきである。原始社会以来の心性が高等宗教によって理論化された面も否定できない。素朴な世界解釈であり自然信仰ともいうべきアニミズムは、高等宗教が誕生した後も、形を変えて文明社会の人々の心に存続した。タイラー自身、「文化の全段階を通じて諸霊が遍在するという教義」のあることを指摘しており、ミルトンの有名な詩句「数百万の霊の生きものは、見えねども地上を歩む。われら目覚める時にも、眠れる時にも」を引いて、文明社会にも生気説は息づいていると論じている。タイラーは同書を結ぶに当たって「低級な生気説《アニミズム》は、いろいろ修飾されて高級な生気説に変じ、進んだ知識状態と合うようになり、もっと厳しい科学、もっと高い信仰と調和するようになる」のであり、「歴史の各段階を経るに伴い、変化が多くなり、恒久性が深まってゆく」と総括しているのである（同上）。

たとえば、スピノザ（一六三二〜七七年）の『エチカ』は、実体としての唯一神を前提にしながらも萬物は神の様態であり顕現であるとしているので、「汎神論」の書といわれる。霊気が万象に充ちているというのはアニミズム的心性であり、その心性が唯一の実体＝神を説く高等なキリスト教神学と融合し理論化され洗練されたのがスピノザの思想であるように思える。日本列島では、縄文以来、自然を畏れながら敬うアニミズム的心性があり、その心性が仏教理論の宇宙・万象に働く仏法と融合し、「汎神論」との対比でいえば、「汎仏論」になった。それが「天台本覚論」ではないか。『エチカ』がアニミズムではないように、「天台本覚論」もアニミズムではない。しかし両者に共通しているのは人智を超える働きをするSomething Greatに対する敬虔の念である。

天台本覚論については、先ごろ没した哲学者の梅原猛（一九二五～二〇一九年）の長い哲学人生を米寿で総括した『人類哲学序説』（岩波新書、二〇一三年）が参考になる。梅原は、同書でデカルト、ニーチェ、ハイデッガーを批判の俎上に載せながら、人類の思想史にしめる天台本覚論の重要性を語っている。

梅原猛の人類哲学

ベルク博士との親交を深めたのは梅原猛が京都に創設した国際日本文化研究センター（日文研）においてであった。博士が日文研の招聘教授として来日した当時、私は日文研の教授であり、一緒にシンポジウムを開いたりした。また興味深いことに、ベルク博士の風土哲学を基礎づける「テトラ・レンマ」論の山内得立の京都大学時代の愛弟子が梅原猛であった。梅原猛は京都哲学叢書第二十二巻『山内得立　惰眠の哲学』（燈影社、二〇〇二年）の解説を引きうけて、恩師についてこう書いている――

「明治以後の日本の哲学者のなかで、山内氏ほど哲学に関して広い知識をもった哲学者はいないのではないかと思われる。……山内氏のように古今東西の哲学書をあまねく読み漁った哲学者は空前絶後といえる。……私は氏のなかに、終生西田幾多郎先生を敬愛しながらも、その哲学においてほとんど影響されない哲学精神の自由さを見たのである」

梅原猛の恩師像はそのまま梅原の自画像でもある。梅原猛は終生、西田幾多郎と山内得立を敬愛しつつも、彼らの思想的影響を受けたとはいいがたい。それどころか、あえて先学とは一線を画そうとする志操があり、西田哲学に対しては、第一に難解であり、第二に日本の歴史的現場をフィールドワークしておらず、第三に禅に偏りすぎて奈良・平安の仏像・仏教を軽視しているなど、歯に衣着せず批判している。梅原には膨大な著作があるが、そこに恩師・山内得立の哲学の痕跡も見出しがたい。

梅原猛は単著の処女作『美と宗教の発見』（一九六七年、現在はちくま学芸文庫ほか）で、鈴木大拙と和辻哲郎をやり玉にあげ、大拙に対しては、仏教を禅に集約しすぎて鎌倉時代以前の仏教すなわち飛鳥・奈良・平安時代の仏教と仏教美術を軽視していると批判し、和辻に対しては、『古事記』を支える「浄―不浄」の価値を無視しており、日本思想を儒教的な倫理道徳と尊皇思想で矮小化したと厳しく批判した。

もっともその後、梅原猛は『和辻哲郎集』(『近代日本思想大系第二十五巻』筑摩書房、一九七四年)の編集を引き受けて、「和辻はいやしくも哲学者がいだくべきあらゆる日本の文化・思想に関心をいだき、そのあらゆるジャンルにおいて、見事な成果をあげた」などと概して好意的な解説を書くなど、和辻の学問には敬意をはらった。また梅原は、和辻の京大時代の居宅に移り住んだ。そこは京都東山の「哲学の道」の終点の若王子神社の近くで、梅原は野趣豊かな旧和辻邸を気に入り、そこで後半生を送り、邸内で息を引き取った。両者の深い縁を示すものである。

梅原猛は青年期にニーチェなかんずくハイデッガーに魅せられて哲学の道に入り、西田幾多郎、和辻哲郎、山内得立などと縁のあった哲学者であるが、彼らの学統には属さず「梅原日本学」で知られる独自の学問を立てた。梅原の異才ぶりは、スーパー歌舞伎、スーパー能・狂言、小説・戯曲の創作にも発揮された。日本ペンクラブの会長を務めるほどの文学的素質に恵まれた梅原は、古今の哲学者に対して、その哲学だけを論じるのではなく、哲学者本人の心の闇に迫り、そこにメスを入れるスタイルを創り上げた。それは法然論と親鸞論についてもいえる。

梅原は法然と親鸞の心奥の闇に迫ることによってユニークな解釈をした。法然の女人正機説については、法然が幼い時に押領使(税金取立人)の父とともに殺された母を極楽に往生させたいという切なる願望に起因すると説いた（梅原猛『法然の哀しみ』小学館文庫）。親鸞の悪人正機説については、親鸞の血統に保元の乱で父の源為義を子の源義朝が殺すという「父殺し」の悪人（義朝は親鸞の祖父）の血が流れこんでいることを文献的に確証し、悪人正機説はその罪悪感に対する親鸞の尽きせぬ懺悔に起因すると論じた（梅原猛『親鸞の「四つの謎」を解く』新潮社ほか）。

梅原は若い頃にハイデッガーの『存在と時間』に魅せられて「死にいたる病」の中で苦悶し、そこから脱出するために苦闘をした。梅原哲学の始点はハイデッガーの実存哲学であり、終点が天台本覚論である。天台本覚論は存在するものすべてに仏性を認める。仏性とは仏心の発露する主体性と言いかえられる。つまり、天台本覚論の要諦をなすテーゼ「山川草木悉有仏性」の仏性を仏の主体性と解すれば、そのテーゼは「人間・生物・草木・国土悉有主体性」となる。今西錦司の生物の汎主体性論や擬人主義の思想的・歴史的背景には「悉有仏性」の天台本覚論があり、その淵源にさかのぼり日本思想の古層を深く掘り進めば、縄文時代以来の自然への畏敬の心性へとたどりつくのではないか。

『法華経』

鎌倉期に出現した多彩な日本仏教各派には共通の原流がある。『法華経』である。仏教思想史の末木文美士が述べているように「『法華経』ほど日本で広く読まれ、信仰されてきた経典は他にないであろう」（『日本仏教史』新潮文庫）。『法華経』は日本仏教史において最も重視され、「諸経の王」といわれる。

さかのぼれば飛鳥時代、聖徳太子（五七四〜六二二年）は「三教義疏」を撰述したと伝えられるが、真偽をめぐって諸説のある中で、『法華義疏』のみは太子の自筆本とされているから、『法華経』は一四〇〇年前に確実に知られていた。つづく奈良時代、聖武天皇は諸国に国分寺建立を命じて、『金光明最勝王経』とともに『法華経』の写経を納めさせた。そして平安時代の初期、比叡山延暦寺の天台宗開祖の伝教大師・最澄（七六七〜八二二年）は『法華経』を教学の中心にすえた。以来、『法華経』は日本天台宗の根本経典となった。比叡山延暦寺からは、前述の良源、源信、法然、親鸞のほか、禅宗の栄西（一一四一〜一二一五年）、道元（一二〇〇〜五三年）、日蓮宗の日蓮（一二二二〜一二八二年）等、逸材を綺羅星のごとく輩出した。彼らの仏教修行に必須の経典が『法華経』であった。

『法華経』二八品のクライマックスは第十五「涌出品《ゆじゅっぽん》」と第十六「寿量品《じゅりょうほん》」であろう。「涌出品」の「涌出」とは、菩薩があたかも大地から泉が滾々と湧き出ずるように出現してくることをいう。世尊が入滅直前に最後の教えを説こうとすると、それを聴こうと無数の菩薩が大地から踊り出てくるので「地涌《じゆ》の菩薩《ぼさつ》」ともいわれるのであるが、その模様がドラマティックに描かれている――

「仏説是時、娑婆世界、三千大千国土、地皆震裂、而於其中、有無量千万憶、菩薩魔訶薩、同

時湧出（仏、これを説く時、現世の三千大千の国土の大地がはげしく揺れて、そのなかから千万憶もの無数の菩薩・魔訶薩が湧くように出現した）」

このように無数の菩薩が湧き出てくる様を「見諸菩薩、偏満無量、百千万億、国土虚空（もろもろの菩薩が、とても数え切れないほど千百万憶の国土の虚空のどこにもいるのを見る）」ようだと形容している。「国土虚空」とあるが、古代インドの世界観では、大地の下に金輪《こんりん》があり、金輪の下に水輪《すいりん》があり（金輪と水輪の境目が「金輪際《こんりんざい》」）、水輪の下に風輪《ふうりん》があり、風輪は「虚空」に浮かんでいる。つまりこの世界には菩薩が充満しているということを示唆しているのである。世尊は無数の地湧の菩薩について、こう説明する――

「是諸大菩薩、従無数劫来、修習仏知恵、悉是我所化、令発大道心、此等是我子（これらの菩薩たちは、悠久の昔から、仏の知恵を学び、すべて自分と異なるものではなく、我が子である）」

と。しかしこの説明はおかしい。なぜなら世尊の生まれる前に自分の子供がいたというのは現実にはありえない。だがこれは、フッサールの「実体としての我」と「超越論的我」との関係として読み解けば、理解可能であろう。

続く「寿量品」では、世尊が自己の存在をこうも語る――

「我成仏己来、甚大久遠、寿命無量、阿僧祇劫、常住不滅（我は成仏してからというもの、時間は無限に過ぎ、寿命は数えあげようもなく、無限無窮であり、我は滅することなく常に存在する）」

世尊は太古から常在する（「久遠実成《くおんじつじょう》」）と言いながらも「我今衰老、死時巳至（我は老い衰えて、死の時がきた）」という。常在しながら入滅するというのであるから矛盾である。その矛盾に対する問いに世尊はこう答える――

「我本行菩薩道、所成寿命、今猶未尽、復倍上数、然今非実滅度、而便唱言、当取滅度、如来以是方便、教化衆生（我は菩薩道を修業して、無限の寿命を得た存在であり、寿命は尽きることはなく、これからもこれまで以上に寿命は長くつづく。しかしあえてここで入滅するという。それは方便であって、衆生をみちびくためである）」

同じ方便が繰り返され、「如来難可得見（如来のすがたを見るのはむつかしい）」ので生滅する姿を見せたが、本来はそのようなものではなく、「是故如来、雖不実滅、而言滅度（如来は、じつは滅することはないのであるが、あえて滅すると言うのである）」と説かれる。また、「方便現涅槃　而実不滅度（方便で入滅する涅槃を見せるが、じつは滅度することはない）」として、誕生・入滅は不生不滅の世尊の存在を知らせるための「方便」であるというのである。

『法華経』の大きな特色は方便論である。常在しているのに入滅すると説く方便について、仏教学の佐々木閑が最近著で「死んだふりしたお釈迦様」という巧みな表現で解説しているが、言い得て妙である（同『大乗仏教』NHK出版新書、二〇一九年）。

「寿量品」で説かれる滅・不滅の方便論はフッサールのいう生滅する実体の「我」と「超越論的な我」との関係に似ている。もっとも『法華経』では、フッサールの「超越論的な我」とは趣を異にし、世尊は衆生を救済するという主体的意志をもつので「超越論的主観」である。

「湧出品」「寿量品」は相俟って万物・万象に仏性が遍在しているという思想の表明である。『法華経』を信じる者は萬物に対する世尊の慈悲を感得する。慈悲とは「いつくしみ」と「あわれみ」である。この心性が草木国土悉皆成仏という天台本覚論となって結実したのである。

以上を通態の表式S–I–Pと関係させると、法然と親鸞が確立した日本浄土教の他力本願では、人称のIは無限小になる一方で超人称のGは無限大になる。その果てにGがIに入りこみ、Gが世界を「観」ずるS–G–Pとなる。他力本願におけるGは阿弥陀仏である。しかしGの位置を占めるのは阿弥陀仏だけではない。パウロの「我らは神の中《うち》に生き、動き、また在《あ》るなり」(『聖書』「使徒行伝」17―28)というのは神にすべてをゆだねる他力心の表白である。パウロの「我らの神」はキリスト教の神Gである。Gにゆだねるというのはいずれの宗教にあっても共通する心性であろう。その心性は日本においては「他力本願」に確認できるということである。

仏教の芸術化

親鸞の主著『教行信証』(『親鸞』日本思想大系、岩波書店)「教巻」の冒頭に「浄土真宗に二種の廻《え》向《こう》あり。一つには往相《おうそう》、二つには還相《げんそう》なり」とある。阿弥陀仏の働きは、衆生を極楽に引き上げる「往相」と、阿弥陀仏が極楽から衆生を救済にくる「還相」とからなる、という命題がいきなり冒頭に出てくるのである。この往相・還相の思想は釈迦牟尼の説いた原始仏教には存在しない。しかし、大乗仏教の弥勒信仰には類似の思想がある。弥勒菩薩は「上生《じょうしょう》」して仏界の手前の兜率天《とそつてん》にとどまり、五六億七千万年後に衆生を救済するために「下生《げしょう》」して現世に還ってくる。親鸞浄土真宗における阿弥陀仏の往相・還相の思想は、弥勒信仰における弥勒菩薩の上生・下生の思想と酷似している。さらに興味深いのは、往相・還相の思想と、上生・下生の思想とは、キリスト教におけるイエス・キリストの「昇天」「再臨(千年王国信仰)」の構造と同じであるということである。

ではなぜ、「往相・還相」、「上生・下生」、「昇天・再臨」というように表現こそ相異なるが、三者の構造が相似ているのであろうか。私見では、六世紀以後の日本に仏典・仏像が滔々と渡来してくるが、「仏教」という名の大風呂敷の中に、景教（ネストリウス派キリスト教）、拝火教（ゾロアスター教）、ヒンズー教等々、ユーラシア大陸の諸宗教が紛れ込んでいたことによる。それを暗示しているのは正倉院の宝物である。宝物はユーラシア各地に由来する一万点におよぶ。たとえば宝物の伎楽面の酔胡王などはシルクロードを行き来したソグド人（ペルシャ系商人）の顔をしている。それらが示唆しているのはユーラシア各地から人々が渡来していた可能性である。渡来した人々は故郷の珍品とともにみずからの宗教思想も持ち込んだとみるべきであろう。景教も拝火教も七世紀に渡来していた可能性がある。神の再臨は景教（キリスト教）の天国と煉獄の思想に由来し、弥勒は拝火教（ゾロアスター教）の神ミトラの漢字表記である。もとより、親鸞の思想は、善悪の二分法に立つ拝火教とも、ヨハネの黙示録にある最後の審判で罪悪人を地獄に落とすキリスト教とも、明確に異なる。浄土真宗は日本の思想である。それは法然の女人往生に親鸞の悪人正機を加えた日本の風土性を色濃く宿している。しかし、親鸞の往相・還相の思想は、その背景の水脈を探っていくと弥勒思想やキリスト教に源流があると思われる。親鸞の思想は——本人にその意識の片鱗すらなかったことは疑いないが——中東の一神教の系譜につらなる可能性がある（拙稿「日本の『再生』思想」、滝澤雅彦・柑本英雄編『祈りと再生のコスモロジー——比較基層文化論序説』成文堂所収、二〇一六年。ならびに拙稿「文明の精神史観」参照、前掲『日本の中の地球史』所収）。

そのことはひとまず措いて、他力信仰を完成させた親鸞の晩年に顕在化した二つの特色がある。一つは自然法爾《じねんほうに》であり、もう一つは和讃である。自然法爾とは「親鸞八十八歳御筆」と題される文章で唱えられた――「自然《じねん》といふは、自《じ》はおのづからといふ。行者《ぎょうじゃ》のはからひにあらず、しからしむるといふことばなり。然《ねん》といふはしからしむといふことば、行者のはからひにあらず、如来のちかひにてあるがゆへに。法爾《ほうに》といふは、如来《にょらい》の御ちかひなるがゆへにしからしむるなるを法爾《ほうに》といふ。この　法爾《ほうに》は御ちかひなりけるにゆへに、すべて行者のはからひなき」(『親鸞和讃集』岩波文庫より)というものであり、自力のはからいを捨て、如来の法にしたがうというのである。自力を排し、自然のままにゆだねるという思想である。

もう一つの特徴は、『教行信証』に顕著な文献考証と漢文で書かれた理詰めの論法が影をひそめ、和讃が登場したことである。親鸞は『浄土和讃』『高僧和讃』『正像末浄土和讃』『皇太子聖徳奉讃』『大日本国粟散王聖徳太子奉讃』(いずれも前掲『親鸞和讃集』に所収)など実に多くの和讃を残した。そこから二首を紹介しよう

弥陀《みだ》の大悲《だいひ》ふかければ　仏智《ぶっち》の不思議《ふしぎ》あらはして　変成男子《へんじょうなんし》の願《がん》をたて　女人成仏《じょにんじょうぶつ》ちかひたり

極悪深重《ごくあくしんじゅう》の衆生《しゅじょう》は　他の方便《ほうべん》さらになし　ひとへに弥陀《みだ》を称《しょう》じてぞ　浄土《じょうど》にむ(生)まるとの

べたまふ

前の和讃は『法華経』の女人往生説を、後の和讃は『観無量寿経』の悪人往生説を詠いあげている。親鸞が晩年に和讃に急傾斜したことを、一言で形容すれば、芸術への昇華である。和讃は覚えやすいから、信者の間に広まって「御詠歌《ごえいか》」となって定着し、浄土宗は信者が声を合せて詠唱する「歌う仏教」となった。

天台本覚論のテーゼ「草木国土悉皆成仏」は草木国土を仏性の現れとみるのであるから、そこには自然への畏敬の念がある。自然にゆだねるという自然法爾の心性は、朝焼けの旭日、西の山端や海に沈む落日、夜空の月の満ち欠け、嵐、雷光、豪雨、噴火、開花、新緑、紅葉、落葉、冠雪、吹雪など、人を畏怖させ感動させる自然現象と無縁ではないであろう。また、そこに人智を超えた働きを感得するところに由来するであろう。

なにごとのおはしますかは知らねども　かたじけなさに涙こぼるる（西行）

こうした心性が自然法爾に通じている。自然への自己投機は自然を讃嘆する芸術心を涵養し、それを表現する技芸の練磨に道を開いた。技芸の道は一つではない。信仰の芸術への転化は和讃にとどまらず他のさまざまな領域でも見られることになった。

たとえば詩歌では、十世紀初頭の『古今和歌集』仮名序の「花になくうぐひす、水にすむかはづのこえをきけば、いきとしいけるもの　いづれかうたをよまざりける」の思想がそれである。貫之は生きものすべてを詩人に見立てているのである。絵画では、鳥羽僧正の作と伝えられる「鳥獣戯画」（十二世紀中頃〜十三世紀中頃）はサル、ウサギ、カエルなどを擬人化して人間に見立てており、天台本覚思想の絵画的表現である。謡曲では動物をシテにした『鵺』『土蜘蛛』『胡蝶』、植物をシテにした『芭蕉』『杜若』『藤』『女郎花』『西行桜』『老松』、無人称の物をシテにした『殺生石』『富士太鼓』など、多くは傑作であるが、いずれの作品においても草木国土悉皆成仏の思想が通奏低音である。天台本覚論は時代が下るにつれて様々な芸術分野に表現世界を見出したのである。

アニミズム・ルネサンス

西洋におけるキリスト教神学から数学・物理学への変化は「科学革命」と呼ばれる。科学革命と対比すれば、日本における仏教の芸術への転化は「芸術革命」と形容できるであろう。宗教は超俗的であるが、芸術は世俗的である。超越的な世界を現世に移した典型は造園である。京都の平等院を建立した藤原頼通《ふじわらのよりみち》（九九二〜一〇七四年）や平泉の毛越寺を建立した藤原基衡《ふじわらもとひら》（一〇九〇〜一一五八年）は源信の『往生要集』を信じた。源信の描いた「厭離穢土・欣求浄土（穢れた現世を離れて極楽浄土を希求する)」の浄土も地獄も絵画的である。両寺院の浄土庭園は浄土のイメージを形にしたものである。奥州藤原氏の祖・藤原清衡《きよひら》(一〇五六〜一一二八年、基衡の父)は、前九年の役(一〇五一〜六二年)、後三年の役(一〇八三〜八七年)で戦乱にまみれた現世の穢土を浄めたいという祈りと願望を祈願文『供養願文《くようがんもん》』に込めた――「抜苦与楽《ばっくよらく》、普皆《ふかい》平等、官軍夷虜《いりょ》、古来幾多、毛羽麟介《もううりんかい》の屠《と》を受くるともの過現無量、精魂はみな他方の界に去り、朽骨《きゅうこつ》はなお此土の塵となる。鐘声の地を動かすごとに、冤霊《えんれい》をして浄刹《じょうさつ》に導かしめん」(元中尊寺貫首《かんす》の千田《ちだ》孝信『花咲け　みちのく　地に実れ』中尊寺刊、所収)。浄土を希求する清衡の思想は子の基衡、孫の秀衡の造園になった。今に残る浄土庭園は超俗の極楽浄土を表現したものである。「煩悩即菩提《ぼんのうそくぼだい》(煩悩の本体は真実不変の真如のさとりと相即しているとする命題)」は「現世即仏界」すなわち現世はそのまま仏界(仏国土)であるという思想に通じている。奥州平泉の中尊寺一帯は浄土思想がつくりあげた景観である。奥州平泉はそこに息づく浄土思想とともに国際的認証を得て「平泉―仏国土(浄土)」として世界文化遺産(二〇一一年)になった。

江戸時代の画家・伊藤若冲《じゃくちゅう》(一七一六〜一八〇〇年)の『野菜涅槃図』は画題の通り野菜が涅槃に入り、『樹花鳥獣図屏風』『鳥獣花木図屏風』では動物や植物が擬人化されて、「さまざまな動植物が、写実と装飾、空想とアニミズムの交錯する不可思議な世界をつくりだしている」(辻惟雄《のぶお》『日本美術の歴史』東京大学出版会、二〇〇五年)。若冲の作品は、仏教がアニミズム的な絵画に転化した例である。

明治期に舶来した最大の西洋思想はキリスト教である。明治日本のキリスト教徒の代表は内村鑑三（一八六一〜一九三〇年）であるが、鑑三は一九〇〇年ころから『無教会』誌を発行して「無教会主義」を唱道した。「無教会というのであれば、どこに神がいるのか」という問いに対し、鑑三は「教会の天井は天空であり、床は緑なす野であり、祭壇は山岳であり、教会の楽の音は小鳥の囀りであり松籟であり、そこに神が御座す」と答える。鑑三は麗しい天然自然を神の殿堂に見立てた。そこに鑑三が青年期に感化されたジョン・ラスキン（一八一九〜一九〇〇年）の名著『近代絵画論』におけるスイスアルプス讃歌の影響を指摘することもできる。ラスキンは画家ターナー（一七七五〜一八五一年）の描いたアルプスの絵画を讃嘆し、自らもアルプスを旅して雄大な山岳を神の殿堂と呼んだ。無教会主義すなわち自然界をもって神の家（教会）とする思想は自然への回帰であり、自然讃歌は日本思想の古層にあるアニミズム的心性の発露であり、自然法爾と紙一重である。

ついでながら、鑑三の祈りの対象はもちろんキリスト教の神であり、法然と親鸞の念仏の対象は阿弥陀仏である。神と仏と名こそ異なるが、法然は『選択本願念仏集』で「弥陀如来、法蔵比丘《びく》の昔、平等の慈悲に催《もよお》されてあまねく一切を摂せむがために、造像起塔等の諸行をもって、往生の本願としたまはず。ただ称名念仏の一行《いちぎょう》をもって本願としたまへり」（前掲『法然　一遍』所収）と述べている。寺院も仏像も不要だと説いているのである。これは「無寺院主義」の宣言である。この点はかつて拙稿「精神革命の東方伝播」（川勝『日本の理想　ふじのくに』春秋社所収、二〇一〇年）で初めて指摘したことではあるが、法然・親鸞の「無寺院主義」は鑑三の「無教会主義」と通底している。

無寺院主義は仏の遍在を説き、無教会主義は神の遍在を説く。内村鑑三の無教会主義は――鑑三が意識していたとは思えないが――法然・親鸞の無寺院主義に原型を求めることもできよう。天然自然・非情・無情・衆生これら一切に神性や仏性を見るのはアニミズム的心性であろう。その淵源はヤポネシアに人々が住み着いた縄文時代にあり、それが徐々に醸成されて舶来の思想が土着化するときには顔を見せるのである。

大正・昭和初期の詩人の宮沢賢治は多くの童話を残し、生きとし生ける様々な動物を主人公にした。賢治は『法華経』の熱心な信者であり、伝道者でもあった。賢治は童話や詩を通して法華経の「汎仏論」を表現したともいえるが、『法華経』を媒介にしたアニミズム文学の傑作ともいえる。

芸術革命と科学革命

「諸経の王」『法華経』が日本に土着化したのが天台本覚論である。草木国土悉皆成仏の思想は様々な芸術の世界に輪廻しながら転生を遂げていった。その転生の経緯を私は天台本覚思想の山川草木《さんせんそうもく》国土悉皆成仏《こくどしっかいじょうぶつ》は山川草木国土悉皆芸術《さんせんそうもくこくどしっかいげいじゅつ》へと転化したと結論づけた（拙稿「「人類哲学」讃歌――山川草木国土悉皆芸術」、最晩年の梅原猛との共著『日本思想の古層』藤原書店、二〇一七年に所収。なおこの共著は、その名を表紙に冠した梅原猛の生前最後の本である）。「悉皆成仏」から「悉皆芸術」への変化は「芸術革命」と総括できるであろう。

天台本覚論は自然に息づく生気に対する信仰（アニミズム）の再生である。とすれば、それは縄文以来の心性への原点回帰であろう。一方、キリスト教圏における「宗教革命」は、キリスト教がスコラ学とカトリック教会の制度的衣裳を脱ぎ捨てて始原の『聖書』に立ち返ったことであり、これも原点回帰である。回帰と言ったが、革命とは原点からの再（re）回転（volution）のことである。天台本覚論もプロテスタンティズムも宗教の新機軸である。プロテスタントの勃興が宗教革命と形容されるのであれば、日本における天台本覚論の台頭も宗教革命であると形容できる。

キリスト教圏では、宗教改革を担ったプロテスタントは、二つの新しいエートスを生んだ。一つは、よく知られているように、ウェーバーが『プロテスタンティズムの倫理と資本主義の精神』（岩波文庫）で指摘した「資本主義のエートス」である。もう一つは、ロバート・マーティンが指摘した「自然科学のエートス（ethos of science）」である（Robert K. Martin, *Science, Technology and Societies in the Seventeenth Century England*, 1938）。キリスト教圏における原点回帰＝プロテスタンティズムは科学的エートスを涵養し、日本における原点回帰＝天台本覚論は芸術的エートスを培養した。天台本覚論→芸術の流れはプロテスタンティズム→科学の流れに匹敵するのである。比較文明史の観点からみると、西洋キリスト教圏における宗教革命→科学革命（森羅万象の数式的表現）と、天台本覚論→芸術革命（森羅万象の芸術的表現）とは併行的である。

まとめておこう。宗教は来世にかかわるが、芸術は現世の営みであるから、芸術への転化は宗教の「世俗化」である。中世から近世にかけてキリスト教は世俗化して自然科学のエートスを産み落とした。日本においては仏教が世俗化して庭づくり、茶の湯、活け花、能・狂言、数寄屋造り等々の分野で技芸を練磨する芸術のエートスを開花させた。キリスト教の神の真理は宗教革命→科学革命の経緯を経て科学的知性を開花させた。科学は現実世界における実証・実験・観測・観察を不可欠の条件とする。科学は信仰の世俗化である。神への信仰が科学的態度・実証的精神に代わることで、宗教は世俗化して自然科学に帰結した。日本では極楽への希求が草木国土の万象に仏性が宿るとした天台本覚論が媒介となって世俗化し、仏教は技能技芸を磨く芸術文化に転化した。西洋キリスト教圏で科学が発達し、日本仏教圏で芸術が発達しても、信仰が途絶えたわけではないから、西洋では神への信仰は失われないまま、信仰は科学と一体化し、日本では自然への畏敬の念は失われないまま、信仰は芸術と一体化したとも言える。

ベルク博士は「日本語に擬態語と擬声語が例外的に多い。それは擬人化である」と指摘しているが、擬人化への傾斜の背景には、衆生の悉皆成仏の平等思想があり、自然界が仏界（仏国土）とみなされることで、自然界（生物・非生物）が神聖化されて、それが芸術表現に転じたとみなしうる。ここではその変化を「科学革命」との対比において「芸術革命」と呼ぶのである。日本では芸術的美に収斂する技芸（技能・芸能）の発達が、ヨーロッパのルネサンスと同時期におこっていたのである。

本稿冒頭のプロローグで紹介したように、富士山は「信仰の対象と芸術の源泉」として世界の共有財産になった。富士山は国土の象徴である。それゆえ、それは国土自体が信仰性と芸術性をあわせ持つこと、つまり、富士山の芸術性が国際的に公認されたことは「風土の芸術性」を示したものである。宗教は来世への信仰であるが、芸術は現世での歓喜である。自然が「景」として風景・景観となり、人間は技芸を通して芸術を志向する。自然と人間の間に通態するのは芸術である。ベルク博士の表式を用いて言えば、現実的なS–I–Pと超越的なS–G–Pの両表式に通態するのは芸術である。

地球の造山活動は自然景観の芸術性を開示し、人間の生活景観については「茶の湯」に見られるように生活の総合芸術化である。風土とは、そのような自然と人間の共同作用の織りなす芸術への志向性において、常在する自然と生滅する人間とが相互に通態する場である。それを主体的にとらえかえせば、風土は美的に磨かなければならないということである。風土は自然美と人工美とが令《うるわ》しく和した美として表現される芸術的時空を理想とする。それゆえ理想としての風土は知・情・意のパラダイムの表現となる。

エピローグ

科学《サイエンス》と詩学《ポエティカ》

科学と詩学との統合をめぐって、かつて社会学の泰斗・鶴見和子（一九一八〜二〇〇六年）と対談したことがある（川勝平太・鶴見和子『新版「内発的発展」とは何か』藤原書店、二〇一七年）。鶴見和子の生涯は、表面的には、科学的人生と短歌的人生に分かれる。一九九六年に脳梗塞で倒れて左片麻痺になる七十七歳までは学問人生であり、倒れて後の十年間は短歌人生であるという二分である。しかしそれは正確ではない。鶴見和子の晩年は歌集三部作『回生』『花道』『山姥』（いずれも藤原書店）がたしかに際立ってはいるが、鶴見和子の学問が全開した十年間でもあった。事実、『鶴見和子曼荼羅』Ⅰ〜Ⅸ巻（一九九七〜九九年）、『南方熊楠・萃点の思想』二〇〇一年、『対話まんだら』全十三巻（二〇〇二年〜没後）など実に数多くの成果が発表されたのは最後の十年間余である。彼女の生涯は学問一筋であった。私との対談で彼女は「詩学（ポエティカ）のない学問はつまらない。私の基礎にあるのは、やっぱり歌のなかにあるとおもっている」と述べ、また「歌はひらめき」であり「内発的」であるとも語っている。

「和歌は学問でない」という向きがあるかもしれないが、それは誤りである。西洋古典の哲学者アリストテレス（BC三八四〜三二二）に『詩学』がある。東洋の古典に『詩経』がある。またインドには頌歌というべき『ウパニシャッド』がある。詩学は、古来、東西両洋における学問の一分野である。

アリストテレスの『詩学』（岩波文庫）の原題の直訳は「詩作の技術について」である。アリストテレスは、詩はミューゼの神から力を得て生まれ、詩作は技術の力から生まれると考えた。アリストテレスの基本思想は「技術は自然を模倣する」というものである。これは後に「芸術は自然を模倣する」となって人口に膾炙した。アリストテレスにとって自然とは、外界の環境ではなく、人間の本性のことである。詩作における技術は人間の本性に従うべきものであるとするアリストテレスには目的論がある。自然＝人間の本性を表現するのが詩作の技術であるとすれば、自然の模倣はその本性を正確に「再現」することでなければならない。アリストテレスは詩作を行為の「再現」ととらえ、人間の本性が生む行為を詩作の技術で正確に再現できる演劇に注目した。演劇のなかでは悲劇、特にソフォクレスの悲劇『オイディプス王』を典型例とした。演劇は筋がなければ成立しない。本性をセリフによって語らしめ、行為を筋に仕立てて再現したオイディプス王の人生の結末は「父殺し」である。聴衆はその悲劇に「おそれ」と「あわれみ」を覚えるが、同時にカタルシス（心の浄化）も体験する。詩は人間にその本然の性に気づかせることで心を浄化するとアリストテレスは論じた。

東洋では『詩経』は四書五経（大学・論語・中庸・孟子、易経・書経・詩経・春秋・礼記）の一つである。『詩経』の「大序」にこうある――

「詩は人心の発露せるものである。人の心に在るのが志で、之が言に発して詩となる。心中に感情が動けば自ずと言にあらわれる。言にあらわしただけでは足らず、そこで之を嗟嘆《さたん》し、嗟嘆して足らず。更に永く声を引いて歌う。歌うても尚足らず。遂に覚えず、手の舞い、足の踏むに至る。情が声に発し、その声が高下清濁交って文《あや》を成すもの、之を音という。されば治世の音の安泰なるはその政《まつりごと》の順なるが故であり、乱世の音の怨怒《えんど》の色あるは、その政が道に背くが故であり、亡国の音哀しく思い多きはその民の困《くる》しめるが故である。故に政治の得失を正し、天地鬼神を感動させるっこと詩にまさるものはない。先王はこの詩によって、夫婦を正し、孝敬を成し、人倫を厚うし、教化を美にし、風俗を善に向わしめた」

（『詩経』目加田誠訳、講談社学術文庫より）

この「大序」を見て、すぐに気づくのは『古今和歌集集』の紀貫之（?～九四六年）の「かなの序」であろう。その出だしはこうである――

「やまとうたは、ひとのこころをたねとして、よろづのことのはとぞなれりける。世の中にある人、こと、わざ、しげきものなれば、心におもふことを、見るもの、きくものにつけて、いひだせるなり。花になくうぐひす、水にすむかはづのこゑをきけば、いきとしいけるもの、いづれかうたをよまざりける。ちからをいれずして、あめつちをうごかし、めに見えぬおに神をもあはれとおもはせ、をとこをむなのなかをもやはらげ、たけきもののふの心をなさむるは、うたなり」

一読して明らかなように、「かなの序」は「大序」の本歌取りである。「大序」冒頭の「詩は人心の発露せるものである。人の心に在るのが志で、之が言に発して詩となる。心中に感情が動けば自ずと言にあらわれる」と、「かなの序」冒頭の「やまとうたは、ひとのこころをたねとして、よろづのことのはとぞなれりける。世の中にある人、こと、わざ、しげきものなれば、心におもふことを、見るもの、きくものにつけて、いひだせるなり」とは趣旨がまったく同一である。

しかし意図が異なる。「大序」の意図は政治を正すことにあり、詩は統治の手段とみなされている。それに対して「かなの序」は生きとし生けるものは詩人であり、彼らの奏でているのは歌であり、自然界は歌っていると主張しているのである。「かなの序」について、詩人・批評家の大岡信《まこと》(一九三一〜二〇一八年)がコレージュ・ド・フランスでの一九九四年の連続講演(『日本の詩歌――その骨組みと素肌』岩波文庫）でこう解説している――

「彼（紀貫之）は花に鳴く鶯や水辺で鳴く蛙に代表されるすべての生き物が、同じように歌を詠む詩人なのだと言っています。このことは、日本の詩の一つの特性と言ってもいい高度に洗練されたアニミズムの、極めて早い時期に表明された理論として注目されます。……超自然的な存在をさえ揺り動かす力が、この甚だちっぽけな言葉の構造体にあるのだと言うのです。この思想は、詩というものが、超自然的存在に霊感を吹きこまれた特殊な能力を有する人間の口を通して語られる、超自然そのものの意思であるという、少なくとも西欧の読者には親しいであろう詩観とは、きわめて異なる詩観を語っています」

大岡信が「かなの序」を「高度に洗練されたアニミズム」といっているのは注目に値する。なお、『古今和歌集』は勅撰であり、文学者の中西進が『うたう天皇』（白水社）で指摘しているように、醍醐天皇の命で編まれた『古今和歌集』から室町時代の『新続古今和歌集』にいたる二十一の勅撰和歌集の編纂はすべて「まつりごと」の一環である。そのことは注記しておかねばならない。

インドの『ウパニシャッド』（『世界古典文学全集』第三巻所収、筑摩書房）では――

「大地はこれらのこの世にそんざいするものの精髄である。水は大地の精髄である。草木は水の精髄である。人間は草木の精髄である。言語は人間の精髄である。讃歌は言語の精髄である。吟誦は讃歌の精髄である。旋律は吟誦の精髄である。旋律は讃歌の精髄である」

とある。大地から水へ、水から草木へ、草木から人間へ、人間から言語へ、言語から讃歌へ、讃歌から旋律へ、旋律から吟誦へと論じ詰めていって、森羅万象の精髄は吟誦にあるとしているのである。「われわれは旋律を拠り所である世界にとどまらせよう。旋律は拠り所において合唱されるべきであるからだ」とも述べている。

このような脈絡でみれば、日本の「歌学」はまごうことなく詩学《ポエティカ》の一分野である。鶴見和子は歌集『回生』（藤原書店、一九九六年）の「あとがき」で「これからもし仕事をつづけていくことができるようになれば、新しい境地から『内発的発展論』を基礎づけたい。このような世界に達したのは歌という媒体をとおしてである。歌は情動と理性的認識とを統一して表現するすぐれた思索の方法である」と述べ、歌集『花道』（藤原書店、二〇〇〇年）の「あとがき」では「わたしは、短歌は究極の思想表現の方法だと思っている。生命あるかぎり、短歌によって思想を探究しつづけたい」とも述べている。このように鶴見和子にとって和歌は「情動と理性的認識とを統一して表現するすぐれた思索の方法」であり、感性と理性とを統一する思索方法であった。鶴見和子が南方熊楠に魅せられ、また水俣病の研究の末にたどり着いたのは「内発的発展論」であった。それを基礎づけるのは彼女自身が明言しているように和歌である。鶴見和子の独創的な「内発的発展論」は詩学と不可分のものであった。

歌道――日本の詩学《ポエティカ》

日本の学問史を振り返ってみよう。日本の学問は舶来の学問の受容史として特色づけられる。古代・中世にあっては仏教の経典、近世にあっては朱子学・儒学の漢籍、近代以後は（近世の蘭学をプレリュードとして）洋学が学問の主流である。いずれも舶来の学問であり、その習得が重視された。明治の初めに福沢諭吉が『学問のすすめ』で洋学立国を唱え、明治新政府はそれに従って学制を敷いた。以来、日本の学問の主流は洋学である。洋学の最高峰はノーベル賞であるが、二十一世紀になると日本人のノーベル賞受賞者はイギリス、ドイツ、フランスなどヨーロッパのどの国よりも多く、アメリカに次いで世界第二位である。それは明治維新から一世紀半をかけて日本人は洋学を自家薬籠中のものにしたことを示す何よりの証左である。

洋学志向は日本国民統合の象徴天皇においても変わらない。昭和天皇は海洋生物の研究者、平成天皇はハゼの研究者として著名である。いずれも西洋起源の生物学である。令和の今上天皇が即位するまでの学問成果をまとめた徳仁親王『水運史から世界の水へ』（ＮＨＫ出版、二〇一九年四月）は、瀬戸内海の水運史、英国テムズ川の水運の分析、江戸時代の河川改修、地球各地の水問題など水にかかわる万象を扱った人文・社会科学の書である。秋篠宮皇嗣はニワトリの研究で博士号、高円宮妃は根付《ねつけ》の研究で博士号、彬子女王は日英の文化交流の研究でオックスフォード大学の博士号(D.Phil.)の持ち主である。天皇・皇室の学問的営為は世界各国の王室と比べるとき際立っており、生物学から人文・社会科学に及んでいるが、いずれも洋学の実証的方法論を踏まえており、西洋社会でも通じる。

ところが、大正、明治、それ以前の天皇は洋学を修めたようにはみえない。しかしどの天皇にも学問がある。「敷島の道」の「歌道」の習得である。明治天皇は手紙、日記、その他、自筆の記録を残さなかったが、御製は十万首を超える。文学者ドナルド・キーンの浩瀚な学術書『明治天皇』上・下(新潮社、その簡易なエッセンスは『明治天皇』新潮新書)の基礎資料は膨大な御製である。御製は明治天皇の時々の真実の心の記録であり、それらをドナルド・キーンは時勢と絡めて論じた。御製は学術資料として使われたのである。日本における和歌集の嚆矢は『万葉集』全二十巻であるが、その約四五〇〇首はほぼ編年で編まれており、梅原猛の『水底の歌』は柿本人麻呂を論じた作品であるが、『万葉集』所収の歌を古代日本の政治社会の実相をあぶりだす史料として使った。和歌は、詠嘆で終始するのではなく、詩学という学問の一分野であり、学術的資料でもある。

では、和歌はいつから学問になったのか。十三世紀の『禁秘抄』は宮中の行事や務めを記した書物であるが、そこに「諸芸能事、第一御学問也。……雖為綺語、我国習俗也、好色之道、幽玄之儀（修めるべきものの第一は学問である。和歌は言葉を飾るところはあるが、わが国の伝統であり、多様性を学ぶ道であり、幽玄を知ることである）」と記されている。遅くとも、その頃には歌道は学問であるという共通認識があったということである。時代がくだって江戸時代になり、徳川幕府は『禁中並公家諸法度』を定めた。そこにも「天子諸芸能之事、第一御学問也」とある。今日に続く年初めの行事「歌会《うたかい》始《はじめ》」は歌道の継承の例証である。

必須科目と選択科目の区別でいえば、天皇・皇室の必須科目は万葉の時代から歌道でありつづけてきた。他の学問、たとえば仏教、儒学、洋学などは選択科目である。昭和天皇は生物学を、平成天皇も生物学を、令和天皇は人文学を選択した。いずれも「洋学」である。天皇の選択科目は時代によって変わった。古代・中世（飛鳥・奈良・平安・鎌倉・室町時代）における選択科目はおおむね仏教であり、近世（江戸時代）になると儒学、国学になる。近代（明治以後）の選択科目は洋学が定着した。

仏教→儒学→国学→洋学という選択科目の変遷は、日本における主流の学問の変遷を示している。それらは、国学をのぞいて、舶来の学問である。仏教の発生の地はインドであり、儒学のそれは中国であり、洋学のそれは欧米である。海外で生まれた学問は日本に流入し、それを学んで日本は時代に応じた立国を果たしてきた。仏教は古代の鎮護国家づくりの基礎となり、儒学は近世の徳治国家づくりの基礎となり、洋学は富国強兵国家づくりの基礎となった。日本は学問立国の国柄である。

日本において万葉以来、歌道の水脈は絶えたことはない。七世紀初めの聖徳太子が仏教を招来したのは国家の安泰と鎮護のためであり、八世紀中葉の聖武天皇が諸国に国分寺を建立させたのも国家の安泰と鎮護のためであったが、九世紀以後の末法思想の流行とともに、衆生の救済が喫緊の課題となって土着化が急速に進み、その果ては前述のように親鸞の和讃である。鎌倉時代から普及する禅・宋学の漢籍の教養人にもそれは言える。曹洞宗にあっては道元の和歌、良寛の和歌、臨済宗にあっては、その中興の祖・白隠《はくいん》禅師に有名な和讃「衆生本来仏なり　水と氷のごとくにて　水を離れて氷なく　衆生の外に仏なし」がある。仏教が芸術化したとも、信仰と芸術とは一体になったとも言えるであろう。

武士道

平安末から武者が台頭した。武者が最初に身に着けた学問は仏教である。鎌倉五山（臨済禅）、鎌倉大仏、鶴岡八幡宮などは鎌倉武者の心のよりどころであった。五山では禅と宋学が学ばれた。宋学の中心となった朱子学は江戸時代初めに官学となったが、朱子学を儒学全体を考証することによって批判した山鹿素行（一六二二〜八五年）は「士道」を説いて江戸時代の武士の職分を具体的に論じた（「山鹿語類巻第二十一」『山鹿素行』日本思想大系、岩波書店）。そのほか江戸社会の実態に即した各種の武士道論が書かれた。こうして武士道は江戸時代に確立した。武士道には儒学的な倫理規範が顕著である。だが神道・仏教・歌学の要素もはいっている。従来の諸学を総合した趣があり、山鹿素行が「士ニ文武之徳知備ハラズンバアルベカラズ」（前掲「士道」より）と武士を啓蒙したように、武士道は学問で知徳を高め、かつ武道で身体を鍛錬する「文武両道」の実践哲学となったのである。

武士道論の権威・笠谷和比古は『武士道の精神史』（ちくま新書）、同『武士道——侍社会の文化と倫理』（NTT出版）などにおいて、「武士道といふは死ぬことと見つけたり」の有名な一節で始まる佐賀藩士の山本常朝『葉隠』について解説しつつ、独創的な研究書『主君「押込」の構造』（講談社学術文庫）で、武士の忠義は、死ぬことだけでなく、勇気をもって主君に諫言《かんげん》し、聞き入れなければ手続きを踏んで座敷牢に閉じ込めることも含んでいると論じている。サムライといえば男のイメージが強いが、武士道は武士に占有されたわけではない。笠谷和比古によれば、たとえば江戸前期の寛永年間に武士道をかな文字で書いた『可笑記』は、かな書きであることによって、庶民の間にも浸透した。また、広く読まれることで版を重ね、徳義・信頼・廉恥心などの武士道精神は社会各層にまで広まり、とりわけ信用を重んじる商人層の道徳の柱になった（笠谷「武士道と日本の近代化」、笠谷他編『日本の近代化とプロテスタンティズム』教文館、二〇一三年所収）。女性と武士道との関係については、たとえば山本周五郎『日本婦道記』（新潮文庫ほか）は、武士道を身に着けた江戸時代の多くの女性の生きざまを描いて余すところがない。

明治期に内村鑑三が『代表的日本人』で「最後の武士」と評した西郷隆盛を生んだ薩摩の「出水《いずみ》兵児修養掟《へこしゅうようおきて》」は武士道がどういうものであるかを典型的に示すものである。笠谷和比古が触れていないので紹介しておこう――

「士《さむらい》は節義を嗜《たしな》み申すべく候。節義の嗜みと申すものは、口に偽りを言はず、身に私《わたくし》を構へず、心直《すなお》にして作法乱れず、礼儀正しくて上《かみ》に諂《へつら》はず下《しも》を侮《あなど》らず、人の患難《かんなん》を見捨てず、己《おのれ》が約諾《やくだく》を違《たが》へず、甲斐かいしく頼もしく、かりそめにも下様《しもざま》の賤《いや》しき物語り悪口など話の端《はし》にも出さず、たとひ恥を知りて首《くび》刎《は》ねらるるとも、己が為すまじき事をせず、死すべき場を一足《ひとあし》も引かず、その心鐵石《こころてつせき》のごとく、また温和慈愛《おんわじあい》にして、物の哀《あわ》れを知り、人に情《なさけ》あるをもって節義の嗜みと申すもの也」

以上が全文であるが、礼節を尊び、約諾を守り、恥を重んじることなどとともに、結びに「物のあわれ」「人への情《なさけ》」があることに注目したい。武士道が儒学の影響にあることはいうまでもないが、そこには神道・国学の要素もあり、日本独自の実践哲学である。

武士道は、明治期にキリスト教徒になりつつ武士出身としての自覚を最後まで堅持した内村鑑三、また武士出身のキリスト教徒・新渡戸稲造（一八六二～一九三三年）の『武士道』（一八九九年、英文）

の影響で近現代にまで形を変えながら存続してきた。新渡戸稲造はBushido（『武士道』）を英文で書き、内村鑑三もまた英文の著書を自在に書いて武士道を称揚した。鑑三は「イエスとその弟子とを武士の模範と見る」と述べており、キリスト教と武士道は矛盾なく両立していたのである。新島襄（一八四三〜九〇年）も武士出身（上州安中藩士）のキリスト教徒である。

西郷隆盛は『西郷南洲遺訓』（岩波文庫）で「命もいらず、名もいらず、官位も金もいらぬ人」を論じて、名利をむさぼらない清貧さを説いているが、「道は天地自然の物なれば、西洋と雖も決して別無し」とも「道は天地自然の道なるゆえ、諸学の道は敬天愛人を目的とし、身を修するに克己を以て終始せよ」と述べ、好んで「敬天愛人」を揮毫したが、天を神と読み替えれば、キリスト教とも通じる。

ただし、武士道は、他力ではなく、自力の実践的な哲学である。それはサムライの生き方の潔さとなり、死に方の美学となった。

散りぬべき時知りてこそ世の中の花も花なれ人も人なれ（細川ガラシャ）
風さそふ花よりもなほ我はまた春の名残をいかにとやせん（浅野内匠頭）
なよ竹の風にまかする身ながらもたゆまぬ節はありとこそ聞け（西郷頼母の妻千恵子）
散るをいとふ世にも人にもさきがけて散るこそ花と吹く小夜嵐（三島由紀夫）

武士道の美学は、身の処し方における潔さと、生を終えるときの辞世に顕著である。いや、武士であるかどうかを問わず、日本人一般において、和歌は人生の総括としての意義をもつ。国学者の本居宣長（一七三〇〜一八〇一年）の人生観はつぎの歌に集約されている——

しき嶋のやまとごころを人とはば朝日ににほふ山ざくら花

戦没学生の手記『きけわだつみの声』（岩波文庫）の心髄はタイトルの元になった藤谷多喜雄の歌に凝縮している——

なげけるか　いかれるか　はたもだせるか　きけはてしなき　わだつみのこえ

あるいはまた、政治学の丸山真男の恩師・南原繁（東大総長）は、内村鑑三の系譜につらなるキリスト教徒であり、専門の政治学書『国家と宗教——ヨーロッパ精神史の研究』（岩波文庫）をもって主著と見る向きもあるが、本人自身が述懐する自己の最高の作品は『歌集　形相《けいそう》』（岩波文庫）であった。南原繁は同書の「まえがき」において、「この『形相』一巻をもって生涯の歌集としたい。私は自分の専攻する学問もさることながら、それほどこの時代は短歌によって生きていた」と述べ、「あとがき」においては、「総じて本書（『形相』）において、読者は、著者（南原繁）の喘ぎ求めて来た世界観や国家観、乃至は人生観を、私の他の学術論著におけるよりも、より端的に、直接的に、謂わば純粋生地《きじ》の相において汲んで頂けるかと思う」と述べている。

南原繁の『形相』は、鶴見和子の『花道』がそうであるように、学問の基底に流れる真情でもあった。歌道の伝統に支えられながら、彼らは学問を磨いた。そこに収められた歌全体がそれぞれの学問人生の総括とみることもできる。辞世は日本では詩歌の形をとる。歌によって生かされ、歌とともに生き、歌とともに死ぬ。そうした例は他国にあるのだろうか。

死生観

ハイデッガーの『存在と時間』の最大のテーマが「存在」であり「時間」であることは論をまたないが、もう一つ、それらに勝るとも劣らないテーマは、ハイデッガーに感化された哲学者の三木清や梅原猛ならば「不安」であると言うであろうが、私見では「死」ではないかと思う。「不安」の根源にあるのは「死」だからである。

「死」は『存在と時間』を貫く通奏低音である。現存在は「時間性」のなかで必然的な「死」によって生を終える。それゆえ「死は、そのつど現存在自身がひきうけなければならない一つの存在可能性なのである」（第五十節）。「誘惑、安らぎ、および疎外は、頽落《たいらく》の存在様式を特色づける。死へとかかわる日常的な存在は、頽落しつつあるものとして、死に直面したときのそこからの不断の逃避なのである」（第五十一節）。「死へとかかわる存在は、死に直面して死を隠蔽しつつそこから回避する。……現存在の終わりとしての死は、現存在の最も固有な、没交渉的な、確実な、しかし、そのようなものとして無規定的な、追い越しえない可能性である。……死に直面してそこから日常的に頽落しつつ回避することは、死へとかかわる非本来的存在なのである」（第五十二節）。「死は現存在の最も固有な可能性なのである。……死へとかかわる存在は、本質上、不安なのである」（第五十三節）。「（非本来的存在を本来的存在に変える）現存在の本来的な存在は決意性として提示され、同時に実存的に解釈され（る）」（第六十一節）。「現存在が空間的に存在しうるにいたるのは、現事実的に頽落しつつ実存するという意味での気遣いとしてなのである」（第七十節）。日常生活における道具的存在や事物的存在などへの気遣いも、「逃避は、死へとかかわる存在を気遣いの一つの根本的規定としてあらわにしている」（第七十五節）のであり、生誕と死との間の逃避であり頽落である。このように現存在は日常生活の中で死への「決意性」を保持しないまま「非本来的」な存在の仕方をし、本来的な存在から「逃避」し「頽落《たいらく》」している。これがハイデッガーの論じる現存在の現実である。それゆえ、ハイデッガーは「死」を論じ、本来的存在からは「逃避」せず、日常へ「頽落」せず、死を先駆的に覚悟して「決意性」をもって実存するように呼びかけたのである。

ハイデッガーは「神は死せり」と宣言したニーチェの継承者をもって任じており、プラトンのイデーのごとき永遠の形而上学を認めなかった。死を前にハイデッガーは、はたして彼がモデルとしたプラトン以前のギリシャ哲学の「生成する本来的存在」に還らんとしたのか、知る由もないが、『存在と時間』における死の哲学は理詰めで窮屈である。

ハイデッガーの『存在と時間』における「頽落」は、フランスの天才的な幾何学者・哲学者のパスカル(一六二三～六二年)の『パンセ』における「慰戯《いぎ》」を想起させる。ハイデッガーの「存在から逃避する頽落」とパスカルの「人生の悲惨から逃避する慰戯《いぎ》」とは酷似している。パスカルにとって、人間は無限に対しては虚無、虚無にたいしてはすべてである。人間はその両者の「中間的存在」であることが不安の根源にある。パスカルは「この無限の空間の永遠の沈黙は私を恐れしめる」と不安の存在論的根拠を論じ、人生を「悲惨」ととらえる。人間は悲惨を忘れるために社交、賭け、政治、戦争、狩猟、恋愛、娯楽などの慰戯に興じる。学問も人生の悲惨から逃避する慰戯である。とかく人間の生は悲惨である。風に揺れる一本の葦のごとく不安のなかにいる。だが、それを自覚する「考える葦」である。人間は、一本の葦に似た悲惨を自覚し意識する「考える葦」であることによって偉大である。

しかし、パスカルにとって、人生の悲惨を解決して愉悦と平安をもたらすのは「考える葦」すなわち知性ではない。パスカルは人生の悲惨から逃れる道を、考える葦＝知性ではなく、それより次元の高い信仰に求めた。神への信仰のほかに悲惨からの救済はない。それが『パンセ』の最大のメッセージである。パスカルの臨終の言葉は「神が決して私を捨てたまわぬように」であった（『世界の名著　パスカル』中央公論社）。

ドイツ人ハイデッガーの『存在と時間』とフランス人パスカル『パンセ』の存在論の類似に気づいた哲学者がいる。三木清（一八九七～一九四五年）である。三木は二十八歳で処女作『パスカルにおける人間の研究』（『三木清全集』第一巻、岩波書店）を著した。三木清は一九二二年六月から一九二三年五月までハイデルベルクでリッケルトに師事した後、マールブルクに移ってハイデッガーに師事した。三木清は書いている――「私がハイデルベルクからマールブルクへ移ったのとちや《ママ》うど同じころにハイデッガー氏はフライブルクからマールブルクへ移って来られた。私は氏の講義を聴くためにマールブルクへ行ったのである。マールブルクについてから間もなく私は誰の紹介状ももたずにハイデッゲル氏を訪問した。……」（「ハイデッゲル教授の想ひ出」『三木清全集』第十七巻、岩波書店）。

三木清がマーブルクにいた一九二四年八月まで一年三か月はまさにハイデッガーが『存在と時間』を構想し執筆していた最中である。三木は同年八月にドイツを去ってフランスに移り、パスカル『パンセ』を素材に「パスカルにおける生の存在論的解釈」（後に「人間の分析」と改題されて『パスカルにおける人間の研究』の第一章）を『思想』（一九二五年五月）に発表した。それを含む『パスカルにおける人間の研究』が出版された一九二六年はハイデッガーの『存在と時間』出版の前年である。そうした経緯から、三木の著書にはハイデッガーの実存哲学の影響が顕著である。

三木清は書く――「『パンセ』の全篇を通じて、これを滲透し、これを支配するものは「死」の観念である」と。死に面する者にとって、1と2の和が3であるといった知性の説く真理は意味をもつか。もたない。なぜなら、人間的存在とは数学的存在とは異なるからである。パスカルは「苦悩の時にあっては、外面的なる事物に関する学問は人間についての学問の無知から私を慰めない」という。人間は死、悲惨、無知を癒すことができないから、それを考えない工夫をする。それが慰戯である。「慰戯は我々を興ぜしめ、我々をして知らぬまに死に達しめる」「死は生の自己逃避の限界である」「死の関心は時間の意識の最も決定的なる要素である」――こうした『パンセ』の言葉を受けて、三木はこうまとめている――「我々はみずからを幸福ならしめるために一般に自己の状態については考えぬことを欲し、かようにして様々なる慰戯を工夫する。慰戯は自己逃避である。慰戯の現実の理由は人間の悲惨にある」と。ハイデッガーの「頽落」とパスカルの「悲惨」とは共鳴している。

三木清のパスカルへの共感はまことに深いが、『パスカルにおける人間の研究』に、ハイデッガー『存在と時間』が登場しないのは出版前だったからであるが、ハイデッガーの影響は顕著である。ハイデッガーに師事した秀才三木清は『存在と時間』に結実する講義をマーブルクで聞いており、そのエッセンスをものしていた。ハイデッガー、パスカル、三木清、この三人の哲学者を貫くテーマは「死」である。

ハイデッガーの実存哲学に「神」は不在である。三木清とパスカルは「死」の不安を救う道を宗教に見出した。人間はいかに「死」に臨むか。無神論のハイデッガーは、ニーチェがディオニソスに理想を求めたように、プラトン以前のギリシャの「存在」を持ち出す。パスカルはキリスト教の「神」への信仰を隠さない。三木清の絶筆は「親鸞」であった。三木清の哲学人生は彼が詠んだ歌から彷彿とする——

真実の秋の日照れば専念に心をこめて歩まざらめや

臨終の言葉として、ゲーテの「もっと光を」、ベートーヴェンの「喜劇は終わった」などは、人口に膾炙している。孔子は「吾れ十有五にして学に志す。三十にして立つ。四十にして惑わず。五十にして天命を知る。六十にして耳順《したが》う。七十にして心の欲する所に従って矩《のり》をこえず」(『論語』)と語り、仏教では人生を学生期、家住期、林住期、遊行(遁世)期に分ける。東洋の人生観には道徳観や無常観はあるが、審美的要素はない。「死」が審美観と無縁なのはハイデッガーもパスカルも同じである。

世阿弥(一三六三〜一四四三年)は、『風姿花伝』(岩波文庫)で「時分の花」「誠《まこと》の花」「真実の花」

を論じ、「時分の花を誠の花と知る心が、真実の花には遠ざかる心なり」と若い頃の美しさは本当の花ではなく、稽古と精進を重ねれば年齢を重ねても「これ、誠の花なるが故に、能は枝葉も少く、老木になるまで、花は散らでかし」と人生を花にたとえている。松尾芭蕉（一六四四〜九四年）が『笈の小文』で「西行の和歌における、宗祇の連歌における、雪舟の絵における。利休が茶における、その貫通する物は一なり。しかも風雅におけるもの、造化にしたがひて四時《しいじ》を友とす。見る処《ところ》花にあらずといふ事なし」と偉業を達成した先人の人生に「花」と見ている。「花」が象徴するのは美しさである。生を花に見立て、生を花と同化する——

願はくば花の下にて春死なむそのきさらぎの望月のころ（西行）
雪の上に春の木の花散り匂ふすがしさにあらむわが死顔は（前田夕暮）
もう死にたいまだ死なない山茱萸《さんしゅゆ》の緑の青葉朝の日に揺れているなり（鶴見和子）

花は美しい。花に代表される美のシンボルに生との決別を託す辞世は、パスカルのように人生の悲惨から逃れようとして超越神に帰依する心模様とは遠くへだたり、むしろ地球的自然と親縁性がある。辞世に結実する死生観は、ハイデッガーの「非本来的な現存在」から「本来的な存在」に向けて死を覚悟する「決意性」からも遠くはなれている。そこには華やぎを見せながら露と消える命への「悲」「あわれみ」がある。花ならぬ身を花に見立て、花の生涯を生き、花と散る。日本文化に顕著な「見立て」は万象に及んでいるが、おのれを花に見立てることで極まっている。日本の死生観は生成する地球的自然の造化の妙の一部と化そうとする志向性を示しているように思われる。

以上、このエピローグを含め縷々述べてきたのは、彼我における主語の有無の問題、主体と客体の二分法の問題、総じて、ベルク博士が格闘したMCWPの超克をめぐるテーマである。この大きなテーマに、フランス文化を自覚しながら、詩学の観点から論じていた先学に触れることで、本エッセーを結ぶことにする。大岡信《まこと》である。

大岡信は六十三歳（一九九四年）の円熟期、前述のように、フランスのコレージュ・ド・フランスに招かれて「古代日本の詩と詩人」と題して、隔週一回で四回の連続講義を行った（前掲、大岡『日本の詩歌』）。その第四回目の講演「叙景の歌」で、本稿にかかわる論点を簡潔かつ見事に解説している。主語が省かれるのはなぜか。それは和歌の短さに由来する。主体と客体とが区別されないのはなぜか。それは和歌に詠われた叙景が、景色だけでなく、心緒の表現でもあったからである。すなわち、和歌は五七五七七のわずか三十一文字なのできわめて短い。その短さが主語をはぶく技法を発達させた。掛けことば、枕ことば、本歌取りなど、和歌の技術は高度に洗練されて主語を希薄にしても相手に通じる表現法となった。心模様を叙景に託す技法を発達させることで、客体である景色を詠みながらも、その実は主体の心の表白でもあった。客体を主体と一体化させたのである。大岡信がフランス語で発信し、日本語で残した『日本の詩歌』は、日本文化全体にわたる和歌の文化力を再確認させるものである。

フランスを代表する地理学者ベルク博士は日本の古今の学問に明るい。地理学者として博士は風土の地盤は地球であるという立場を明確にしている。風土は地球の織りなす多様な美的特質を宿している。日本の景観を代表する富士山が「信仰の対象と芸術の源泉」としてユネスコから公認されて世界文化遺産となり、人類社会のために日本人が末永く保存していくべき共有財産となった。おのれの属する風土が美しくあることはだれしも望むところであろう。一人ひとりが構造契機をなす風土の総体が地球である。この惑星を人類は汚してはならない。風土論の外延は地球であり、私見では、ベルク風土学は地球学（geo-cosmology）であり、その一領域のグローカロジー（glocalogy 地球地域学、つづめて「球域学」）をなしている。地球学および球域学については、前掲『日本の中の地球史』（二〇一九年、ウェッジ）で論じた。詳しくはそれに譲ることにし、ここで擱筆する。

あとがき

平成三〇年（二〇一八）の錦秋、フランスの人文地理学者オギュスタン・ベルク博士（一九四二年〜）に平成期最後のコスモス国際賞が贈られました。かつて私は二〇〇三年〜二〇〇八年まで選考専門員会委員、二〇〇九年同副委員長として関わった縁もあり、心からのお祝いを申し上げます。

ベルク博士が俎上にのせたModern-Classical Western Paradigmは、本書所収のコスモス国際賞受賞記念講演録では「西洋近代の古典的パラダイム」と訳されています。私はそれを「近代西洋の知の範型」と読み替えてみました。近代西洋の知性偏重のパラダイムを際立たせるためです。「知」に偏る範型に対して、ベルク博士の風土学には、人間関係、コミュニティ、主体＝環境の「通態」の樹立、景観美の尊重などを特徴としており、知性のみならず、審美性を回復しようとする強い意志があります。ベルク風土学（Berqeuan Mesology）は「知性・感性・意志の三者が調和した範型」と性格づけられます。博士の著作の多くは邦文で読むことができます。主だったものとして『空間の日本文化』（筑摩書房、一九八五年。ちくま学芸文庫、一九九四年）

『日本の風景・西欧の景観――そして造景の時代』（講談社現代新書、一九九〇年）
『都市のコスモロジー』（講談社現代新書、一九九三年）
『風土としての地球』（筑摩書房、一九九四年）
『風土学序説――文化をふたたび自然に　自然をふたたび文化に』（筑摩書房、二〇〇二年）
『風景という知――近代のパラダイムを超えて』（世界思想社、二〇一一年）
『理想の住まい』（京都大学学術出版会、二〇一八年）
などです。ほかにも日本での学会報告、論文集への寄稿、講演などは数知れません。
博士はまた日本人の著作をフランス語に訳されています。訳された順に並べると次の四冊です。
和辻哲郎『風土』（岩波書店、一九三五年）
今西錦司『主体性の進化論』（中公新書、一九八〇年）
山内得立『ロゴスとレンマ』（岩波書店、一九七四年）
畠山篤『森は海の恋人』（文春文庫、二〇〇六年）
こうした数々の功績によってベルク博士は多くの日本の賞に輝かれています。主な受賞歴は
一九九五年　日本文化デザイン賞
一九九七年　山片蟠桃賞
二〇〇六年　日本建築学会賞（文化賞）

二〇〇九年　福岡アジア文化賞（大賞）
二〇一一年　国際交流基金賞
二〇一二年　日本研究功労賞
二〇一五年　旭日中綬賞
二〇一七年　ＫＹＯＴＯ地球環境の殿堂入り

そして今回のコスモス国際賞です。ベルク博士の著作は風土を具体的に語るものが多いのですが、本書所収のコスモス国際賞受賞記念講演録「持続可能性の風土学的基盤」は初めて接する読者にとってはもとより、博士の著作になじんでいる者にとっても、決してやさしくはありません。講演録は半世紀以上にわたって「近代西洋の知の範型」と格闘して確立された「ベルク風土学」のエッセンスであり、風土哲学と評しうるものです。

博士が昨秋のコスモス国際賞の受賞式に出席するために来日された折、三谷彰一氏（国際花と緑の博覧会記念協会）からベルク博士が静岡まで小生に会いに来られたいと洩らされているとの連絡をいただき、会見の日程を決めました。会見前に、生態人類学の秋道智彌氏の司会で行われた東京大学安田講堂でベルク博士の受賞講演（二〇一八年十一月十九日）があり、それを聴くために私は上京しました。講演内容は哲学的でした。講演後に聴衆に混じっていた高校生から蛮勇をふるった質問もありましたが、「難しかったが、ためになった」という感想をもらした参会者が多くありました。ベルク博士の穏やかな物腰からにじみ出る高潔で知的センスにあふれた学徳に触れ、じかに謦咳に接することは、語られる言説の難解さを超えて、人の心を打つことを実感しました。

その後、藤原良雄氏（藤原書店社主）からベルク博士との対談の提案があり、また対談後には、博士の記念講演についての所感を求められました。それを受けて、ベルク博士の講演録（公益財団法人国際花と緑の博覧会記念協会刊の『二〇一八年コスモス国際賞受賞者講演』（二〇一八年）所収の邦文版「持続可能性の風土的基礎」と英文版 'International Cosmos Prize Memorial lecture: the mesological foundations of sustainability'）を主な材料とし、対談で言葉足らずのところを補うことにしました。ベルク博士が訳してフランス語圏に紹介された和辻哲郎、今西錦司、山内得立にも論及することにしました。ただし畠山重篤『森は海の恋人』については、その文春文庫版の解説を私はすでに書いていますので、本稿では触れていません。ほかに、たとえば西田哲学に触れる場合などは『西田幾多郎全集』（岩波書店）から引用するなど、なるべく資料をして語らしめるように努めましたが、その一方で、私見を率直に開陳しました。手短かにまとめるつもりでしたが、ベルク博士の風土哲学のただならぬ奥行の深さに触発されて、当初の予定を大幅に上回る長いエッセーになってしまいました。いたく恐縮しています。

なお、本書に寄せられたベルク博士の「はしがき」は、博士がみずから日本語で書かれた文章であることを申し添えておきます。

貴重な対談の機会を与えていただいたベルク博士、博士との懐かしい再会に調整の労をとられた旧友の三谷彰一氏、いつもながら剛腕の藤原良雄氏、編集実務に当たられた刈屋琢氏、連絡の労をとられた宇佐美敦子氏の各位に対し、記して謝意を表します。

ここちよく晴れたる秋の青空にいよいよはゆる富士の白雪（大正天皇御製）

令和元年（二〇一九）錦秋の候

川勝平太

●オギュスタン・ベルク（Augustin Berque）
一九四二年生まれ。パリ大学で地理学第三課程博士号および文学博士号（国家博士号）取得。専攻は文化地理学。一九八四―八八年、日仏会館フランス学長。現在、フランス国立社会科学高等研究院教授。八一―九九年、同研究院現代日本研究所所長。二〇〇九年福岡アジア文化賞大賞、二〇一一年国際交流基金賞、二〇一二年日本研究功労賞、二〇一五年旭日中綬章、二〇一八年コスモス国際賞など受賞・受章多数。
著書に『風土の日本――自然と文化の通態』『空間の日本文化』（ちくま学芸文庫）『風土学序説――文化をふたたび自然に、自然をふたたび文化に』（筑摩書房）『日本の風景・西欧の景観――そして造景の時代』（講談社現代新書）『風景という知――近代のパラダイムを超えて』（世界思想社）『風土学はなぜ 何のために』（関西大学出版部）他。

●川勝平太（かわかつ・へいた）

一九四八年生まれ。静岡県知事。専攻・比較経済史。早稲田大学大学院で日本経済史、オックスフォード大学大学院で英国経済史を修学。D.Phil.（オックスフォード大学）。早稲田大学教授、国際日本文化研究センター教授、静岡文化芸術大学学長などを歴任し、二〇〇九年七月より現職。著書に『日本文明と近代西洋――「鎖国」再考』（ＮＨＫブックス）『富国有徳論』『文明の海洋史観』（中公文庫）『「美の文明」をつくる』（ちくま新書）『経済史入門』（日経文庫）『海から見た歴史』『アジア太平洋経済圏史 1500-2000』（編著）『「東北」共同体からの再生』（共著）『「鎖国」と資本主義』（藤原書店）、最近著に『日本の中の地球史』（編著、ウェッジ）など多数。

ベルク「風土学《ふうどがく》」とは何《なに》か——近代《きんだい》「知性《ちせい》」の超克《ちょうこく》

2019年12月10日　初版第1刷発行©

著　者　オギュスタン・ベルク
　　　　川　勝　平　太

発行者　藤　原　良　雄

発行所　株式会社　藤　原　書　店

〒162-0041　東京都新宿区早稲田鶴巻町523
電　話　03（5272）0301
FAX　03（5272）0450
振　替　00160-4-17013
info@fujiwara-shoten.co.jp

印刷・製本　中央精版印刷

落丁本・乱丁本はお取替えいたします
定価はカバーに表示してあります

Printed in Japan
ISBN978-4-86578-248-6

陸中心史観を覆す歴史観革命

海から見た歴史
（ブローデル『地中海』を読む）

川勝平太編

陸中心史観に基づく従来の世界史を根底的に塗り替え、国家をこえる海洋ネットワークが形成した世界史の真のダイナミズムに迫る、第一級の論客の熱論。**網野善彦／石井米雄／ウォーラーステイン／川勝平太／鈴木董／二宮宏之／浜下武志／家島彦一／山内昌之**

四六上製　二八〇頁　**二八〇〇円**
（一九九六年三月刊）
◇978-4-89434-033-6

五十人の識者による多面的読解

『地中海』を読む

I・ウォーラーステイン、P・ブルデュー、網野善彦、川勝平太、川田順造、榊原英資、山内昌之ほか

各分野の第一線でいま活躍する五十人の多彩な執筆陣が、二十世紀最高の歴史書『地中海』の魅力を余すところなく浮き彫りにする。アカデミズムにとどまらず、各界の「現場」で新時代を切り開くための知恵に満ちた、『地中海』の全体像が見渡せる待望の一書。

A5並製　二四〇頁　**二八〇〇円**
（一九九九年一二月刊）
◇978-4-89434-159-3

世界初の『地中海』案内

ブローデル『地中海』入門

浜名優美

現実を見ぬく確かな眼を与えてくれる最高の書『地中海』をやさしく解説。引用を随所に示し解説を加え、大著の読解を道案内。全巻完訳を果した訳者でこそ書きえた『地中海』入門書の決定版。〈付録〉『地中海』関連書誌、初版・第二版目次対照表ほか。

四六上製　三〇四頁　**二八〇〇円**
（二〇〇〇年一月刊）
◇978-4-89434-162-3

ブローデルの〝三つの時間〟とは？

ブローデル帝国

F・ドス編
浜名優美監訳

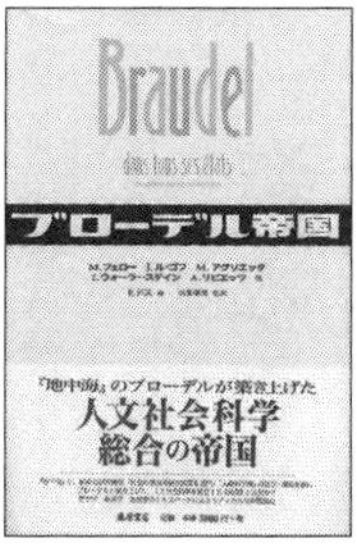

構造／変動局面／出来事というブローデル的「三つの時間」の問題性の核心に迫る本格作。**フェロー、ル＝ゴフ、アグリエッタ、ウォーラーステイン、リピエッツ**他、歴史、経済、地理学者がブローデル理論の全貌を明かす。

A5上製　二九六頁　**三八〇〇円**
（二〇〇〇年五月刊）
◇978-4-89434-176-0

BRAUDEL DANS TOUS SES ÉTATS
EspaceTemps 34/35